KB068951

기술 창업 실전 교과서 &
성공 지침서

TECHNOLOGY START-UP

기술
창업으로
성공하기

성형철 저

박영사

나의 기술 창업 경험
모든 기술 창업자의 성공을 기원합니다.

세계 1위 인터넷 생중계 기업인 유스트림의 창업자, 브래드 헌스터블은 "창업을 한다는 것은 농구 골대에 계속 슛을 던지는 것과 같다. 많은 창업자들이 창업에 실패하는 것은 슛을 중단하기 때문이다"라고 말했답니다. 한 번의 창업으로 성공을 이루는 경우도 있겠지만 대부분은 3 내지 4번의 실패 끝에 성공을 하는 경우가 오히려 일반적인 것 같습니다. 다만 우리나라의 경우 과거에는 한 번의 창업 실패로 다시는 일어날 수 없을 정도로 금전적, 정신적, 육체적 쇠락을 가져와 다시 도전할 수 없었습니다. 그러나 최근 정부가 창조 경제를 핵심 정책으로 정하고, 연대 보증 제도 정비, 재창업 지원, 창업자 자금 지원 확대 등을 통하여 창업자를 지원하게 되었고, 기술 창업자에게 최고 1억원의 지원금, 창업 공간, 창업 교육과 멘토링을 무상으로 지원하고 있습니다. 2014년부터는 매년 약 150개 기술 창업 기업에 대하여 3년간 최대 10억원을 지원하는 기술 창업 프로그램이 신설되었으며, 글로벌 창업 프로그램, 청년 드림 기술 창업자 1만명 양성, 기술 창업 저변 확대 등을 통하여 창조 경제의 토대를 마련하고 있습니다. 아마도 우리 역사상 창업자에게 이런 특혜(?)를 준 일은 없었던 것 같습니다. 더구나 창업에 있어서 이런 좋은 환경이 더 계속될 것이므로 많은 사람들이 일생에 한 번은 창업을 하기를 꿈꾸고, 성공을 꿈꾸는 시대가 된 것 같습니다.

저의 약 10년간의 기술 창업 경험을 말씀드리려고 합니다. 자만심과 오기로 세상과 부딪쳤지만, 제가 얻은 것은 성공이 아닌 깨달음과 후회였습니다. 아시다시피 저의 기술 창업 경험을 말씀드리려고 하는 것은 지금 기술 창업을 하시는 분들이 저와 같이 실패하지 말고 가능하다면 한 번의 창업으로 성공하기를 바라기 때문입니다. 실패는 모든 경우에 견디기 어려울 정도의 아픔을 동반합니다. 나의 실패가 나와 나의 가족, 부모 형제, 가까운 친인척들에게 생각하고 싶지 않은 기억을 남겼음을 고백하지 않을 수 없습니다. 따라서 저는 실패의 결과를 너무도 잘 알기 때문에, 기술 창업을 시작하신 모든 분들이 절대로 실패해서는 안 된다고 외치고 싶습니다.

저의 기술 창업 경험은 각 장에서 '나의 창업 이야기'라는 사례로서 소개하고자 합니다. 사례를 통하여 많은 도움이 되시기를 바라며, 모든 기술 창업자의 성공을 진심으로 기원합니다.

2014. 8.

저　자

본문을 시작하기 전에

이 책은 경영학을 전공하지 않은 대학생이나 일반인이 제조업과 지식서비스업 등의 기술 창업을 하는 경우에 꼭 알아야 할 지식을 쉽게 이해할 수 있도록 하는데 목적이 있다. 이러한 기술 창업에 관한 기초 지식은 이미 창업한 기술 창업자나 학생, 일반인 등 기술 창업을 준비하는 분들에게 매우 필요한 것이다. 저자는 일등 창업선도대학인 경일대학교에서 벤처기업 창업 및 경영 과목을 강의하고, 창업진흥원의 사관학교식 창업선도대학 지원 사업에 참여한 여러 기술 창업자에게 멘토링을 실시하면서, 기술 창업자에게 필요한 기초 창업 및 경영 지식을 알기 쉽게 설명한 책이 없어서, 늘 안타깝게 생각하였다.

아무쪼록 이 책이 기술 창업에 관심을 갖고 있는 일반인의 기초 필독서로서, 예비 기술 창업자를 포함한 기술 창업자의 창업 교육에 필요한 입문서 내지 개론서로서, 또한 경영학 비전공 학생의 기술 창업 및 경영 강좌 교재로서 활용되기를 기대한다.

이 책은 기술 창업의 사업아이템 선정에서부터 회사를 창업하고, 기술 사업화를 통하여 제품을 개발하고 판매하는 일련의 시스템을 설명하고 있다. 또한 지식재산권이나 기밀 보호를 통한 기술 보호와 사업계획서의 작성 등 창업 기업의 성공을 위한 기초 지식과 경험을 다루고 있다. 그러나 창업 기업과 관련이 없는 중견 기업이나 대기업의 경영에 해당하는 이론이나 사례는 다루지 않는다. 또한 인사, 조직, 재무 회계, 마케팅, 생산 관리 등 기업의 경영 활동에 관한 일반적인 이론도 다루지 않으며, 필요한 경우에만 설명한다.

이 책은 기술 창업자에게 필요한 경험과 지식이라는 두 가지를 효과적으로 제공하고자 한다. 먼저 저자의 기술 창업의 실패 경험과 성공적인 창업자들의 성공 경험을 통하여 성공 창업에 필요한 것이 무엇인지 생각해 보고,

다음으로 기술 기업을 창업하기 위한 준비와 실행을 위한 기초적인 지식 및 성공 창업의 토대가 무엇인지를 알려준다.

이 책은 창업의 순서에 따라 3개의 파트와 10개의 챕터로 구성되어 있다. 각 챕터에서는 실패 사례를 소개하여 생각할 점이 무엇인지를 환기시키고, 학습하고자 하는 내용을 요약 소개한 후, 학습 내용을 설명하였다. 또한, 챕터별로 본문 내용과 관련된 성공 사례를 소개하고, 마지막으로 개념 정리를 통하여 본문 중에서 설명이 필요한 용어의 개념을 정의하였다. 따라서 본문을 공부하기 전에 목차와 내용 요약을 통하여 전체적인 내용을 파악한 후, 필요한 부분을 정독하는 것도 한 방법이 될 수 있고, 창업의 순서에 따라 처음부터 천천히 읽는 것도 기술 창업을 이해하는데 도움이 될 것이다.

이 책은 다음과 같은 장점이 있다.

첫째, 실제 기술 창업을 시작하고 사업을 경영하는데 필요한 분야별 지식을 사업의 순서에 따라 기술하였다.

둘째, 기술 창업에 필요한 지식을 알기 쉽게 설명하고 있으며, 도표와 그림을 가능한 한 많이 삽입하여 지루하지 않게 구성하였다.

셋째, 경영학의 여러 이론 중에서 기술 창업자의 경영 활동에 필요한 부분만을 집중적으로, 알기 쉽게 설명하였다.

넷째, 기술 창업에서 가장 중요한 마케팅은 기존의 마케팅과 차별화되는 새로운 기술 창업 마케팅 이론을 제시하였다.

다섯째, 챕터별로 글머리에 요약을 제공하여 핵심 내용을 강조하였다.

여섯째, 기술 창업의 성공 및 실패 사례를 통한 간접 경험으로 기술 창업 성공의 핵심이 무엇인지 알 수 있도록 하였다.

일곱째, 저자의 기술 창업 실패 경험, 중소기업과 대기업에서의 다양한 경험, 사회과학과 공학 등의 다양한 지식의 융합을 통하여, 기술 창업 성공까지의 모든 과정에서 필요한 지식을 일관성 있게 저술하였다.

그러나 이 책이 장점만 있지는 않을 것이다. 이 책의 단점이나 하고 싶은 말이 있다면 박영사나 저자에게 알려 주면 최대한 반영하겠다.

저자도 한때는 기술 창업자로서 성공하기를 열망했지만 사업에 대한 경험과 지식 부족으로 성공하지 못했으며, 운도 조금은 영향을 주었다고 생각한다. 아마도 저자의 부족한 지식과 경험을 커버하고 남을 정도의 운이라면 상당히 커다란 운이 들어왔어야 성공했을 것이라고 생각한다.

저자는 이 책을 읽은 많은 분들이 기술 창업으로 성공하기를 바라는 마음이다. 이 책을 통하여, 기술 창업을 시작하고자 하는 많은 분들이 사업에 대한 기본적인 지식과 간접 경험이라도 습득함으로써 성공 확률을 높이고, 성공에 도달하기를 바라 마지않는다.

기술 창업자여! 꿈과 용기를 가져라.
그러면, 창조적 생각과 행동으로 폭발적인 성공이 있을 것이다.

차   례

PART 2 기술 창업의 실행

PART 3　기술 창업의 성공

1

기술 창업의 시작

1

나의 창업 이야기

　일류 대학을 나와 남들이 입사하고 싶어 하는 좋은 직장에서 15년간 근무하였던 제가 '키토산 응용 기술'이라는 알지도 못하는 분야에서 다른 업체들과 경쟁하겠다는 것이 무리가 있다는 것은 창업이 무엇인지 모르는 분들도 알 수 있는 상식적인 일입니다. 주위의 반대가 많았음에도 불구하고 저는 창업이라는 힘든 문으로 들어갔습니다. 물론 실패할 것으로 알고 시작한 것은 아닙니다. 40대 초반의 저는 자신감도 있었고, 도전 정신으로 충만했으며, 직장 생활을 통하여 벌어 놓은 약간의 돈도 있었습니다.

　그렇지만 사업 초기에 가장 문제가 되었던 것은 자만심이라고 생각됩니다. 직장 생활 15년 동안 아무리 뛰어난 역량으로 좋은 실적을 나타냈다고 하더라도, '키토산 응용 제품 시장'에서 살아남기에는 부족한 점이 너무 많았습니다. 그럼에도 불구하고 저는 기획, 재무 등 관리 분야의 지식과 경험 및 증권 영업 경험도 있고, 창업 전부터 키토산 기술 분야를 열심히 공부했으며, 직장 생활 동안 많은 사람들과 좋은 인간관계를 유지했기 때문에 창업을 하면 결국은 잘 될 것이라고 막연하게 생각했습니다.

　즉, 사업에 대한 철저한 분석과 준비가 없었던 것입니다. 물론 모든 것을 다 갖추고 사업을 하는 사람은 거의 없습니다. 사업을 하는 가운데 부족한 부분을 보충하고 올바른 시장 판단을 통한 선택과 집중으로 사업에 매진함으로써 성공하는 것입니다. 그러나, 내가 갖추지 못하고 시작한 부분이 향후 비즈니스에서 어떤 영향을 미치고, 이에 대한 대응책은 무엇인지 생각했어야 합니다. 그래야만 나의 약점을 보완할 수 있고, 성공할 수 있습니다.

기술 창업자는 누구인가?

이 장의 주요내용

- 사장과 종업원의 차이
- 사업시스템의 이해
- 기업가가 되면 좋은 점과 나쁜 점
- 기술 창업의 이해

- 기술 창업자의 조건
- 기술 창업자의 역량
- 긍정적인 사고의 힘

사장과 종업원의 차이

- 사장과 종업원의 차이점은 "나를 위해서 일하는가?" 또는 "남을 위해서 일하는가?" 에 있다.
- 사업은 실패할 수도 있으며, 그 경우에도 기업가는 사업의 실패에 대한 책임을 진다.

대부분의 사람들은 회사에 취직해서 월급을 받는다. 취직을 한다는 것은 다른 사람의 사업체에서 돈을 받고, 그 사람을 위하여 일을 하는 것을 의미한다. 따라서 그 사업체의 사장이 많은 돈을 벌어도 그것이 내 돈이 아닌 것은 물론이고, 내가 회사를 위해서 열심히 한 만큼의 보상을 받을 것으로 기대할 수도 없다. 반대로 회사가 어려워지게 되면 그 여파는 나에게 직접적으로 영향을 미친다. 결국 실직하게 되는 것이다.

하지만 많은 사람들이 대기업이나 공기업에 취직하거나 공무원이 되고자 한다. 그러나 우리나라 기업체의 99.9%는 중소기업이기 때문에 대기업에 취직하기가 쉽지 않으며, 공기업에 입사하거나 공무원이 되는 것도 수십 또는 수백 대 일의 경쟁에서 승리하여야 한다. 그렇다면 경쟁하지 않고 노력하지 않아도 잘 살 수 있는 좋은 방법은 없는 것인가? 유감스럽게도 그런 좋은 방법은 없으며, 내가 "무엇을 위하여 열심히 노력해야 하는가?"라는 인생의 목표 또는 성공의 이유를 생각해 보아야 한다.

사장 즉 기업가와 종업원의 차이점은 "나를 위해서 일하는가?" 또는 "남을 위해서 일하는가?"에 있다. 스스로 사업을 시작해서 나를 위해서 일하는 사람이 사장 즉 기업가다. 나를 위해서 일하기 때문에 열심히 노력하며, 돈을 벌려고 육체적 고통을 감수하기도 한다. 때로는 열심히 노력했지만 실패할 수도 있으며, 그 경우에도 기업가는 사업의 실패에 대한 책임을 진다.

사업시스템의 이해

- 기업의 판매와 관리 시스템에서는 돈이 고객에게서 기업으로 들어오고, 제품 또는 서비스가 고객에게로 제공된다.
- 기업가는 사업의 시스템을 이해하고, 그 시스템에서 현금 흐름과 고객을 관리하여야 한다.

나를 위해 일하고 그 성공의 열매를 얻기 위해서 기업가가 되었다면 어떤 일들이 생기는 걸까? 대부분의 기업은 제품이나 서비스를 고객에게 판매하고 받은 돈으로 기업의 경비를 사용하고 수익을 남기며, 다시 제품이나 서비스를 판매한다. 이 과정은 인체라는 시스템에서 피가 흐르는 것과 유사하다. 기업의 판매와 관리 시스템에서는 돈이 고객에게서 기업으로 들어오고, 제품 또는 서비스가 고객에게로 제공된다. 이 시스템에서 기업에게 들어오는 돈의 흐름이 적어지면 기업은 곤란을 겪게 되고, 돈의 흐름이 막히면 기업은 죽게 된다. 기업에게는 돈이 인체의 피와 같은 것이다.

기업가는 대부분의 경우 초기에 손해를 보면서 운영하는 경우가 많다. 왜 그런가?

손해를 본다는 것은 수입보다 비용이 많다는 것이다. 사업 초기에는 아이디어를 상품화하고 시장의 요구에 맞추어 제품을 생산해야만 판매할 수 있으므로, 그때까지는 수입은 없고 비용만 발생하기 때문이다. 그러나 시장에서 제품이 판매되고, 판매 수입이 비용보다 많아지게 되면 수익이 발생한다. 시장에서 제품이 많이 판매된다면 사업은 성장하기 시작하고 기업가의 수익은 증가한다. 따라서 기업가는 수익 증가를 위해서 시장에서 보다 많은 제품을 판매하고자 노력할 것이다. 시장에서 보다 많은 제품을 판매하기 위해서는 기존의 제품보다 개선된 제품을 싼 가격에 판매하여야 하며, 이 개선된 제품이란 소비자의 필요를 잘 충족하는 것을 의미한다. 또한 제품 판매가 증가하고 사업이 성장하기 위해서는 기업가의 경영 지식이 필요하다. 기업가는 사업의 시스템을 이해하여야 하고, 그 시스템에서 현금 흐름과 고객을 관리하여야 하기 때문이다.

사업이 초기 단계의 손실을 극복하지 못하고 계속 적자가 난다면 기업가는 필요한 경비를 조달할 수 없게 되고, 이것이 누적되면 결국 사업을 정리해야 할지도 모른다. 사업을 정리하는 것은 부끄러운 일이 아니다. 성공적인 사업가라 하더라도 한 번의 사업으로 성공하는 경우는 드물다. 만약 벤처 기업을 창업한 당신이 사업을 운영하면서 아무런 이윤을 남기지 못한다면, 당신의 제품이나 서비스에 문제가 없는지, 아이템이나 사업 기회를 잘못 판단하고 있는지를 점검해야 한다. 점검 결과, 당신 사업의 문제점을 극복하기 어렵다면 일단 사업을 정리하고, 다음 기회를 생각하는 것이 좋다.

미련을 갖고 무리를 하는 것은 성공의 확률을 줄이는 것이기 때문이다.

기업가가 되면 좋은 점과 나쁜 점

- 사업의 성공은 언제나 금전적 보상으로 연결되며, 가치 있는 무언가를 해냈다는 자부심과 성취감을 맛볼 수 있다.
- 기업가는 직면한 도전과 위험을 경험함으로써 자신의 능력을 향상시키고 사업 성공의 확률을 높일 수 있다.

기업가가 되면 사업에 대한 기본적인 것을 배울 수 있고, 경제 전반에 관한 지식도 얻을 수 있다. 사업을 해 본 경험은 취업에도 도움이 되고, 취업에서 배운 지식이 사업을 하는데 도움이 되기도 한다. 또한 기업가가 되면 남의 명령이나 지시를 따르지 않고 전적으로 자신의 판단에 따라 일할 수 있고, 그 일이 자신이 하고 싶은 일이라면 훨씬 만족스러울 것이다. 뿐만 아니라 사업의 성공은 언제나 금전적 보상으로 연결되며, 가치 있는 무언가를 해냈다는 자부심과 성취감을 맛볼 수 있다.

반면에 기업가는 사업의 실패로, 자신과 친지의 돈뿐만 아니라 투자한 다른 사람의 돈까지 잃어버릴 위험을 감수해야 하고, 실패에 대한 모든 책임을 져야만 하므로 인간관계 등으로 외로움과 어려움에 처할 수 있으며, 성공하기 위해서 쉬지도 못하고 일하기도 한다. 그러나 사업이 실패하더라도 거기에 쏟아 부은 시간과 경험은 결코 헛된 것이 아니며, 그 실패에서 배운 지식과 경험은 훗날 사업에서 성공할 수 있는 자산이 된다. 미국 실리콘밸리는 '실패밸리'라고 불릴 만큼 많은 실패를 낳는 곳이라고 한다. 그러나 실패의 경험을 헛되지 않도록 자산화 함으로써 자신의 능력을 향상시키고 사업 성공의 확률을 높일 수 있다.

기술 창업의 이해

- 기술 창업은 기술을 기반으로 하는 제조업이나 지식 서비스업으로, 위험은 크지만 성공 확률이 높은 기술 집약형 기업을 의미하는 벤처 기업의 창업을 포함하는 넓은 의미이다.
- 기술 창업은 도소매, 서비스업이 주가 되는 자영업에 비하여 성공 확률이 현저히 높고, 경쟁률이 상대적으로 낮다.

창업을 하기 위해서는 어떤 제품이나 서비스를 어느 고객에게 어떻게 공급해야 할지를 생각해 보아야 한다. 비즈니스 즉, 사업에는 여러 가지가 있다. 남이 만든 제품이나 서비스를 고객에게 판매하는 도소매업이 있고, 제품을 만들어 판매하는 제조업이 있으며, 서비스를 제공하는 서비스업, 농업, 광업 등 일일이 열거하기 힘들 정도이다.

그렇다면 기술 창업이 다른 사업의 창업과 무엇이 다른 것인가? 기술 창업은 기술을 기반으로 하는 제품이나 서비스로 사업을 하는 제조업이나 지식 서비스업의 창업이며, 위험은 크지만 성공 확률이 높은 기술 집약형 기업을 의미하는 벤처 기업의 창업을 포함하는 넓은 의미이다. 기술 창업의 개념은 매우 중요한데, 그 이유는 도소매, 서비스업이 주가 되는 자영업에 비하여

〈 서비스 업종별 인구대비 사업체 수 비교 〉

(단위: 개, 배)

	인구 1천명당 사업체 수			미국 대비(미국 2002년=1)	
	한국(2005)	일본(2006)	미국(2002)	한국	일본
소매업	12.7	8.9	3.2	3.9	2.7
음식점업	12.2	5.7	1.8	7.0	3.2
이 · 미용업	2.2	2.3	0.3	8.3	8.5
수리업	1.9	0.8	0.8	2.4	1.0
부동산 중개업	1.5	0.4	0.3	5.6	1.4
숙박업	0.9	0.5	0.2	4.4	2.4

성공 확률이 현저히 높기 때문이다.

왜 기술 창업은 자영업보다 성공 확률이 현저히 높은가? 통계청 자료에 의하면 인구 1천명당 사업체 수가 미국을 1로 봤을 때 소매업이나 음식업은 약 12배라고 한다. 또한 1인당 부가가치를 비교해 볼 때 제조업이 도소매 등 서비스업보다 3배 정도 높다. 이러한 통계는 자영업으로 창업하는 것이 경쟁이 매우 치열하고 부가가치가 너무 낮기 때문에 성공 확률이 매우 낮다는 것을 의미한다. 자영업의 창업에 비하여 기술 창업의 성공 확률이 얼마나 높은지에 대한 통계는 없다. 기술 창업의 범위를 한정하여 통계를 내는 것이 어렵기 때문이며, 성공의 개념도 일률적이지 않기 때문이다.

얼마나 높은지는 알 수 없지만, 기술 창업이 자영업보다 성공 확률이 현저히 높다는 것은 분명하다. 기술 창업의 사업시스템을 구축하는 것이 자영업에 비하여 어렵고 복잡하며, 기술이라는 단어만으로도 '쉽게 창업할 수 없겠구나' 하는 생각이 들어서 기술 창업을 하겠다는 엄두가 나지 않겠지만, 성공 확률이 높고, 경쟁률이 상대적으로 낮다는 것이 기술 창업의 유리한 점이다. 또한 혁신적인 기술 창업에 의한 사업의 성공은 얼마만큼의 매출과 수익을 가져다줄지 예측하기 힘들다.

〈 자영업자 수 증가율과 1인당 부가가치액 〉

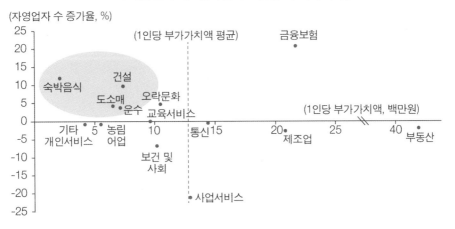

주: 자영업자 수 증가율은 2012년 1분기의 전년동기대비 증가율
　　부가가치액은 2012년 1분기 1인당 명목부가가치 창출액

기술 창업의 성공 확률이 높다는 것은 알았지만, 기술이 없는 나에게는 '그림의 떡'이 아닌가? 반드시 그런 것은 아니라고 생각한다. 우리는 매일 많은 제품과 서비스를 사용하고 있지만, 그 제품이나 서비스에 대하여 품질이나 가격, 유통 등에 대하여 모두 만족하고 있는 것은 아니고, 그런 것이겠거니 하고 무심코 받아들이고 있는 것이다. 기술 창업자는 제품이나 서비스의 가격, 품질, 기능, 유통 등 모든 것에 대하여 의문을 제기하고, 이를 개선하고자 생각하며, 제품이나 서비스의 개선이나 혁신을 통하여 소비자에게 혜택을 주고 싶어 한다. 기술 창업자는 소비자에게 혜택을 주는 제품이나 서비스를 제공한 대가로 소비자로부터 돈을 받고 이 돈으로 다시 제품이나 서비스를 만들어 소비자에게 공급하는 사업시스템을 만들고 이를 운영함으로써 기업을 발전시킨다. 즉, 기술 창업자는 고객에게 만족과 혜택을 줌으로써 돈을 버는 것이다.

기술 창업자의 조건

- 성공에 필요한 모든 조건을 다 타고난 기업가는 없다. 추진력과 기술 창업을 해서 성공하겠다는 마음만 있다면 나머지 조건은 노력해서 습득하면 된다.
- 기술 창업자는 자신과 타인, 사물에 대한 긍정적인 생각과 감사하는 마음만 있다면 창업 과정에서 닥치는 여러 가지 어려움을 극복할 수 있다.

성공적인 기술 창업자의 조건은 따로 있는 것인가? 기술 창업은 기술에 기반한 창업이기 때문에 창업자는 사업과 관련한 기술을 잘 이해하고 사업화하여야 한다. 물론 제품에 대한 아이디어만 갖고, 추후에 필요한 기술을 습득하기도 하고, 필요한 상세 기술을 종업원을 고용하거나 동업 등을 통하여 해결할 수도 있을 것이다. 기술 창업에 있어서 기술의 중요성은 매우 크다고 할 수 있으며, 기술과 사업의 성과간에 상당한 관련이 있다고 한다. 그러나 기술이 있다고 해서 언제나 사업이 성공하는 것은 아니다. 또한 성공에 필요한 모든 조건을 다 타고난 기업가는 없다. 추진력과 기술 창업을 해서 성공하겠다는 마음만 있다면 나머지 조건은 노력해서 습득하면 된다. 추진력은 내가 정한 목표를 끝까지 실천해 나가는 것이다.

창업자에서 가장 필요한 자질은 낙관주의다. 자신과 타인, 사물에 대한 긍정적인 생각과 감사하는 마음만 있다면 창업 과정에서 닥치는 여러 가지 어려움을 극복할 수 있다고 생각한다.

다음은 창업자에게 필요한 자질들이다. 내가 이미 갖고 있는 것은 무엇이고 노력해서 얻어야 할 것은 무엇인가?

- 창의성: '나는 변화를 원한다. 평범한 것이 싫다. 어떤 상황에서도 창조적인 해결책을 찾을 수 있다.'
- 경쟁심: '나는 공정한 경쟁을 원한다. 경쟁을 두려워하지 않고, 상대방을 통해서 나를 배우고 발전시켜 나갈 것이다.'
- 자신감: '나는 당당하게 내가 생각한 모든 것을 해낼 수 있다.'
- 정의감: '나는 부정한 방법으로 돈을 벌지 않을 것이다.'
- 관리 능력: '나는 나의 생활을 체계적으로 조직하고 관리한다.'
- 설득력: '나는 남을 설득할 수 있는 능력이 있다.'
- 절제: '나는 모든 일을 과도하지 않게 조절할 수 있으며, 나 자신에 대해 엄격할 것이다.'
- 인내심: '어떤 난관이 있더라도 나는 목표를 포기하지 않을 것이다.'
- 도전 정신: '나는 성공하기 위하여 도전하고, 더 위대한 것을 창조하기 위해 도전한다.'
- 이해와 배려: '나는 남의 말을 경청하며 남을 이해하고 존중한다.'
- 비전: '나는 보다 나은 내일을 꿈꾸며 그 꿈을 실현할 수 있다고 믿는다.'

기술 창업자의 역량

- 사업환경과 창업자가 가진 역량을 분석하여 사업전략을 세우는 것을 SWOT 분석이라고 한다.
- 창업자의 역량은 창업자가 가진 기술과 경영 지식, 추진력 등 사업과 관련된 자질 등으로 이루어진 총체적인 개념이다.

기술 창업을 하기 위한 준비 단계에서 가장 먼저 생각해야 하는 것은 무엇일까?

기술 창업을 하기 위해서는 사업아이템 탐색, 사업타당성에 대한 검토 등 여러 가지를 준비해야 하겠지만 창업자 자신에 대한 분석이 선행되어야 한다. 창업자에 대한 분석이란 하고자 하는 비즈니스 분야에 대하여 필요한 역량을 창업자가 얼마나 가지고 있느냐에 대한 것이다. 보통은 SWOT 분석이라는 기법을 활용하여 창업자 자신이 갖고 있는 강점(Strength)과 약점(Weakness)을 분석하고, 이러한 창업자가 가진 내부적인 강점과 약점이 사업을 하는 외부환경인 기회(Opportunity)와 위협(Threat)으로부터 어떤 영향을 받을 것인지 또는 이러한 네 가지 요인들이 서로 어떤 관계를 가질 것인지를 살펴보고, 이를 극복하고 성공할 수 있는 전략을 수립하는 것이다. 따라서 창업자가 갖고 있는 역량을 정확하게 분석함으로써 나의 부족한 부분에 대한 보완책과

〈 SWOT 분석과 전략 〉

	S (강점)	W (약점)
O (기회)	SO전략 기회로부터 이익을 얻기 위해 강점을 활용하는 전략	WO전략 약점을 극복하면서 기회를 살리는 전략
T (위협)	ST전략 위협을 회피하기 위해 강점을 활용하는 전략	WT전략 약점을 최소화하고 위협을 회피하는 전략

내가 가진 장점을 비즈니스에 얼마나 잘 활용할 수 있는지를 살펴봐야 한다.

창업자의 역량은 창업자가 가진 기술과 경영 지식, 추진력 등 사업과 관련된 자질 등으로 이루어진 총체적인 개념이다. 사업을 함에 있어서 필요한 역량을 갖고 있다면 강점으로, 갖고 있지 않다면 약점으로 분류하면 된다. 중요한 것은 창업자가 가진 약점을 보완하는 방법을 모색하고 역량 강화를 위하여 노력함으로써 창업 성공의 확률을 높이는 것이다. 모든 조건과 역량을 다 갖추고 창업하는 사람은 없으므로 약점이 많다고 포기할 것이 아니고, 역량을 강화하면서 끊임없이 도전하는 것이며, 본인의 역량과 외부환경을 고려하여 창업의 시기를 조절하는 것이다.

긍정적인 사고의 힘

- 기술 창업자는 끝까지 포기하지 않고, 긍정적인 생각으로 난관을 극복함으로써 성공한다.

기술 창업자의 긍정적인 사고는 상황을 변화시키는 힘을 갖고 있다. 상황을 긍정적으로 생각한다면 좋은 아이디어가 떠오르고 기회를 포착하게 된다. 그러나 부정적으로 생각한다면 앞에 있는 기회도 보지 못하게 된다. 그러므로 기술 창업자는 긍정적인 마음가짐을 가져야 한다. 부정적인 생각으로는 도전할 수 없으며, 도전이 없으면 성공도 없다.

모든 것이 순조로울 때는 긍정적인 마음가짐을 유지하기가 쉽지만 역경이 찾아오고 어려움이 닥치면 부정적인 생각에 사로잡힌다. 역경이 찾아왔을 때 스트레스를 이기고 냉정하게 생각하며 긍정적으로 사고할 수 있는 마음을 갖도록 해보자.

윌리엄 훼더(William Feather)는 '성공이란 다른 사람들이 모두 포기해 버린 후에도 여전히 포기하지 않고 남아 있느냐 그렇지 않느냐의 문제이다'라고 했고, 필리스 바텀(Phyllis Battome)은 '난관을 맞는 두 가지 방식이 있다. 난관을 바꾸거나 아니면 난관에 봉착하여 자신을 바꾸거나'라고 했다.

기술 창업을 준비하는 모든 분들은 끝까지 포기하지 말고 성공하기를 바란다. 긍정적인 생각으로 난관을 극복한다면 성공할 수 있다. 그렇다고 상황이 불리할 때도 무리해서 앞으로 나아가라는 것은 아니다. 상황을 유리하게 만들거나, 잠시 쉬면서 상황을 주시하다 보면 반드시 기회가 온다고 생각한다. 지금의 나쁜 상황을 바꾸어 보려고 초조해 하면서, 스트레스를 받지 않기를 바란다. 또한 나에게 상황을 극복할 지혜를 달라고 기도하기를 바란다.

사례 연구 1

♦ 남민우 다산네트웍스 회장(벤처기업협회장)

남민우 회장은 1991년도에 직원 4명과 개인회사로 창업을 해서, 약 7년 간은 사업이 순조로웠다. 굉장히 철저하고 보수적으로 사업을 했기 때문 이다. 7년 동안 한 해도 적자가 난 적이 없었다. 1997년 외환위기 때 환율 이 폭등했고, 남 회장은 직격탄을 맞았다. 마진율이 30% 이상으로 매우 높았지만, 송금할 때의 환율이 두 배가 넘게 되면서, 회사의 수십억원의 자금이 소진되어 아무것도 남지 않았다. 남 회장은 고민 끝에 실리콘밸리 의 거래 회사로 가서 자초지종을 설명하고, 6개월의 유예기간을 받았고, 직원들과 함께 일 년간 실리콘밸리에서 일을 했다.

이렇게 해서 1997년에 위기를 넘기고 나니 새로운 아이템이 보이고 회 사가 약진하는 기회가 생겼다. 남 회장은 회사 운영에 대한 생각을 바꾸 었다. 자신의 보수적인 회사 운영 방식에 대하여 새로운 변화를 시도하였 고, 2000년에는 코스닥 상장을 하게 되었다.

남 회장은 모두 네 번의 위기를 겪으면서 몇 가지 교훈을 얻게 되었다. 첫 번째로 IMF와 같은 어려운 때에는 항상 최선을 다해야 함을 느꼈고, 두 번째로 분식 회계의 유혹을 떨침으로써 정직이 최선의 정책임을 알게 되었다. 세 번째로 지멘스에 회사를 넘길 때, 기회가 왔다고 생각하면 사 심 없이 모두 던져야 한다는 것을 알았고, 마지막으로 2008년 글로벌 금 융 위기를 겪으면서 변화와 대세에 순응하는 자세를 배우게 되었다. 남 회장은 직접 사업을 하면서 겪은 교훈들을 뼛속에 새겨놓고 있다.

남 회장은 서울대 공대 기계과 시절, 운동권에 투신하였고, 대우자동차 부평 공장에서 근무하기도 했다. 그는 기계공학을 전공한 엔지니어였지 만, 리얼타임 OS라는 소프트웨어 엔지니어로 변신하였다. 리얼타임 OS는 모든 장비의 핵심 두뇌로서 각광받고 있던 새로운 분야였다. 남 회장은 자신이 습득한 리얼타임 OS를 사업 기회로 만들었고 마침내 그 사업에서 성공하였으며, 벤처기업협회장이 되었다.

개념의 정리

✔ 기업(Company)

영리를 목적으로 사업을 경영하는 일 또는 그 사업.

✔ 사업(Business)

돈을 벌기 위해 제품이나 서비스를 사고 파는 것.

✔ 경영(Management)

기업이나 사업을 관리하고 운영하는 것 또는 조직의 목적을 달성하기 위한 전략, 관리, 운영 활동.

✔ 수익(Revenue)

일정 기간 동안 제품과 서비스를 판매함으로써 얻게 되는 화폐의 총량. 사업에 사용한 비용 이상으로 벌어들인 돈을 의미하는 이익(Profit)과 구별됨.

✔ 창업(Entrepreneurship)

위험을 감수하면서 기업을 시작하고 운영하는 것.

✔ 기술 창업(New Technology Based Firm)

기술을 기반으로 한 창업, 즉, 예비창업자가 체득한 기술, 경험 그리고 전문적 노하우 등의 지식을 기반으로 한 창업, 제조업이나 지식 서비스업의 창업을 의미함.

✔ 벤처기업(Venture Company)

위험이 크나 성공할 경우 높은 수익이 예상되는 기업으로 반드시 기술을 보유해야 하는 것은 아니며, 유통, 서비스 분야의 아이템도 포함됨.

✔ SWOT(Strength-Weakness-Opportunity-Threat) 분석

기업의 환경분석을 통하여 내부환경인 경쟁 기업 대비 강점(S)과 약점(W),

외부환경인 기회(O)와 위협(T) 요인을 규정하고, 이를 토대로 마케팅 전략을 수립하는 기법으로 다음 4가지 전략이 있음.

- SO(강점 – 기회)전략: 시장의 기회를 활용하기 위해 강점을 활용하는 전략.
- ST(강점 – 위협)전략: 시장의 위협을 회피하기 위해 강점을 사용하는 전략.
- WO(약점 – 기회)전략: 약점을 극복함으로써 시장의 기회를 활용하는 전략.
- WT(약점 – 위협)전략: 시장의 위협을 회피하고 약점을 최소화하는 전략.

2

나의 창업 이야기

비즈니스에 있어서 지식보다 나은 것이 경험입니다. 물론 경험도 지식도 없다면 비즈니스에서의 성공 확률은 매우 낮을 것입니다. 경험도 지식도 없이 단지 운이 좋아서 성공한 사람도 있을까요? 저는 그렇지 않다고 생각합니다. 그것은 마치 공부를 거의 하지 않고 사법시험에 합격할 확률보다 더 낮은 것 같습니다. 비즈니스의 성공은 지식만으로 얻어지는 것이 아니기 때문입니다. 비즈니스를 시작하면 직장 생활에서 경험할 수 없는 것들을 경험하게 됩니다. 아니 경험을 하지 않아도 될 일을 할 수밖에 없습니다. 내가 하지 않으면 할 사람이 없는 경우도 많기 때문입니다. 직원이 몇 명 있다고 해도 내가 원하는 일을 잘 해주지는 않으며, 내가 솔선수범해야 하는 일도 많으니까요.

사장은 기업에서 일어나는 모든 일을 알고 이해해야만 이를 분석하고, 올바른 판단을 할 수 있습니다. 따라서 비즈니스의 경험은 과거 직장 생활에서 경험하지 못한 일들이 많으며, 똑같은 경험을 하더라도 느끼는 것이 다를 수밖에 없습니다. 그것은 비즈니스에서 발생하는 업무에 대한 시각이 다르고, 관점이 다르기 때문입니다. 직장에서는 노동자의 권리를 외치던 사람이 사장이 되면, "김 대리는 도대체 뭘 하는지 알 수 없어. 그렇게 하고도 월급을 받고 싶을까?" 또는 "이 과장은 회사에 할 일이 이렇게 많은데 정시에 퇴근하면서 눈치나 보고..., 도대체 애사심이 없단 말이야, 내가 과장 때는 안 그랬는데, 형편없단 말이야. 쯧쯧"이라고 생각하게 됩니다.

기술 창업의 환경은 어떠한가?

이 장의 주요내용

- 비즈니스 환경의 이해
- 경제 환경이 비즈니스에 미치는 영향
  - 자유 시장과 가격 결정
  - 물가와 경기 순환
- 기술이 비즈니스에 미치는 영향
- 경쟁적 환경이 비즈니스에 미치는 영향

- 사회적 환경이 비즈니스에 미치는 영향
- 글로벌 환경이 비즈니스에 미치는 영향
  - 글로벌 시장과 무역
  - 글로벌 비즈니스 환경

비즈니스 환경의 이해

- 비즈니스 환경을 이해해야만 올바른 전략을 수립할 수 있고, 올바른 사업아이템과 사업 시기를 결정할 수 있다.
- 비즈니스 환경은 비즈니스를 하는 국가의 경제적 환경, 기술적 환경, 경쟁적 환경, 사회·문화적 환경, 법적 환경 및 글로벌 환경으로 나눌 수 있다.

　기술 창업자는 비즈니스 환경에 대하여 이해하고, 이를 분석하여야 한다. 왜 비즈니스 환경을 이해해야 하는가? 제1장에서 우리는 SWOT 분석에 대해서 알아보았다. SWOT 분석은 나 또는 회사의 약점과 강점 및 외부환경의 기회와 위협을 분석하여 전략을 수립하는 것이다. 따라서 나를 둘러싼 외부의 비즈니스 환경을 이해해야만 올바른 전략을 수립할 수 있고, 올바른 사업 아이템을 결정할 수 있다. 비즈니스를 시작하기 전에 올바른 전략을 수립하고, 시장에서 판매할 수 있는 아이템을 선정하는 것은 사업의 성공에서 가장 중요한 요소이다.

또한 비즈니스 환경을 이해한다면 사업을 시작하는 시기를 잘 결정하는데 도움이 될 것이다. 우리는 사업을 시작하는 적절한 타이밍이 있다는 것을 이해할 수 있다. 나의 역량이나 아이템이 비즈니스 환경과 시기적으로 맞지 않으면 마주하지 않아도 되는 위험이나 자금상의 어려움을 겪게 될 수 있는 것이다.

주식 투자의 예를 들어보자. 주식 가격은 싸지만 거래량이 적은 바닥 국면에서 주식을 산다면 성공적인 투자라고 할 수 있을까? 주식 가격이 싸고 거래량이 바닥인 국면에는 비즈니스를 둘러싼 환경이 매우 불리한 시기일 것이다. 이때 주식을 산 사람은 비즈니스 환경이 좋아질 것이 예상되어 거래량이 늘어나고 가격이 올라야 수익을 볼 수 있다. 따라서 언제인지 알 수 없지만 이 시기가 올 때까지 기다리거나, 기다리다가 갑자기 돈이 필요해서 이익

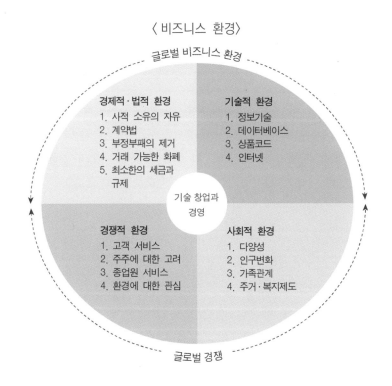

〈 비즈니스 환경 〉

도 못보고 팔아야 할지도 모른다. 따라서 주식을 싸게 샀다고 좋아할 수만은 없는 것이다. 주식은 거래량이 늘어나면서 가격이 오르는 추세가 형성되었다고 판단되는 시기에 사야 하는 것이다. 이 시기가 소위 '전문가 매입 시기' 인 것이다.

기술 창업자에게 있어서도 비즈니스 환경의 이해는 사업의 시기를 결정하는데 반드시 고려하여야 하는 중요한 요인이다. 시장 진입 시기를 잘못 결정하면 내가 만든 제품의 판매가 잘 되지 않고, 제품의 홍보와 판매에 많은 돈과 시간이 들어서, 주식을 갖고 있다가 지치는 사람처럼 비즈니스에서 어려움을 겪을 수 있는 것이다.

비즈니스 환경은 비즈니스에 도움이 되거나, 또는 방해가 되는 환경을 말한다. 기술 창업자는 도움이 되는 환경은 비즈니스에 적극 활용하고, 방해가 되는 환경은 적절한 방법으로 우회 또는 회피할 수 있는 방법을 찾아야 한다.

비즈니스 환경은 비즈니스를 하는 국가의 경제적 환경, 기술적 환경, 경쟁적 환경, 사회·문화적 환경, 법적 환경 및 글로벌 환경으로 나눌 수 있다.

글로벌 환경은 전 세계 또는 특정 국가에 제품을 수출하거나, 투자하거나, 글로벌 아이템을 구상하는데 있어서 반드시 고려하여야 하는 환경적 요소이다. 특히 우리나라는 무역 규모가 2011년 이후 3년 연속 1조 달러를 돌파하였고, 세계 8위의 무역국이 되었다. 따라서 내가 만든 기술 제품을 국내뿐만 아니라 세계를 상대로 판매할 수 있는 좋은 환경이 마련되어 있는 것이다.

경제 환경이 비즈니스에 미치는 영향

- 기술 창업자는 정부로부터 많은 지원을 받고 있으며, 비즈니스를 통하여 지역 사회에 일자리를 제공하고, 제품의 판매를 통하여 국가 경제를 성장시킨다.
- 경제 환경이 기술 창업자에게 주는 영향을 알기 위해서는 경제학에 대한 이해가 필요하다.

우리는 법으로 금지하거나 인허가를 필요로 하는 경우를 제외하고는 언제든지 자유롭게 사업을 시작할 수 있고, 폐업도 자유롭다. 또한 정부는 1986년 중소기업창업지원법을 제정하여 제조업 및 지식서비스업 등의 창업을 장려, 지원하고 있으며, 전국의 창업선도대학을 통하여 기술 창업자의 창업 공간, 교육, 개별 멘토링, 시제품 제작 등 자금 지원을 할 뿐만 아니라, 창업자의 기술 개발 과제에 대하여 R&D 지원을 하는 등 역대의 어느 정부보다도 기술 창업자에게 많은 혜택을 주고, 지원을 하고 있다. 그러나 기술 창업자는 정부로부터 지원을 받고만 있는 것이 아니고, 비즈니스를 통하여 지역 사회에 일자리를 제공하고, 제품의 판매를 통하여 국가 경제를 성장시킨다. 또한 부가가치세와 소득세 등 세금을 납부하고, 종업원의 고용에 따른 국민 연금과 의료 보험금을 분담하는 등 법적인 의무도 부담한다.

또한 국내 경기와 글로벌 경기가 좋은지 나쁜지, 사업으로 많은 돈을 번 경우에 세금을 얼마나 내야 하는지, 다른 기업들과 공정하게 경쟁할 수 있는 환경이 되는지, 대출 등 금융 시스템이 나에게 유리한지, 이자율과 통화량은 어떤지 등의 경제 환경이 기술 창업자가 비즈니스를 하는데 많은 영향을 주고 있다.

경제 환경이 기술 창업자에게 주는 영향을 알기 위해서는 경제학에 대한 이해가 필요하다. 그 중에서도 미시경제학의 주요 주제인 시장에서의 수요와 공급 및 가격 결정에 대한 것과 거시경제학 중에서 물가와 통화량 및 경기 순환에 대한 것이 창업자에게 도움이 될 것으로 생각한다.

경제 환경이 비즈니스에 미치는 영향
자유 시장과 가격 결정

- 자유 시장에서는 어떤 제품을 얼마나 생산할지를 시장에서 소비자와 생산자가 가격을 협상하여 결정한다.
- 기술 창업자의 B2C 제품의 대부분이 독점적 경쟁 시장에 속하는 제품이다.

세계 여러 나라의 부를 창출하게 한 경제 시스템이 자본주의이다. 자본주의는 자유 시장을 기본 원리로 움직이는 시스템으로, 자유 시장에서는 사유 재산이 인정되고, 기업을 소유하고 기업에서 발생한 이익을 보유할 수 있으며, 창업과 폐업이 자유롭다.

자유 시장에서는 어떤 제품을 얼마나 생산할지를 시장에서 소비자와 생산자가 가격을 협상하여 결정한다. 따라서 어떤 제품에 대하여 내가 받고 싶은 가격을 받을 수 없다는 것이다. 시장에서는 협상에 의하여 생산자와 소비자를 모두 만족시키는 점에서 가격과 수량이 결정된다. 이것을 수요와 공급의 법칙이라고 하고, 그 균형점에서 가격과 수량이 결정된다.

자유 시장에서 가격과 수량을 결정하는 경쟁의 형태는 (1) 완전 경쟁 (2) 독점적 경쟁 (3) 과점 (4) 독점으로 나눌 수 있다.

완전 경쟁 시장은 다수의 공급자와 다수의 수요자가 있고, 시장 정보가 공개되고, 제품의 품질이 거의 동일하며, 가격을 조정할 정도의 공급자나 수요자가 없는 시장이다. 따라서 이러한 가정들 때문에 현실에서는 완전 경쟁 시장이 존재하지 않으며, 사과, 감자, 옥수수 등의 농산물 시장이 완전 경쟁 시장에 가깝다. 이 시장에서는 다음 그림과 같이 수요와 공급의 균형점에서 가격과 수량이 결정된다. 공급자가 균형 가격보다 높은 가격에 판매하고자 하면 균형 수량보다 작은 수량만을 팔 수 있으므로, 가격을 인하하여 균형 수량만큼 파는 것이 이익이라는 것을 깨닫게 된다는 것이다.

독점적 경쟁은 많은 공급자들이 매우 비슷한 제품을 판매하지만 소비자에

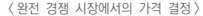

〈 완전 경쟁 시장에서의 가격 결정 〉

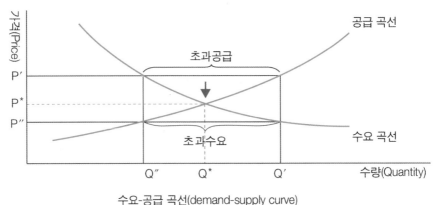

수요-공급 곡선(demand-supply curve)

의해 그 차이가 판단되는 시장이다. 이 시장에서는 제품의 차별화가 판매의 열쇠가 된다. 공급자는 광고, 브랜드전략, 포장 등에 의하여 내 제품이 타사 제품과 다르다는 것을 소비자에게 인식시키려고 한다. 햄버거, 컴퓨터, 라면, 청바지 등의 제품이 이 시장의 예이고, 기술 창업자의 B2C 제품의 대부분이 독점적 경쟁 시장에 속하는 제품이다.

독점적 경쟁 시장에서는 매우 비슷한 품질의 제품이 판매되기 때문에 수요와 공급에 의한 가격 결정은 기본적으로 완전 경쟁 시장과 유사하다. 그러나 시장에서 가격이 어느 정도 결정된 상태이기 때문에 공급자는 그 가격에 제품 차별화를 통하여 더 많은 수량을 판매하고자 한다.

과점은 몇몇 공급자들이 시장을 장악하고 있는 경우이다. 공급자가 소수인 이유는 대부분의 경우 제품 생산에 많은 초기 비용 투자가 있어야 하기 때문이다. 담배, 정유, 자동차, 휴대폰, 항공기, 알루미늄 등의 소재가 이 시장의 제품에 해당된다.

과점 제품의 가격은 큰 차이가 없이 매우 비슷하다. 그 이유는 가격 인하가 서로의 수익만을 감소시키기 때문이다. 과점 시장에 속하는 제품도 독점적 경쟁 시장과 같이 가격 경쟁을 하지 않고, 제품 차별화나 광고, 서비스 향상 등 비가격 경쟁을 통하여 더 많은 수량을 판매하고자 한다.

독점은 하나의 공급자만 있는 시장이다. 따라서 독점 시장의 공급자는 시장의 공급량과 가격을 조절할 수 있다. 이런 이유로 전기, 천연가스, 물 등의 공공재의 공급은 국가가 정한 공기업만이 공급하도록 법으로 정하고 있다.

어느 기술 창업자가 세상에 없었던 혁신적인 제품을 생산하고 진입 장벽을 높게 쌓았다면 독점이 될 수 있다. 역시 이 경우에도 제품을 구입해 줄 많은 소비자가 있어야 함은 물론이고, 독점 판매자는 자신에게 가장 많은 이익을 줄 수 있는 가격과 수량을 정하여 시장에 제품을 공급할 것이다. 너무 높은 가격을 정하면 구입 포기자가 많이 생길 수 있기 때문이다.

경제 환경이 비즈니스에 미치는 영향
물가와 경기 순환

- 일정한 기간을 놓고 본다면 제품이나 서비스 가격이 하락하는 경우는 거의 없다. 그 이유는 우리나라 경제가 오랜 기간 동안 꾸준히 성장을 해 왔기 때문이다.
- 정부가 경기를 부양하기 위하여, 통화량과 이자율을 조절하는 것을 통화 정책, 세금이나 정부 지출을 조절하는 것을 재정 정책이라고 한다. 이러한 정책 시행은 경제와 시장뿐만 아니라 창업자에게도 영향을 미친다.

우리나라 통계청 자료에 의하면 소비자 물가는 1986년을 기준(100)으로 2012년은 303이므로 약 3배가 올랐다. 일정한 기간을 놓고 본다면 제품이나 서비스 가격이 하락하는 경우는 거의 본 적이 없는 것 같다. 왜 그럴까? 우리나라 경제는 오랜 기간 동안 꾸준히 성장을 해 왔기 때문이며, 그것은 우리나라 기업들이 국내와 해외 시장에서 우리의 제품과 서비스를 꾸준히, 더 많이 판매했다는 것이다. 이것은 개별 기업 입장에서 본다면, 제품의 판매 가격을 올리기는 하지만 낮추지는 않는다는 것을 의미한다. 우리나라 경제가 성장하기 때문에 같은 제품을 만드는 경우에 원가가 오르기는 하지만 낮아지지는 않으므로, 가격을 낮출 이유는 없었다. 아마 가격을 낮추는 경우는 제품에 문제가 있거나 또는 기타의 이유로 덤핑을 하는 경우일 것이다.

우리나라의 경우처럼 제품이나 서비스 가격이 전반적으로 상승하는 것을 인플레이션(Inflation)이라고 하고, 반대로 제품이나 서비스 가격이 전반적으로 하락하는 것을 디플레이션(Deflation)이라고 한다. 또, 경기가 침체되고 있음에도 전반적인 물가가 오르는 경우가 있는데, 이러한 현상을 스태그플레이션(Stagflation)이라고 하고, 성장률이 낮은 선진국 경제에서 볼 수 있는 현상이다.

자영업자나 기업가들은 사업이 잘 안 되는 이유를 경기가 나쁜 탓으로 돌리는 경우가 많다. 경기가 나쁘다는 것은 경기가 침체되어서 전반적으로 제품이 잘 안 팔린다는 것을 의미한다. 우리나라 국내총생산(GDP)은 우리나라에서 소비되는 내수와 수출로 나눠지는데, 우리나라는 내수보다는 수출의 성장률이 높은 수출 주도의 경제 시스템이므로, 업종에 따라 다르겠지만 내수로만 판매하는 경우에는 경기가 조금만 나빠져도 가장 먼저 타격을 받기가 쉽기 때문에 경기에 민감하다고 할 수 있다.

경제학자 조셉 슘페터(Joseph Schumpeter)는 경기는 순환하며, 호황 – 침체(후퇴) – 불황 – 회복의 4가지 양상을 나타낸다고 하였다.

경기에 민감한 제품을 판매하는 경우에는 경기가 후퇴하고 있다는 보도만으로도 매출이 줄어드는 경우가 있고, 그것으로 경기의 방향을 알 수 있다면 사업계획을 세우는데 도움이 될 수 있을 것이다. 그러나 종합주가지수의 방향을 맞추기 어렵듯이 경기의 방향을 맞추기가 쉽지 않으므로, 경기가 좋지

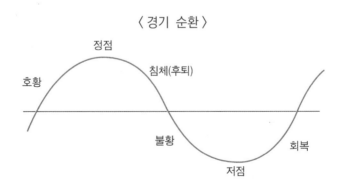

〈 경기 순환 〉

않다는 가정하에 사업계획을 세우는 것이 보다 안전하다.

실업률이 높아지고 경기가 나빠지면, 정부는 경기를 부양하기 위하여 시중의 통화량을 증가시키고, 이자율을 낮춘다. 통화량의 증가는 제품 구매로 이어질 수 있고, 이자율 하락은 대출을 증가시키는 효과가 있기 때문에 경기가 더 이상 나빠지지는 않을 것이다.

정부가 경기를 부양하기 위하여, 통화량과 이자율을 조절하는 것을 통화 정책, 세금이나 정부 지출을 조절하는 것을 재정 정책이라고 한다. 정부의 이러한 정책 시행은 경제와 시장에 영향을 미치고, 창업자와 기업가에게도 영향을 미친다.

기술이 비즈니스에 미치는 영향

- 컴퓨터, 인터넷, 스마트폰과 같은 사람 사이의 정보 통신뿐만 아니라, 사물 인터넷 (IoT)을 통하여 사물과 사람 사이에 정보를 교환할 수 있다. 또한 클라우드 컴퓨팅 (Cloud Computing)에 기반한 빅데이터(Big Data)를 활용하여 고객의 감성을 읽어내고, 신용카드 사용 통계 등의 자료를 분석하여 마케팅에 활용하기도 한다.
- 또 하나의 중요한 기술적 변화는 태양광, 풍력, 연료전지 등 신재생 에너지와 LED 이다.
- 기술 창업자는 여러 가지 새로운 기술과 도구를 활용하여 고객의 요구와 필요에 잘 대응함으로써 매출을 향상시킬 수 있다.

컴퓨터, 인터넷, 스마트폰과 같은 정보 통신 기술만큼 광범위하고 지속적으로 기업 경영이나 기술 창업에 영향을 준 기술적 변화는 없었던 것으로 생각한다. 스마트폰 등 디지털 기기와 페이스북(Facebook), 트위터(Twitter)와 같은 소셜 네트워크(Social Network)는 사람들의 의사소통 방식을 완전히 변화시켰고, 기업가들은 이러한 것을 이용하여 공급자와 소비자에게 다가가는 방법을 고안하였다. 기술 창업자는 새로운 기술 제품에 대한 소비자의 반응

〈 우리나라 주력 수출 품목 - 무선통신기기 〉

을 알아보기 위해서 페이스북과 트위터를 활용할 수 있으며, 페이스북 또는 카카오톡과 같은 인적 네트워크를 활용하여 제품을 홍보하거나 판매할 수도 있다. 물론 이를 위해 지불하는 비용은 없다.

최근에는 사람 사이의 정보 통신뿐만 아니라, 사물 인터넷(IoT)을 통하여 사물과 사람 사이에 정보를 교환할 수 있다. 또한 클라우드 컴퓨팅(Cloud Computing)에 기반한 빅데이터(Big Data)를 활용하여 고객의 감성을 읽어내고, 신용카드 사용 통계 등의 자료를 분석하여 마케팅에 활용하기도 한다. 또한 중소기업청은 빅데이터를 활용한 상권 분석 자료를 제공하여 창업을 지원하고 있다.

인터넷을 통해서 물건을 사고 파는 것도 일상적인 일이 되었다. 기업간 거래(B2B: Business To Business)뿐만 아니라, 기업과 소비자간의 거래(B2C: Business To Consumer)에서도 전자상거래는 점점 더 중요해지고 있다. 소비자들은 인터넷과 스마트폰을 이용해서 인터파크, 옥션 등 국내 쇼핑몰뿐만 아니라 아마존닷컴이나 e-bay에서도 물건을 구입하고 있다. 2012년도 전자상거래는 1,144조 7,000억원, 그 중 사이버 쇼핑은 32조 3,470억원이었다.

또 하나의 중요한 기술적 변화는 태양광, 풍력, 연료전지 등 신재생 에너지와 LED이다. 태양전지는 빛 에너지를, 풍력 발전은 바람을, 연료전지는 화

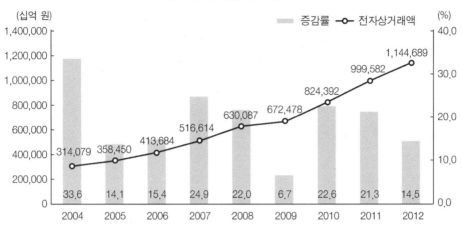

〈 연도별 전자상거래 규모 〉

학 에너지를 각각 전기 에너지로 바꾸어 줌으로써, 원자력과 화석 원료에 의존하던 전기 생산을 위험이 없고, 이산화탄소 발생이 없는 친환경의 전기 생산 방식으로 바꾸어 준다.

아직까지는 발전 단가가 다소 높으나, 생산 효율과 사회적 타당성 등을 고려할 때, 이미 기술과 생활에서의 변화가 시작되었다. 특히 태양전지 분야에서는 결정질 실리콘 태양전지에서 박막형인 CIGS 또는 염료 감응형 태양전지 기술로의 변화를 눈여겨 보아야 한다.

LED 기술은 이미 LED TV, 자동차 부품 등에 많이 쓰고 있어서, 점차 중요성이 커지고 있는 분야이다. LED는 전기 에너지를 빛 에너지로 전환하는 효율이 높아서 최대 90% 정도까지 에너지를 절감할 수 있는 친환경 기술이기 때문에 우리 생활 속에 광범위하게 사용될 것이다.

기술 창업자는 정보 통신 기술, 박막 태양 전지, LED 등 새로운 기술의 변화를 비즈니스에 잘 활용하여야 한다. 또한 여러 가지 새로운 기술 및 정보 통신 기술과 도구를 활용하여 고객의 요구와 필요에 잘 대응함으로써 매출을 향상시킬 수 있다.

경쟁적 환경이 비즈니스에 미치는 영향

- 오늘날 기업은 고품질, 무결점의 제품에 경쟁력 있는 가격과 뛰어난 서비스를 함께 제공해야만 글로벌 경쟁에서 승리할 수 있다.
- 고객과 접하게 되는 종업원이나 판매원 등에게 고객의 요구에 신속하게 대응할 수 있도록 권한과 책임을 주어야 한다.

우리는 돈만 있다면 살 수 없는 물건이 거의 없는 '제품의 홍수' 속에서 살고 있다고 해도 과언이 아니다. 따라서 기업간 경쟁은 과거 어느 때보다도 치열하다. 많은 기업들이 무결점의 제품을 만들어 냄으로써 글로벌 경쟁력을 확보하려고 하지만, 오늘날 기업은 고품질, 무결점의 제품에 경쟁력 있는 가격과 뛰어난 서비스를 함께 제공해야만 글로벌 경쟁에서 승리할 수 있다. 오늘날의 비즈니스는 과거의 관리 지향에서 고객 지향으로 변했으며, 이를 철저하게 지키지 않으면 시장에서 살아남을 수 없는 시대가 되었다. 과거의 전통적 비즈니스와 오늘날의 글로벌 비즈니스를 비교하면 다음과 같다.

〈 전통적 비즈니스와 글로벌 비즈니스의 비교 〉

전통적 비즈니스	글로벌 비즈니스
고객 만족	고객을 즐겁게 하는 것(매혹 시키는 것)
관리 지향, 고객 지향	고객 및 이해관계자 지향
이익 지향	이익 및 사회 지향
반응적 윤리	선행적 윤리
제품 지향	품질 및 서비스 지향
경영자에 초점을 둠	고객에 초점을 둠

위 표에서 이해관계자는 회사의 종업원, 주주, 공급자, 판매자, 지역 사회를 포함하는 개념이고, 사회를 지향한다는 것은 이익 추구를 넘어서 타인에게 정당하고 적합하게 대하는 것을 말한다. 또한 반응적이란 문제가 된 이후에 반응하는 것을, 선행적이란 다른 사람이 말하기 전에 올바르게 실행하는

것을 말한다.

 고객 및 이해관계자 지향의 성공적인 기업이 되기 위해서는 고객의 욕구를 잘 알고, 고객의 요구를 더욱 유의하게 들음으로써, 이를 기업의 제품, 정책 및 행동에 반영하고, 이에 맞추어 변화하여야 한다. 또한 고객과 접하게 되는 종업원이나 판매원 등에게 고객의 요구에 신속하게 대응할 수 있고, 좋은 서비스와 제품을 제공할 수 있도록 권한과 책임을 주어야 한다.

사회적 환경이 비즈니스에 미치는 영향

- 특정 지역에서의 인구의 이동이나 성별, 인종, 소득 상황 등은 사회적 환경을 변화시키고, 이러한 사회적 환경의 변화는 기술 창업자에게 새로운 사업 기회를 제공한다.
- 고령화로 인하여 전반적인 내수 시장의 침체는 피할 수 없으나, 노인 인구에게 꼭 필요한 제품이나 서비스는 수요가 늘어날 것이며, 그 중 중요한 것이 의료, 헬스 케어 서비스와 관련 용품이다.

 우리가 살고 있는 생활 여건, 주거 환경, 소비 동향, 여가 활동 등이 비즈니스에 영향을 미친다. 기술 창업자는 이러한 사회적 여건을 잘 살펴봄으로써 새로운 제품과 서비스를 만들 수 있고, 더 좋게 개선할 수 있다. 이러한 사회적 환경은 인구 통계학적인 변화의 영향을 받는다. 특정 지역에서의 인구의 이동이나 성별, 인종, 소득 상황 등은 사회적 환경을 변화시키고, 이러한 사회적 환경의 변화는 기술 창업자에게 새로운 사업 기회를 제공한다.

 우리나라에서 최근 발생하고 있는 중요한 인구 통계학적 변화는 고령화와 1인 또는 2인 가구의 증가, 외국인 노동자의 증가, 다문화 가정, 동성애자 등 사회적 다양성의 증가 등이다.

 우리나라는 65세 이상 고령 인구가 총인구에서 차지하는 비중이 2010년 기준 11%로 고령화 사회(7% 이상)이고, 2018년에는 고령 인구 비중이 14% 이상인 고령 사회에, 2026년에는 고령 인구 비중이 20% 이상인 초고령 사회

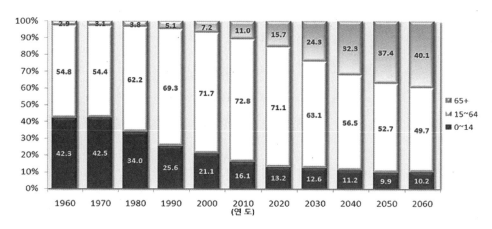

〈 고령화 인구 예측 - 통계청 자료 〉

에 진입할 것으로 예상된다.

　고령화의 원인은 의학의 발달로 평균 수명이 늘어나는 것과 출산율이 낮은 것이다. 2012년 기준 우리나라 출산율은 1.29명으로 심각한 수준이다. 또한 노인 빈곤율은 선진국에 비해 매우 높은 편이고, 65세 이상 노인의 약 40%는 연금을 받지 못한다. 고령화가 되면 소비 시장이 침체되고 소비가 줄어들기 때문에 국가 성장률이 떨어진다. 따라서 사회와 경제에 탄력과 성장을 주기 위해서, 국가는 젊은 외국인의 이민을 장려하고 다문화 가정에 대한 제도적인 지원을 할 것이다.

　고령화로 인하여 전반적인 내수 시장의 침체는 피할 수 없으나, 노인 인구에게 꼭 필요한 제품이나 서비스는 수요가 늘어날 것이며, 그 중 중요한 것이 의료, 헬스 케어 서비스와 관련 용품이다. 고령화와 IT 기술의 발전 및 소득 증대에 힘입어 헬스 케어 산업은 급성장할 것으로 예상된다. 스마트폰의 애플리케이션(앱)으로 혈당, 혈압, 체온, 식사량, 운동량 등을 기록함으로써 당뇨, 고혈압 등을 조절 관리하는 모바일 헬스 케어 또는 u-헬스 케어가 일상화되는 날이 머지않았다. 또한 IT와 반도체 등 분야의 보유 기술을 바탕으로 한 의료기기 분야도 우리나라가 집중해야할 미래 기술 분야이며, 스마트한 가정용 의료기기가 개발, 보급됨으로써, 이 기기들을 가정에서 편리하게

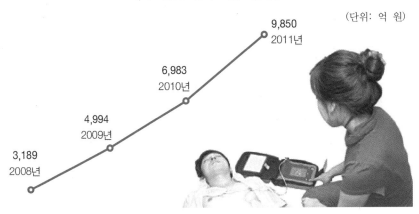

〈 U-헬스 케어 시장 규모 〉

(단위: 억 원)

9,850
2011년

6,983
2010년

4,994
2009년

3,189
2008년

사용할 수 있을 것이다.

고령화와 이혼율의 증가, 청년 실업의 증가, 낮은 출산율, 늦은 결혼 등은 1인 또는 2인 가구의 비중을 증가시키는 요인이 되고 있다. 2012년 기준으로 1~2인 가구의 비중은 50%를 넘었고, 2025년에는 60%를 넘을 것으로 전망된다. 이러한 1~2인 가구의 증가는 생활스타일과 관련된 여러 가지 제품과 서비스의 판매에 많은 영향을 주고 있으며, 이와 관련된 새로운 제품이나 서비스의 출현을 예고하고 있다.

〈 가구원 수별 비중 추계 전망 – 통계청 자료 〉

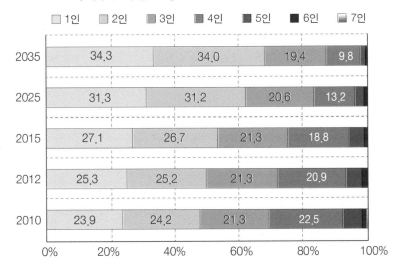

	1인	2인	3인	4인	5인	6인	7인
2035	34.3	34.0	19.4	9.8			
2025	31.3	31.2	20.6	13.2			
2015	27.1	26.7	21.3	18.8			
2012	25.3	25.2	21.3	20.9			
2010	23.9	24.2	21.3	22.5			

글로벌 환경이 비즈니스에 미치는 영향
글로벌 시장과 무역

- 국가간의 물물교환을 무역이라고 하는데, 국가간에 물물교환이 발생하는 이유는 '비교 우위' 때문이다.
- 글로벌 시장에 진출하는 방법은 수출뿐만이 아니고, 라이선싱, 위탁 제조, 합작 투자, 전략적 제휴, 지사 설립, 직접 투자 등이 있다.

글로벌 시장에는 약 242개국에 71억 3천만명 이상의 소비자가 살고 있다. 국가간의 물물교환을 무역이라고 하는데, 19세기 영국의 경제학자 리카르도 (David Ricardo)는 국가간에 물물교환이 발생하는 이유를 '비교 우위' 때문이라고 하였다. 비교 우위란 한 국가가 가장 효율적으로 생산할 수 있는 상품을 판매하고, 덜 효율적인 상품은 효율성이 높은 다른 나라에서 수입하는 것

〈 2012년도 주요 국가 수출입 금액 - 관세청 자료 〉

(단위: 1,000불)

이 상호 이익이므로 국가간에 무역이 발생한다는 것이다. 우리나라의 경우에도 비교 우위가 높은 휴대폰, 자동차 등을 수출하고, 비교 우위가 낮은 커피, 목재, 밀가루 등은 수입한다.

그림에서 알 수 있듯이 우리나라의 가장 큰 교역국은 중국이고, 미국, 일본의 순서이다. 중국과 미국은 수입보다 수출이 많으므로 우리의 무역 수지는 흑자이고, 반대로 일본과 사우디아라비아는 수출보다 수입이 많으므로 우리의 무역 수지는 적자이다.

또한 우리나라 무역 규모는 2013년에 3년 연속 1조 달러를 기록했으며, 수출액과 무역 흑자도 약 5,600억 달러, 430억 달러로 사상 최대 실적을 나타냈다.

이러한 글로벌 시장에서의 우리의 경쟁력은 기술 창업자에게 많은 도움이 된다. 기술 창업자는 제품이나 서비스를 만들 때, 글로벌 시장을 고려해서 기획하고, 개발하며 디자인할 것이고, 제품을 해외 시장에 판매하기 위하여 무역협회, KOTRA, 중소기업진흥공단 등의 도움을 받을 수 있다.

글로벌 시장에 진출하는 방법은 수출뿐만이 아니고, 여러 가지 방법이 있을 수 있다. 기술 창업자가 로열티(Royalty)를 받고 해외 기업에게 제품을 제조하거나 상표를 사용할 수 있는 권리를 줄 수 있는데, 이를 라이선싱(Licensing)이라고 한다. 기술 창업자는 라이선스를 받은 라이선시(Licensee)의 판매를 돕기 위해 상품 배급, 판매 촉진, 경영 컨설팅 등을 한다. 이 밖에도 해외 기업에게 자신의 제품을 위탁 제조하게 하여 자신의 상표로 판매하는 위탁 제조(Contract Manufacturing), 해외 기업과의 합작 투자(Joint Venture)나 전략적 제휴(Strategic Alliance), 해외 지사 설립이나 해외 기업에 대한 직접 투자(Direct Investment)를 함으로써 기술 창업자의 매출과 이익을 증대할 수 있다.

글로벌 환경이 비즈니스에 미치는 영향
글로벌 비즈니스 환경

- 진출 국가의 사회 문화적 요인, 경제력 및 경제 상황, 법적인 규제, 물리적·환경적 요인 등이 비즈니스에 많은 영향을 준다.
- 공식적은 아니지만 수입을 규제하는 비관세 장벽이 있는데, 비관세 장벽에는 상품의 포장이나 표시에 대한 엄격한 규제, 통관 지연, 기술 표준, 인증 및 적합성 평가, 위생 검열 등이 있다.

기술 창업자가 글로벌 시장에서 성공하는 것은 국내 시장에 비하여 더 많은 장벽과 규제와 갈등으로, 더 어렵고 복잡하다. 가장 먼저 마주치는 어려움이 언어, 종교, 사회 구조, 가치관 등의 사회 문화적인 것이다. 이러한 문화적인 차이가 비즈니스의 장애 요인이지만 기술 창업자가 이를 극복하지 못한다면 글로벌 시장에 진출하지 못하는 것은 물론이고, 비즈니스가 더 이상 발전할 수 없다.

글로벌 비즈니스에서 중요한 것은 기술 창업자가 제품을 판매하고자 하는 나라와 그 고객에게 모든 것을 맞추는 동일화 또는 현지화 전략이다. 나의 고객은 그가 국내에 있든, 해외에 있든, 내국인이든, 외국인이든, 언제나 가장 중요하다.

그 밖에도 진출 국가의 경제력, 환율, 재정 정책 등 경제 상황, 비즈니스 및 환경 등에 대한 법적인 규제, 물류 시스템, 운송, 환경 오염 등의 물리적·환경적 요인도 비즈니스에 많은 영향을 준다.

많은 나라들이 덤핑(Dumping)과 같은 불공정 행위에 대하여 국내 기업을 보호하기 위해서 보호무역주의를 취한다. 관세를 높게 부과하거나, 수입쿼터제를 시행하여 수입량을 제한하거나, 더 나아가서 수입을 금지하기도 한다. 또는 공식적은 아니지만 수입을 규제하는 비관세 장벽이 있을 수 있는데, 상품의 포장이나 표시에 대한 엄격한 규제, 통관 지연, 기술 표준, 인증 및 적합성 평가, 위생 검열 등과 같은 비관세 장벽의 비중이 확대되는 추세이다.

이러한 무역 장벽을 해소하려는 노력에 의하여 1986년부터 1994년까지 이루어진 우루과이라운드협상(UR)에서 124개국이 GATT(General Agreement on Tariffs and Trade)의 수정안에 표결하였고, 세계무역기구(WTO, World Trade Organization)를 만들었다. WTO는 우루과이라운드협상(UR)의 결과로 1995년 1월 1일 출범하게 되었으며, WTO 체제의 목적은 무역자유화를 통한 전 세계적인 경제발전을 이루는 것이다. 우리나라는 특정 국가간의 무역 장벽의 완화 내지 철폐로 무역 자유화를 실현하기 위하여 많은 나라와 자유 무역 협정(Free Trade Agreement)을 체결하였거나 협상중이다.

〈 우리나라의 FTA 현황 – 무역협회 자료 〉

(2013년 말 기준)

사례 연구 2

● (주)파수닷컴 조규곤 대표이사

삼성 SDS에 재직하고 있었던 조규곤 대표는 디지털 콘텐츠 저작권 관리 기술인 DRM(Digital Rights Management: 디지털 콘텐츠의 불법 복제 등을 막아 저작권을 보호하는 기술)이 국내에 필요하다고 판단하고 기술 연구를 시작했다. 당시 국내에서는 생소한 기술이지만 디지털 미디어의 발전으로 충분한 미래 가치가 있다는 판단을 하였고, 삼성 SDS의 사내 벤처로 6개월의 인큐베이팅을 거친 후 2000년 6월에 독립하였다.

조 대표는 원천 기술을 직접 가지고 있어야겠다는 생각으로, 자체적인 기술 개발을 시작해서 2011년 11월에 독자적인 플랫폼을 구축하고 시스템의 안정성을 높였다. 독자적인 플랫폼을 보유함으로써 파수닷컴은 콘텐츠 공급 업체의 다양한 요구를 유연하게 반영할 수 있었다.

조 대표는 디지털 콘텐츠 시장이 커지면 당연히 DRM 시장이 열릴 것으로 생각했지만, 시장은 그의 기대와 다르게 움직였다. 그는 준비했던 사업 모델을 재검토하여 기업을 대상으로 하는 패키지 형태의 솔루션을 개발하였다. 음원이나 동영상의 저작권 보호 목적으로 사용하던 DRM 기술을 기업에서 사용하는 문서에 적용하겠다는 생각으로 기업용 DRM이라는 새로운 분야를 만들었다. 파수닷컴은 다양한 환경에 적용이 가능하도록 개발함으로써 타사의 DRM 기술과 차별화하였고, 자동차, 반도체, 조선 등의 원천 기술 유출을 방지하는 역할을 하고 있다.

조 대표는 처음부터 해외 시장을 생각하고 기술 개발을 진행했으며, 보안 관련 컨퍼런스나 전시회에 지속적으로 참가해서 자신의 제품을 알리고 있고, 기업용 DRM의 수요가 급증하고 있는 헬스케어 시장을 중심으로 우량 파트너들과의 적극적인 공조를 통하여 시장 저변을 확대하고 있다.

새로운 제품의 시장을 만들어 나가기는 쉽지 않다. 하지만 DRM의 필요성을 고객에게 인식시키면서 고객의 니즈에 빠르게 대응하기 위해 노력한다면, 새로운 시장은 열릴 것이다.

개념의 정리

✔ 경제학(Economics)

경제 현상의 파악과 경제적 복지의 향상을 연구대상으로 하는 학문.

✔ 미시경제학(Microeconomics)

경제 주체인 가계, 기업의 행동을 기초로 재화의 가격과 수량의 관계를 연구하는 학문.

✔ 거시경제학(Macroeconomics)

국민 소득 이론에 입각하여 소비, 투자, 저축 등에 의한 국민 소득의 결정을 연구하는 학문.

✔ 국내총생산(Gross Domestic Product)

일정 기간(1년) 동안 한 나라의 국경 안에서 생산된 최종 생산물의 시장가치의 합계로서, 장소와 관계없이 모든 국민이 일정 기간 생산한 최종 생산물의 시장가치의 합계인 국민총생산(Gross National Product)과 구별됨.

✔ 인플레이션(Inflation)

통화량의 팽창으로 화폐 가치가 하락하고 물가가 전반적, 지속적으로 상승하는 경제 현상.

✔ 디플레이션(Deflation)

통화량의 축소로 화폐 가치가 상승하고 물가가 전반적, 지속적으로 하락하여 경제 활동이 침체되는 경제 현상.

✔ 스태그플레이션(Stagflation)

경기 불황과 물가 상승이 동시에 발생하는 경제 현상.

✔ 사물 인터넷(Internet of Things)

생활 속 사물들을 유무선 네트워크로 연결해 정보를 공유하는 환경. 가전제품, 전자기기뿐만 아니라 헬스 케어, 원격 검침, 스마트홈, 스마트카 등 다양한 분야에서 사물을 네트워크로 연결해 정보를 공유할 수 있음.

✔ 클라우드 컴퓨팅(Cloud Computing)

인터넷상의 서버를 통하여 데이터 저장, 네트워크, 콘텐츠 사용 등 IT 관련 서비스를 한 번에 사용할 수 있는 컴퓨팅 환경.

✔ 빅데이터(Big Data)

기존의 방식으로는 관리와 분석이 매우 어려운 거대한 크기의 데이터의 집합. 그리고 이를 관리, 분석하기 위해 필요한 인력과 조직 및 관련 기술까지를 포함한 용어. 빅데이터를 통하여 생산성을 향상시킬 수 있고, 의사 결정에 도움을 받을 수 있으며, 새로운 고객 가치와 비즈니스를 만들 수 있음.

✔ 전자상거래(e-commerce)

온라인 네트워크(인터넷, 스마트폰, TV 등)를 통하여 재화와 서비스를 사고 파는 모든 형태의 거래. 참여 주체별로 기업간의 B2B(Business to Business), 기업과 소비자간의 B2C(Business to Consumer), 소비자간의 C2C(Consumer to Consumer), 정부와 기업간의 G2B(Government to Business) 등으로 구분됨.

✔ 박막태양전지(Thin Film Solar Cell)

실리콘을 사용하는 결정질 태양전지와 다르게, 유리와 같은 값싼 기판 위에 얇은막 형태의 태양전지를 증착시켜 전기를 발생시키는 태양전지. 결정질 태양전지에 비하여 단가가 낮고 설치가 쉬우나 아직 효율이 떨어짐. 구리, 인듐, 갈륨, 셀레늄을 사용한 CIGS 태양전지, 염료감응형 태양전지 등이 사용되고 있음.

✔ LED(Light Emitting Diode)

갈륨, 비소 등의 화합물에 전류를 흘려 빛을 발산시키는 반도체 소자로, 적색, 황색, 청색, 백색 등의 LED가 조명 기구, 자동차 헤드라이트, TV 뒷면 등에 사용됨. 수명이 길고 최대 90% 정도의 절전 효과가 있어서 에너지 절약에 있어서 매우 중요함.

✔ 합작투자(Joint Venture)

2개국 이상의 기업, 개인, 정부 기관이 특정 기업체의 운영에 공동으로 참여하는 해외 투자 방식, 공동 소유의 대상은 기업체의 주식, 유·무형 자산, 노하우 등으로 다양함.

✔ 전략적 제휴(Strategic Alliance)

둘 또는 다수의 기업간에 상호 협력관계를 유지하여 다른 기업에 대하여 경쟁적 우위를 확보하려는 경영전략으로서, 협력 분야는 연구 개발, 기술, 생산, 판매 등 다양함.

✔ 환율(Exchange Rate)

한 나라와 다른 나라 통화의 교환 비율. 우리나라 원화의 환율 상승(예컨대 1$가 1,000원에서 1,100원으로 되는 경우)은 통화 가치를 하락시켜 수출을 증대시키고, 수입을 억제하는 효과가 있으며, 이를 평가 절하(Devaluation)라고 함. 반대의 경우를 평가 절상(Revaluation)이라고 함.

3

나의 창업 이야기

많은 사람들이 '선택과 집중'이 중요하다고 말합니다. 회사를 창업할 당시에 저는 그 말이 무슨 말인지 알려고 하지도 않았고 이해하고 있지도 않았습니다. 여러 가지 아이템이 있다면 돈을 벌 수 있는 하나의 아이템을 선택해서 여기에 집중해야 한다는 뜻이겠죠? 내가 몇 개의 좋은 아이템이 있고, 그 중에 하나만 선택하고 나머지는 포기해야 한다면 아깝다는 생각이 들지는 않을까요?

창업을 해서 첫 번째 아이템으로 미용 비누를 제조했는데, 제품의 품질이 매우 좋고 친환경적인 제품이어서 상당히 비싼 값에 판매했고, 그러다보니 판매 수량이 너무 적어서 1년을 팔아도 매출이 그다지 많지 않았습니다. 비록 매출이 많지는 않았지만 매년 일정 수량이 팔리고 있었습니다.

그러나, 이것으로는 양이 차지 않았고, 키토산 응용 제품을 생산, 판매하려고 창업한 것이므로 키토산 건강기능식품을 제조, 판매하기로 하여, '키토화이버'라는 건강기능식품을 출시했습니다. 당시 키토산 건강식품은 대기업에서도 생산 판매하고 있었고, 내가 만든 제품이 품질 면에서 더 좋다고 생각했지만, 소비자들은 내 제품은 거들떠보지도 않았습니다. 그럼에도 불구하고, '품질이 좋으니 시간이 지나면 소비자들이 알아주지 않을까?' 하는 막연한 기대를 갖고 추가로 기능이 향상된 2~3종의 키토산 건강기능식품을 잇달아 출시하고 판매했습니다.

그러나, 열심히 마케팅을 했음에도 불구하고 성과는 신통치 않았습니다. 미용 비누나 건강기능식품이나 제품의 품질을 인정해 주는 소수의 단골 고객만 구매를 할 뿐 많은 양의 판매가 이루어질 수 있는 유통 경로를 확보하지 못했습니다. "아! 어떻게 해야 할까요? 열심히 해도 성과가 없고, 뭐가 문제인지 알 수도 없고…"

　키토산 응용 제품이 계획대로 잘 팔리지 않자, 저는 '수용성 키토산 원료로 B2B 마케팅을 해 보면 되지 않을까?' 라는 생각을 하고 제가 원료로 쓰고 있던 수용성 키토산을 낮은 가격에 구입해서, 대기업 등의 다른 사용업체에 납품하는 영업을 시작했습니다. 그렇지만 원료 영업도 그렇게 쉽지는 않았습니다. 비누, 건강기능식품, 키토산 원료 판매와 연구 개발, 관리 등 몸은 너무 바쁜데 실적은 형편없었습니다. 그 후에도 키토산을 주 원료로 한 수 종의 친환경농자재를 생산 판매하였고, 키토산 발아현미와 혼합곡도 생산 판매하였습니다. 합해보면 모두 10종이 넘는 키토산 응용 제품과 원료를 판매하고 있었습니다. 한마디로, '선택과 집중'과는 거리가 먼 정반대의 길을 걸었던 것입니다.

　제가 사업을 접은 후에, 제 비누를 늘 사주시던 단골 고객께서 하시는 말씀이, "난 성 사장의 비누가 너무 좋던데, 비누 하나만 열심히 했더라면 지금 이런 결과가 오지는 않았겠지?" 하시며, 안타까워했습니다.

어떤 사업을 선택할 것인가?

이 장의 주요내용

- 아이템 선정의 중요성
- 사업 기회의 발생과 인식
- 사업아이템의 선정 과정
- 사업아이템의 심층 검토

- 적절한 산업의 선택
- 절호의 기회 잡기
- 기술 변화의 이용 전략

아이템 선정의 중요성

- 창업에서 아이템을 잘못 선택하면 제품 개발 등 많은 비용의 낭비를 초래하고, 결국은 시장에서 마케팅에 어려움을 겪게 되기 때문에 비즈니스를 계속하기 어렵게 된다.
- 기술 창업자는 새롭고 유익하며 품질 좋은 제품이나, 기존보다 더 싸게 제품을 만들어 판매할 수 있어야 제품의 경쟁력이 있는 것이다.
- 새롭고 혁신적인 제품에 대해서는 고객이 그 제품을 잘 이해하지 못하거나, 제품의 용도에 대하여 다르게 생각할 수 있으며, 이 경우 비용이 발생할 수 있다.

기술 창업이 도소매, 서비스업이 주가 되는 자영업에 비하여 성공 확률이 현저히 높다는 것은 알고 있을 것이다. 물론 도소매업, 음식 숙박업, 서비스업 등도 동종 업종 또는 기존의 서비스와 다른 차별화 또는 창의성을 발휘한 새로운 방식에 의하여 벤처기업이 될 수 있으며, 크게 성공할 수도 있다. 그러나 그 확률이 기술 창업에 비하여 낮다는 것은 이미 설명하였다.

기술 창업자에게 아이템 선정이 중요한 이유는 무엇일까? 아이템 선정을 잘못한 경우에는 창업의 첫 단추를 잘못 끼운 것과 유사하다고 할 수 있다. 창업에서 아이템을 잘못 선택하면 제품 개발 등 많은 비용의 낭비를 초래하고, 결국은 시장에서의 마케팅에 어려움을 겪게 되기 때문에 비즈니스를 계속하기 어렵게 된다. 우리는 제2장에서 기술 창업자가 직면한 기술적, 사회적, 글로벌 시장 등 비즈니스 환경에 대하여 알아보았다. 이러한 비즈니스 환경의 이해를 통하여 기술과 사회의 변화를 알아차리고, 시장에서 고객에게 사랑받을 수 있는 제품과 서비스를 만들어야 한다.

　일반적으로 나의 고객은 기존에는 없었던 새롭고 좋은 소재로 제품을 만들거나, 새롭고 유익한 제품이나 서비스로 자신을 만족시켜 주기를 원하며, 새로운 공정이나 방법을 통하여 기존 제품의 가격을 낮춰 주기를 원한다. 즉, 기술 창업자는 새롭고 유익하며 품질 좋은 제품이나, 기존보다 더 싸게 제품을 만들어 판매할 수 있어야 제품의 경쟁력이 있는 것이다. 따라서 기술 창업자가 만드는 제품을 시장에서 고객이 받아들일 수 있고, 점차 고객이 많아져서 고객을 만족시키고 감동시킬 수 있어야 하며, 이런 제품을 만들지 않으면 비즈니스를 계속할 수 없다는 것이다.

　다만 너무 혁신적인 제품이어서 고객이 제품의 사용 방법을 잘 이해하지 못해서 고객에 대한 교육이 필요한 경우가 있을 수 있으며, 이 경우에는 초기에 고객을 이해시키기 위하여 많은 비용이 발생할 수 있으므로 이에 대한 자금 대책을 세우는 것이 필요하다. 시장에서 고객의 생각은 언제나 옳다고 할 수 있으나, 새롭고 혁신적인 제품에 대해서는 고객이 그 제품을 잘 이해하지 못하거나, 제품의 용도에 대하여 기술 창업자가 생각한 것과 다른 생각을 갖는 경우도 있을 수 있다. 이런 경우에 기술 창업자는 제품의 시장에서의 반응에 대한 철저한 조사와 제품의 개념에 대한 정립이 필요하고, 이러한 과정에서 많은 비용이 발생할 수도 있다는 것을 유념해야 한다.

사업 기회의 발생과 인식

- 사업 기회가 발생하고 이를 인식하는 2단계의 과정이 창업으로 연결된다.
- 사업 기회는 전직의 경험 및 훈련된 자기 기술과 관련하여 발생하는 것이 가장 빈도가 높으며, 취미, 교육, 친구와 친척 등 주변 사람과의 접촉, 타인의 제안 등 다양하게 발생한다.
- 사업아이템을 결정하는 또 다른 방법은 개발권자의 아이디어나 특허를 사서 이를 사업화하거나, 아이디어 개발자와 동업으로 공동 창업을 하는 경우이다.

흔히 성공한 사업자에게 '어떻게 그 사업을 하게 되었는지?' 또는 '그 사업을 결정하게 된 이유가 무엇인지?'를 묻는 경우가 많다. 비즈니스의 기회는 상당히 많이, 그리고 여러 업종에서 발생하고 있으나, 기술 창업자가 이를 비즈니스의 기회로 생각하느냐에 의하여 사업이 시작된다. 즉, 사업 기회가 발생하고 이를 인식하는 2단계의 과정이 창업으로 연결된다. 이러한 기회는 기술 창업자의 전직의 경험 및 훈련된 자기 기술과 관련하여 발생하는 것이 가장 빈도가 높으며, 취미, 교육, 친구와 친척 등 주변 사람과의 접촉, 타인의 제안 등 다양하게 발생한다. 기술 창업자는 이러한 기회를 인식하고 이것이 좋은 비즈니스 아이템이 되는지 분석하고 종합적으로 검토하는 과정을 갖게 된다. 그러나, 사용상의 불편함이나 필요가 사업아이템을 결정하게 하거나, 체험이 아닌 단순한 관찰에 의해서도 사업아이템을 결정할 수 있다. 또한 사업의 기회를 의도적으로 찾고 있어도 사업아이템을 못 얻는 경우도 있고, 생각지도 않은 우연한 기회가 사업으로 연결되는 경우도 발생한다.

사업아이템을 결정하는 또 다른 방법은 개발권자의 아이디어나 특허를 사서 이를 사업화하거나, 아이디어 개발자와 동업으로 공동 창업을 하는 경우이다. 이 경우에는 독자적인 사업보다 공동 창업을 하는 것이 성공 가능성이 높다고 알려져 있다. 아이템 개발자와 팀을 이루어 공동 창업 하는 것이 서로의 능력을 보완해 주기 때문이다.

아이템 선정에 있어서, 현실적으로 가장 많은 영향을 미치는 것은 예비 기술 창업자의 아이템에 대한 호감의 정도이고, 다음으로는 예비 기술 창업자의 개인적 능력, 재능, 경험, 자금 동원 능력 등이다. 예비 기술 창업자는 하나의 아이템 또는 2~3개의 아이템에 대하여 관련 분야 기술자 또는 전문가와 면담을 하는 등의 방법으로 정보를 수집하고 이를 토대로 사업타당성을 검토한다.

사업아이템의 선정 과정

- 기술 창업자는 복수의 아이템 중에서 성공할 수 있는 하나의 아이템을 골라야 한다.
- 각각의 사업아이템에 대한 평가는 사업이 가능한지를 조사하고 검토하는 선정 단계와 선정된 아이디어를 제품 또는 서비스로 만드는 것이 가능한지를 조사, 검토하는 상품화 단계로 구성된다.

기술 창업자는 복수의 아이템 중에서 성공할 수 있는 하나의 아이템을 골라야 한다. 여러 개의 아이템이 좋아 보이더라도 아이템의 선정 과정을 통하여 단 하나의 아이템만을 선정하여 사업을 진행하는 것이 성공 확률이 높다. 즉 '선택과 집중'이 매우 중요하며, '사업의 우선순위'가 중요하다. 또한 하나의 아이템을 검토하는 경우에도 아래와 같은 절차를 거쳐야 하고 부정적인 경우는 평가를 중단하고 새로운 아이디어를 모색해야 함은 물론이다.

먼저 각각의 사업아이템에 대하여 평가를 실시하여야 한다. 평가는 사업이 가능한지를 조사하고 검토하는 선정 단계와 선정된 아이디어를 제품 또는 서비스로 만드는 것이 가능한지를 조사, 검토하는 상품화 단계로 구성된다.

선정 단계에서는 다음과 같은 점들이 고려되어야 한다. 첫 번째로 창업자 자신의 전직, 경험, 취미 등과 잘 맞는 비즈니스인지 여부, 두 번째로 아이디어가 사업성을 갖고 있는지 여부, 세 번째로 창업에 따른 희생과 창업에서 얻는 대가의 비교이다. 여기에서 '사업성'이란 다음의 3가지 질문에 긍정적인 답이 가능하다면 일단 사업성을 갖고 있다고 할 수 있다.

1. 사람들이 이 아이디어로 만든 제품 또는 서비스를 원할까?
2. 내가 이 아이디어로 만든 제품 또는 서비스를 사람들이 사줄까?
3. 내 제품이나 서비스를 많은 사람들이 사려고 하는 가격에 팔더라도 나에게 이익이 날까?

사업아이템의 심층 검토

- 아이템에 대한 심층적 검토는 상품화 가능성, 시장 분석, 원가 분석, 손익 분석의 순서로 진행하고, 사업의 장기적 전망을 판단하는 것도 필요하다.
- 자신의 아이템을 직감이나 근거 없는 자신감에 의하여 평가한다면, 그 사업을 시작한 후, 그에 대한 대가를 치를 수밖에 없다.

여러 개의 아이템을 평가 기준에 의하여 검토를 하여 가장 점수가 높은 하나의 사업아이템을 정하고, 이 아이템에 대하여 사업을 해도 되는지를 심층적으로 검토해야 한다. 아이템에 대한 심층적 검토는 상품화 가능성, 시장 분석, 원가 분석, 손익 분석의 순서로 진행하고, 사업의 장기적 전망을 판단하는 것도 필요하다.

상품화 가능성은 아이디어를 구체화하여 상품화할 수 있는가를 검토하는 것이다. 근래는 3D 프린터 등의 보급으로 단순한 형태의 원형 제품(Prototype Product)은 간편하게 제작할 수 있으므로 평가에 많은 도움이 된다. 시장 조사에 원형 제품을 사용하면 제품에 대한 이해가 쉬워지기 때문에 보다 정확한 조사가 가능하다. 또한 상품화 가능성의 조사에 있어서 중요한 일은 상품화와 관련된 선행 특허를 조사하여 관련 기술의 동향을 파악하고, 내 제품 또는 기술과 비교하는 것이다. 기술 창업자는 특허정보넷에서 필요한 자료를 검색하여 편리하게 이용할 수 있다.

시장 분석은 예상 고객에게, 구매할 의향이 있는지, 어느 정도의 가격이 적정 하겠는지 등의 의견을 물어 보는 것이다. 고객은 제품 또는 서비스에

〈특허정보넷 키프리스〉

따라 달라질 수 있는데, 유통 경로에 따라 도매상, 소매상, 최종 소비자 등이 있다. 그러나 그 의견의 중요성은 최종 소비자, 즉 사용자가 가장 중요하다. 최종 소비자가 지갑을 여는 것이 중요하기 때문이다. 그러므로 의견이 충돌할 때는 최종 소비자의 의견을 들어야 한다.

시장 분석에 있어서 기술 창업자가 저지르는 가장 흔한 실수는 제품의 예상 목표 시장을 자기중심적으로 조사하고 평가하는 것이다. 냉정하고 객관적인 분석을 하지 않으면 시장 진입 시에 허망한 결과를 맞을 가능성이 높다.

분석된 시장 조사 결과에 따라 제품을 만드는 경우에 시장에서 요구하는 가격을 만족시킬 수 있는지를 검토하여야 한다. 시장에서 요구하는 가격을 만족시킨다는 것은 고객이 요구하는 품질을 만족시키기 위하여 제품 생산에 소요되는 원가를 시장 가격보다 낮게 할 수 있는 것을 말한다. 이러한 조건을 맞추기 위해서 제품 생산에 소요되는 원가를 분해하여, 품질을 훼손하지 않으면서 가장 비용이 적게 드는 방법을 찾아내야 한다.

기술 창업자는 스스로 손익 계산을 할 수 있으면 좋다. 손해도 이익도 없는 손익분기점이 되려면 매출액이 얼마나 되어야 하는지를 계산해 보고, 실패하면 얼마를 손해보고, 성공하면 얼마를 벌 수 있는지를 예상해 보는 것이다.

또한 단기적인 시각이 아닌 장기적인 관점에서 나의 사업의 전망을 생각해 보는 것도 필요한 일이다. "나의 아이템과 나의 사업은 성장성이 있고, 높은 이익을 창출할 수 있는 유망한 사업인가?"라는 질문에 긍정적으로 대답할 수 있어야 한다. 긍정적으로 대답할 수 없다면 그 이유가 무엇인지 생각해 본다. 사업아이템에 문제가 있다면 그에 대한 대책을 세워야 하고, 아이템에 문제가 없다면 아이템을 사업화하고 운영하는데 자신이 없고 경험이 없기 때문에 두려움을 갖고 있는 것이다. 자신의 아이템을 직감이나 근거 없는 자신감에 의하여 평가한다면, 그 사업을 시작한 후, 그에 대한 대가를 치를 수밖에 없다.

적절한 산업의 선택

- 경험이 전혀 없고 잘 모르는 산업 분야에서의 창업은 성공 확률이 낮다.
- 자본 집약적인 산업과 광고 집약적 산업에서는 창업 성공 확률이 낮다.
- 수요 고객의 수가 적은 시장과 느리게 성장하고 있는 시장, 시장 세분화가 잘 이루어 지지 않은 시장에서는 창업 성공 확률이 낮다.
- 치열한 경쟁이 이루어지고 기술 표준이 정해진 성숙된 시장에서는 창업 성공 확률이 낮다.
- 기업의 평균 규모가 큰 산업이나, 몇몇 기업의 시장 점유율이 높은 집중된 산업에서 는 창업 성공 확률이 낮다.

지금부터는 아이템을 선택하는데 있어서 피하여야 할 것에 대하여 알아보자. 비즈니스를 선택하는데 있어서 성공 확률이 높은 사업을 선택하는 것은 당연하다. 그렇다면 어떤 사업이 성공 확률이 높을까?

첫 번째로, 창업자가 경험이 전혀 없고 잘 모르는 산업 분야에서의 창업은 성공 확률이 낮다. 창업자가 지식도 경험도 없는 분야에서 창업하는 것이 불리하다는 것은 너무도 당연한 이야기이지만, 어떤 우연에 의하여 과감하게 사업에 뛰어 들어 많은 수업료를 내는 경우가 없지 않다.

두 번째로, 생산 공정이 복잡하고, 제품이나 서비스의 생산에 높은 수준의 많은 지식이 요구되는 자본 집약적인 산업과 광고에 의하여 높은 부가가치를 올리는 광고 집약적 산업 분야에서는 성공 확률이 낮다. 복잡한 생산 공정이 필요하거나, 제품의 생산에 높은 정밀도와 높은 지식 수준이 요구된다면 창업자가 그런 분야에서 성공하기가 쉽지 않을 것이며, 광고에 많은 돈이 요구되는 산업 분야에서도 창업자가 좋은 성과를 내기 어렵다는 것을 이해할 것이다.

세 번째로, 수요 고객의 수가 적은 시장과 느리게 성장하고 있는 시장, 시장 세분화가 잘 이루어지지 않은 시장에서는 성공 확률이 낮다. 고객이 적은 시장을 목표로 제품을 제조하는데 드는 비용은 고객이 많은 시장을 목표로 하는 경우에 비하여 큰 차이가 없기 때문에 수요가 큰 시장을 상대로 할 때 성공 확률이 더 높다는 것이다. 또한 창업자는 느리게 성장하는 시장보다 급성장하는 시장에서 더 좋은 성과를 보이는데, 그 이유는 급성장하는 시장에서의 창업자는 기존 고객이 없으므로 새로 생기는 신규 고객만을 목표로 마케팅을 하면 되기 때문이다. 즉 창업자는 새로운 가치로 새로운 고객을 창출할 수 있으므로 기존 기업보다 유리하다는 것이다.

시장 세분화는 고객이 제품이나 서비스에 있어서 서로 다른 것을 요구하는 정도를 의미하는 개념이다. 고객의 기호가 단순한 제품 시장이 있는 반면에 고객의 수요가 다양하고 복잡한 시장도 있다. 창업자는 고객 기호가 단순한 시장보다는 고객의 요구가 다양하고 복잡한 시장에서 고객의 요구에 부응함으로써 마케팅에 성공할 확률이 높다는 것이다.

네 번째로, 기술 창업자는 산업 라이프사이클의 초기 국면, 즉 미성숙 또는 성장 초기의 시장에서 비교적 쉽게 고객을 유치하고, 성공 확률이 높다. 기술 창업자는 치열한 경쟁이 이루어지고 기술 표준이 정해진 성숙된 시장보다는, 미성숙 또는 성장 초기 시장에서 소수의 업체와 경쟁하는 것이 보다 유리하기 때문이다.

마지막으로, 그 산업을 구성하는 기업의 평균 규모가 큰 산업이나, 몇몇 기업의 시장 점유율이 높은 집중된 산업에서는 기술 창업자의 성공 확률이 낮다. 대기업 등 규모가 큰 몇 개의 기업이 산업이나 업종을 지배하는 경우에는 기술 창업자가 새롭게 시장에 진입하는 것이 거의 불가능하다.

절호의 기회 잡기

- 창업 기회를 제공하는 원천은 기술 변화, 정치 및 규제 변화, 사회 및 인구 통계적 변화 및 산업 구조의 변화이다.
- 기술 창업자는 기술 변화를 이용하여, 변화를 꺼리는 기존 기업보다 우수한 제품과 서비스로 비즈니스를 시작하여야 한다.
- 기술 창업자는 기술 변화 등 변화에 대한 정보에 잘 접근, 활용할 수 있도록 인맥을 잘 관리하고, 정보를 잘 처리하고 확인할 수 있어야 한다.

기술 창업자에게 창업 기회를 제공하는 원천은 무엇일까? 기술 창업자는 그를 둘러싼 환경에서 창업의 기회를 포착할 수 있고, 이에 대하여는 제2장에서 설명하였다.

창업 기회를 제공하는 대표적인 원천은 기술 변화, 정치 및 규제 변화, 사회 및 인구 통계적 변화 및 산업 구조의 변화이다. 기술의 변화로 인하여 전에는 할 수 없었던 일을 할 수 있게 되거나, 전에는 비효율적으로 할 수밖에 없었던 일을 보다 효율적으로 할 수 있게 되었다. 전에는 글로 나의 생각을 전달하기 위해서 편지를 사용했지만 컴퓨터 소프트웨어의 개발로 이메일을 사용하여 효율적으로 일할 수 있게 되었다. 이것을 가능하게 한 것이 기술 변화이다. 기술 변화는 변화의 규모가 어떤지, 일반적 기술인지, 상업성이 있는지, 역동적인지에 따라 기술 창업자에게 미치는 영향에 차이가 있다. 기술 변화의 규모가 크면 클수록, 그 기술이 일반적인 기술일수록 광범위한 분야에 응용될 수 있으므로 창업의 기회는 많아지고, 기술 창업자에게 유리하다. 또한 기술 변화가 상당한 비용 절감을 통하여 엄청난 상업적 이익을 가져 오거나, 기업에게 커다란 구조적인 변화를 가져올수록 창업의 기회는 많아지고, 기술 창업자에게 창업할 절호의 기회를 제공해준다.

　기술의 변화는 하나의 기술에서 다른 기술로 바뀌는 것이고, 기술 창업자는 이를 이용하여야 한다. 기술이 변화할 때 그 기술이 속하는 산업의 기존 기업은 이러한 기술의 변화를 좀처럼 받아들이지 않으려는 경향이 있으며, 기존 기술을 조금 개선하려고 하는 노력을 하면서 새로운 기술을 과소 평가하는 경우가 많다. 따라서 기술 창업자는 변화된 새로운 기술을 이용하여 기존 기업보다 우수한 제품과 서비스로 비즈니스를 시작하는 것이다. 이러한 기회를 활용하기 위해서는 기술 창업자가 관료적이거나 과거의 기술에 연연해서는 안 된다. 기술 창업자는 기술의 변화를 받아들이고 그 변화의 경과를 예측할 수 있는 능력과 이를 이용하려는 전향적인 자세를 갖고 있어야 한다.

　정치 변화나 규제 변화도 기술 창업자에게 새로운 사업 기회를 제공한다. 기존에 있었던 규제를 없애거나, 일정한 산업 영역에 대기업의 참여를 제한하거나, 중소기업을 위하여 공정거래법을 개정하거나, 관련법의 적용을 엄격하게 하는 등의 정부 조치는 기술 창업자에게 유리한 사업 기회를 제공하는 것이다. 또한 사회 트렌드의 변화와 노령화, 1인 가구의 증가 등 인구 통계적 변화 및 산업 구조의 변화도 기술 창업자에게 유리한 사업 기회를 제공할 수 있다.

　일반적으로 기술 변화, 정치와 규제 변화, 사회와 인구 통계적 변화, 산업 구조 변화로 이전에 없던 새로운 제품이나 서비스를 출시함으로써 기술 창업자에게 기회가 생기지만, 오래된 제품이나 서비스를 새로운 소재나 새로운 생산 방식, 새로운 조직에 의하여 만들고 판매하는 것도 기회가 될 수 있다. 그러나 기술 창업자는 기존 제품이나 서비스를 새로운 소재나 새로운 생산 방식, 새로운 조직에 의하여 만드는 사업 기회에 있어서는 기존 기업에 비하여 불리하다. 혁신적이고 특별한 개선이 아니라면 대기업이나 기존 기업이 늘 생각하고 있는 것이기 때문에 기술 창업자가 그들보다 뛰어나기가 쉽지 않기 때문이다. 따라서 기술 창업자는 이러한 변화에 대한 정보에 잘 접근하고 이를 활용할 수 있도록 인맥을 잘 관리하고, 이러한 정보를 잘 처리하고 확인할 수 있는 능력이 있어야 한다.

기술 변화의 이용 전략

- 시장에서의 기술 변화가 점진적인 경우에는 기존 기업에게 유리하고, 하나의 기술에서 다른 기술로 넘어가는 커다란 변화가 있을 때에는 기술 창업자가 유리하다.
- 새롭게 시장에 진입하기 위해서는 사전에 그 시장과 기술 변화에 대하여 잘 알고 있어야 하고, 그 기술에 의한 제품이나 서비스도 준비해야 하며, 선도업체에 대한 시장 진입전략도 수립하는 것이 좋다.

　기술 변화가 창업자에게 창업 기회를 제공한다는 것을 이해했을 것이다. 그러나 기술 변화를 올바르게 이용하여야만 성공적인 기술 창업이 가능하다. 시장에서의 기술 변화가 점진적인 경우에는 기존 기업에게 유리하고, 하나의 기술에서 다른 기술로 넘어가는 커다란 변화가 있을 때에는 기술 창업자가 유리하다. 1990년대에 필름 제조 산업은 디지털 기술로 완전히 변했는데, 세계적인 기업인 코닥이 기술 변화에 대처하지 못한 것이 좋은 예라고 할 수 있다. 이처럼 기술 변화가 크고 새로울 때에는 세계적인 대기업도 창업 기업보다 유리하지 않고, 오히려 적응하기가 더 어렵다. 따라서 창업 기업은 이러한 기회를 확인하고 이를 놓치지 않아야 한다.

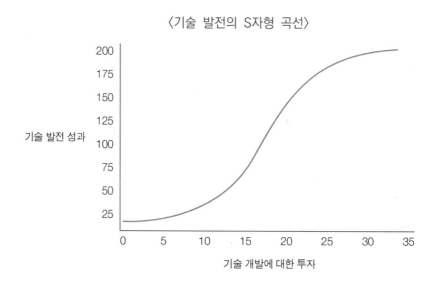

〈기술 발전의 S자형 곡선〉

맥킨지의 컨설턴트인 포스터(Foster)가 개발한 '기술 발전의 S자형 곡선'은 새로운 기술 변화에 의하여 시장이 어떠한 형태로 발전하고, 기술 창업자가 어떤 시기에 시장에 진입하는 것이 적절한지를 설명해 주고 있다.

기술 개발에 대한 최초의 성과는 미약하다. 처음에는 기술 창업자가 새로운 기술에 기반하여, 기존 기업과 제대로 경쟁할 수 없으며 성과도 거의 나지 않는다. 새로운 제품이나 서비스가 기존 기업에 비하여 열등한 경우가 많기 때문이다. 시장에서 새로운 기술 개발로 인정받고 성과를 내기 위해서는 상당 기간 동안 기술 개발에 투자하여야 함은 물론이고, 그 제품이나 서비스가 고객에게 인정을 받아야 한다. 앞 페이지 그림의 투자가 10과 15 사이에 있을 때 성과는 30 내지 50 정도인데, 투자가 20일 때 성과는 130 정도로 크게 증가한다. 투자가 10이 될 때까지는 성과가 거의 없지만, 10에서 20 사이에서는 성과가 비약적으로 증가한다. 따라서 성과가 커지기 시작하는 투자 10 정도에서 제품을 출시하고 시장에 진입하는 것이 이론적으로 가장 좋은 진입 시기이다. 그러나 새롭게 시장에 진입하기 위해서는 사전에 그 시장과 기술 변화에 대하여 잘 알고 있어야 하며, 그 기술에 의한 제품이나 서비스도 준비해야만 시장 진입이 가능할 뿐 아니라, 선도업체에 대응한 시장 진입 전략도 수립한 후 시장 진입을 하는 것이 좋다. 이러한 좋은 시기에 제품이나 서비스를 출시하고 시장에 진입한다면, 선도업체가 들인 시간과 돈을 상당 부분 절약할 수 있고, 제품이나 서비스 판매도 수월하게 잘 진행될 확률이 높아진다.

● 플리토 이정수 대표

플리토 이정수 대표는 KBS '황금의 펜타곤'에서 ㈜한경희생활과학 한경희 사장의 선택을 받으면서 우승하였고, 우승 상금으로 1억원과 연리 1퍼센트의 창업자금 10억원을 받았다. 또한 플리토는 '스타트업2013' 대회에서 미래창조과학부 장관상과 상금 3천만원을 받았는데, 도대체 어떤 서비스이기에 2013년 말에 상금을 독식한 것일까?

플리토는 '집단지성을 이용한 번역 시스템'으로, 번역하고 싶은 문장을 플리토 앱에 올리면 회원들이 실시간으로 번역을 한다. 빠르면 1분 안에 수십 개의 번역이 올라오기도 하는데, 그 중 가장 잘 번역했다고 생각하는 문장을 클릭하면 번역한 회원에게 일정 금액이 전송된다. 이 앱을 이용하면 전문 번역가에게 맡기는 것보다 훨씬 값싸게 번역할 수 있고, 번역해 주는 회원 입장에선 손쉽게 용돈을 벌 수 있다.

번역 비용은 250자 기준으로 50~100원 수준으로 저렴하고, 번역을 원하는 회원은 일정 금액의 포인트를 구매하여 번역을 할 때마다 지불한다. 번역을 해주고 포인트를 받은 회원은 '플리토 온라인 스토어'에서 각종 물품을 쇼핑할 수 있다. 플리토는 이런 거래 과정에서 일정한 수수료로 수익을 올리는 구조를 갖고 있다. 트위터, 페이스북, 인스타그램, 만화, 음성, 사진 등 모든 콘텐츠를 빠르고 정확하게 번역할 수 있고, 싸이 등 다양한 글로벌 스타들이 팬들과 소통을 하기 위하여 애용하고 있다.

2014년 이 대표의 사업계획은 장문 번역을 5분 내에 서비스하고, 서비스의 사용 언어를 30개로 늘리며, 개인뿐만 아니라 기업들에게도 서비스를 하는 것이다. 또한 현재 회원이 약 230만명으로 인도네시아가 20%로 가장 많고, 다음이 중국, 미국, 남미, 중동 순인데, 2014년에는 1,000만명의 회원에게 서비스하는 것이다.

이 대표는 첫 직장인 SK텔레콤을 그만두고 회사를 차렸지만, 사업 자금이 없었다. 다행히 유럽의 유명 창업 보육 프로그램인 '스프링보드'에 뽑혀 투자를 받을 수 있었다. 하지만 회원 수가 적었던 초기에는 사업이 쉽지 않았다. 회원 확보가 어려웠던 때에는 이 대표가 스스로 회원이자 번역가로 활동하면서 사이트를 적극적으로 홍보했다. 이 대표는 국내외 유명 인사 트위터에 올라 있는 글을 직접 번역하였고, 거물급 정치인이나 한류 스타의 글을 언어의 제약 없이 읽어볼 수 있게 되면서 플리토에 가입하는 회원이 많아졌다. 2013년 9월부터 크로즈드 베타 기간을 끝내고 정식 서비스를 시작했으며, 플리토는 매달 약 1억원의 매출을 올리고 있다.

개념의 정리

✔ 혁신(Innovation)

경제에 새로운 방법이 도입되어 획기적으로 새로운 국면이 나타나는 일. 새로운 방법이란 생산 기술의 변화만이 아니라 신시장이나 신제품의 개발, 신자원의 획득, 생산 조직의 개선 또는 신제도의 도입 등을 포함함. 기업에서의 혁신이란 기업의 목표 달성을 위하여 새로운 방법을 도입하는 것을 의미함.

✔ 사업성 검토(Feasibility Study)

계획하는 프로젝트 또는 사업이 기술적 및 경제적으로 시행이 가능한가를 조사, 검토하는 일련의 과정. 타당성 검토라고도 함. 일반적인 조사 및 검토 항목으로는 시장성 검토, 기술 검토, 경제성 검토가 있음.

✔ 시장 분석(Market Analysis)

시장의 규모를 측정하거나 시장의 성격을 분석하는 것 등을 내용으로 하는 마케팅 분석의 한 분야. 국내외의 자료 또는 통계를 기초로 각종 통계적 방법을 활용하여 시장의 동향, 시장의 성격 등을 분석하여, 그 결과를 마케팅 활동의 판단 자료로 활용함.

✔ 원가 분석(Cost Analysis)

물품의 원가 수치를 분석하여 경영 활동의 실태를 파악하고 이에 대한 해석을 내리는 것. 원가 분석의 종류에는 요소별 분석, 부문별 분석 및 제품별 분석이 있음.

✔ 원형 제품(Prototype Product)

실물 모형을 제작하는데는 실물 크기의 실험용 모형인 목업(Mockups), 제품이 잘 작동하는지를 보기 위한 주어리 리그(Jury Rigs), 외관과 성능 제원이 함께 구비되어 검증과 실험이 가능한 원형 제품이 있음.

✔ 라이프 사이클(Product Life Cycle)

신제품이 나오면 성장 곡선(S자형)을 따라 확산, 보급되고 그 제품보다 나은 다른 신제품이 출현하면 쇠퇴해 소멸된다는 이론. 라이프 사이클은 도입기, 성장기, 성숙기, 쇠퇴기로 나눌 수 있음. 각 단계별로 산업 전체 및 산업 내 기업들의 매출 증가, 이익률, 이윤 잠재력, 기술, 소비자 기호, 경쟁 형태 및 강도, 사업 위험, 경영 관리 방법 등이 달라짐.

P·A·R·T

2

기술 창업의
실행

기 / 술 / 창 / 업 / 으 / 로 / 성 / 공 / 하 / 기

4

나의 창업 이야기

저를 아는 많은 사람들이 왜 좋은 직장을 그만두고 창업을 했냐고 물어봅니다. 저는 언제나 즉답을 못하는 편입니다. 여러 가지 생각이 머릿속을 어지럽히기 때문입니다.

키토산이라는 물질을 알게 된 것은 저의 손윗 동서 때문입니다. 제 동서는 게 껍질을 말려서 일본에 판매를 하고 있었는데, 이 게 껍질로 일본에서 키토산을 제조하는 것이었습니다. 그 당시 저는 증권회사에 근무하고 있었고, 동서의 부탁으로 은행에서 수천만원의 대출 연대보증을 서 주었는데, 동서가 대출을 갚지 않아 회사 급여가 압류되고 제가 대신 갚게 되었습니다. 그래서 동서 회사를 M&A로 팔면 대지급한 돈을 받을 수 있지 않을까 하는 생각으로 사업에 간여하게 되었습니다. 이렇게 해서 알게 된 키토산에 조금씩 빠져들게 되었고, 키토산 관련 서적을 읽기 시작했으며, 일본에서 키토산을 구입하여 주위에 팔면서 직접 먹어보기도 했습니다. 특히 수용화된 고분자 키토산이 건강에 매우 좋다는 것을 알게 되면서, 결국은 많은 돈을 벌 수 있지 않을까 하고 생각했습니다.

이렇게 좋은 물질로 여러 가지 제품을 만들어서 판매한다면 돈도 벌고, 건강이 나빠 어려움을 겪는 많은 사람에게 도움을 줄 수도 있겠다는 순진한 생각으로 사업을 하기로 결심했습니다. 키토산 응용 기술 제품을 위탁 생산해서 판매하는 비즈니스를 하기로 하고, 당시 손윗 처남이 운영하는 회사의 한쪽 편에 책상을 몇 개 놓고 개인 기업을 설립했습니다.

창업 전부터 첫 번째 제품으로 어떤 제품을 하면 좋을까 하고 고민에 고민을 거듭했지만, 처음부터 건강식품을 제조하기에는 무리라는 생각이 들어서, 건강식품은 일본 제품을 수입해서 판매하고, 미용의 기초 제품인 비누를 제조해서 판매하기로 했습니다.

CHAPTER

04

기술 창업의 형태와 구조

이 장의 주요내용

- 단독 창업과 공동 창업
- 단독 창업의 장·단점과 기업 형태
- 좋은 동업자 찾기

- 지분 나누기와 동업 계약
- 동업의 기업 형태
- 기술 창업과 주식회사 제도

단독 창업과 공동 창업

- 기술 창업의 경우에는 공동 창업이 유리하고 성공 확률도 높다고 알려져 있다.
- 필요한 사람을 고용하는 것이나 필요 자금은 내 스스로 해결할 수 있도록 하고, 이러한 것이 도저히 안 될 때, 어쩔 수 없이 동업을 하는 것이 좋다.

창업은 혼자서 하기가 쉽지 않다. 또한 창업을 나 혼자서도 잘 할 수 있다고 생각하는 창업자는 거의 없을 것이다. 창업자가 돈이 많다면 사업에 필요한 사람을 고용할 수도 있고, 쉽게 전문가의 자문도 받을 수 있겠지만, 대다수의 창업자는 적은 자본으로 창업을 하기 때문에 부족하지만 혼자서 버티거나, 필요한 동업자에게 내 소유 지분을 나누어 주고 공동으로 사업을 시작하기도 한다.

창업의 성공 확률은 혼자서 하는 것이 높을까? 아니면 공동 창업이 높을까? 혼자 창업해서 성공을 이룬 사람들은 대부분 동업을 하지 말라고 충고할 것이다. 사업은 자기 스스로 모든 것을 책임지고 해 나가야 성공할 수 있다고 할 것이다. 반면에 공동 창업으로 성공한 사람은 공동 창업이 아니고서는 성공하기가 어렵다고 생각한다. 일반적으로 기술 창업의 경우에는 공동 창업이 유리하고 성공 확률도 높다고 알려져 있다. 그러나 모든 경우에 맞는 말은 아닌 것 같다.

단독으로 창업하려는 의도는 사업을 완전히 소유하고, 나의 의지대로 사업을 운영하고자 하기 때문이다. 자금도 충분하고, 전문적인 지식과 기술을 보유하고 있다면, 굳이 동업으로 내 지분을 나눌 필요는 없을 것이다. 그러나, 현실적으로 주위의 도움이나 동업자의 협력과 도움을 받지 않고 창업에 성공한 경우는 많지 않을 것이다. 그렇다고 도움이 필요하지도 않은데 처음부터 동업으로 창업할 필요는 없다고 생각한다. 가능하다면 필요한 사람을 고용하는 것이나, 필요 자금은 내 스스로 해결할 수 있도록 하고, 이러한 것이 도저히 안 될 때, 어쩔 수 없이 동업을 하는 것이 좋다.

단독 창업의 장·단점과 기업 형태

- 단독 창업의 경우에는 일반과세자 또는 간이과세자로 사업자 등록을 하고, 대부분 개인 기업으로 사업을 시작한다.
- 단독 창업은 사업을 장악하고 이익을 독점하는 등의 장점이 있으나, 기업 경영에 대한 무한 책임을 져야 하는 등의 단점도 있다.

기술 창업자가 전문적인 지식과 기술도 보유하고 있고, 그동안의 직장 생활로 어느 정도의 자금을 보유하고 있다면 단독으로 창업하는 것을 택할 것이다. 동업자가 나의 부족한 부분을 보완할 수는 있지만, 사업운영에 있어서 의견이 서로 맞지 않아 마음고생을 하는 것보다 단독 창업이 단순, 명쾌하다고 생각할 것이다. 대부분의 단독 창업자는 동업자 없이는 도저히 사업이 진척되지 않는다고 생각할 때까지, 혼자 버티면서 사업을 할 것이다.

단독 창업의 장점은 첫째, 혼자 사업자금을 대고 모든 이익을 독점한다. 둘째, 기업 경영에 대한 모든 의사 결정을 독단한다. 셋째, 창업도 쉽지만 폐업도 자유롭고, 이에 따른 복잡한 문제가 없다. 넷째, 개인 기업으로 사업자 등록을 하고 소득세를 납부하는데, 상대적으로 정부의 규제가 거의 없다.

반면에, 단독 창업의 단점은 첫째, 법적으로 개인 기업과 기업인은 동일인으로 간주되므로, 기업 경영에 있어서 무한 책임을 진다. 둘째, 개인의 신용에 의하여 자금을 확보할 수밖에 없으므로 자금 확보가 어려운 경우가 생길 수 있다. 셋째, 기업의 성공은 오로지 기업주의 능력에 따른 것이므로, 기업주의 능력이 뛰어나지 않으면 성공 확률이 높지 않다. 넷째, 개인 기업의 경영에는 기업주의 많은 희생과 시간 투자가 필수적이다. 다섯째, 우수 인력의 확보가 매우 어렵다.

단독 창업의 경우에는 대부분 개인 기업으로 사업자 등록을 하고 사업을

〈 PERT 차트 샘플 〉

과업	1주차	2주차	3주차	4주차	5주차	6주차
은행 관계자 만나기			⊙			
비즈니스 양식 주문 제작		⊙				
사무실 위치 선정하기	⊙					
사업자 등록 신청하기	⊙					
대량 메일 허가받기			⊙			
광고회사 선정하기	⊙					
변호사 미팅				⊙		
회계사 미팅				⊙		
공급업자 미팅					⊙	
공공설비 사용료 예치					⊙	
홍보자료 작성하기					⊙	
전화시스템 정하기			⊙			
웹사이트 디자인 정하기						⊙
데이터베이스 구축 계획 작성						⊙
컴퓨터 네트워킹 계획 작성						⊙

시작한다. 사업자 등록은 사업을 시작한 날로부터 20일 이내에 관할 세무서에 신청하여야 한다. 이 기간을 넘기는 경우 부가가치세액을 공제받지 못하는 등의 불이익을 받을 수 있다. 또한 사업자 등록을 할 때, 연간 매출액이 4,800만원 미만으로 예상되는 경우에는 간이 과세자로 신청할 수 있다. 다만 업종이 광업, 제조업, 도매업, 전문직인 경우에는 매출에 상관없이 일반과세자로 신청하여야 한다. 간이 과세자의 경우는 영세 사업자이므로 국세의 신고, 납부, 의무 등에서 일반 사업자에 비하여 부담을 많이 완화해 주고 있다.

사업자 등록을 하고 사업을 시작했지만, 사업을 처음하는 경우에는 무엇부터 어떻게 해야 할지 우왕좌왕 하기 쉽다. 이 경우에 PERT(Program Evaluation and Review Technique) 차트를 통해서 업무계획을 세우고 업무를 효율적으로 처리할 수 있다.

사업을 시작하면, 전에는 그렇지 않았다고 하더라도, 가족, 친구, 친지를 비롯해서 여러 사람의 도움을 받아야 할 일들이 생기기 마련이다. 창업 전에 여러 사람들에게 많이 베풀고 잘 했더라면, 부탁을 할 때 조금 수월할 수 있

〈 기업마당(Bizinfo) 홈페이지 〉

지 않을까 하는 생각이 들기도 한다. 나에게 도움을 줄 수 있는 사람과 그 사람의 전문 분야를 파악해서, 필요한 경우 도움을 받을 수 있도록 하는 방법도 있다. 이러한 방법으로 해결하지 못한다면 비용을 들여서 변호사, 회계사 등 전문가의 도움을 받을 수밖에 없다. 다행스럽게도 박근혜 정부는 창조경제를 기본 이념으로 하고 있어서, 기술 창업자에게 많은 도움을 주고 있다.

특히 기업마당(Biz info)을 활용하면, 창업부터 기업 운영에 필요한 각종 정보를 한번에 알 수 있어서 매우 유용하다.

좋은 동업자 찾기

- 창업을 생각하고 있다면 나의 능력이나 지식, 경험, 자금의 부족을 보충해 주고, 도와주는 좋은 동업자가 있으면 좋겠다는 생각을 하게 된다.
- 동업자 선택에 있어서 주의할 점으로, (1) 사업은 비즈니스이므로 개인적 친분이나 감정을 앞세우지 않는 것이 좋다. (2) 종업원으로 채용해서 쓸 수 있는 자리에 동업자를 영입하지 않는 것이 좋다. (3) 대기업 등에서 부하 직원을 거느리고 일을 한 경력이 있다는 이유로 비즈니스를 잘 알 것이라고 생각하지 않는 것이 좋다. (4) 지금 필요로 하는 사람이 아니라면 동업자로 영입하지 않는 것이 좋다. (5) 동업자 상호간에 가치관, 행동 양식 등이 너무 상이해서 충돌이 일어날 가능성이 높은 경우는 피하는 것이 좋다.

기술 창업자가 사업의 소유권을 100% 갖고, 창업에 필요한 모든 일을 100% 혼자 결정하고, 수행하는 단독 창업은 공동 창업의 단점이 싫어서 선택을 하거나, 적당한 동업자를 발견하지 못하거나, 또는 자신의 능력이 매우 뛰어나기 때문에 외부로부터의 약간의 도움이 있으면 충분하다고 판단하는 경우에 실행한다.

터치(Richard D. Teach) 등은 소프트웨어 창업을 조사한 결과 엔지니어링 지식을 보유한 사람과 경영학을 알고 있는 사람들로 구성된 창업팀이 단독 창업보다 더 성공적인 결과를 가져왔음을 발견했다. 또한 더욱 성공적인 결과는 소프트웨어 경험을 가진 사람이 중간 관리자의 직위를 가지고 있을 때였다고 한다. 왜 이러한 결과가 나온 것일까? 우리는 이러한 조사가 있지 않더라도 그 이유를 짐작해 볼 수 있다. 실제로 기술 창업자가 경영학에 대한 지식과 창업하려는 분야에 대한 기술, 경험과 지식을 충분하게 갖고 창업하는 경우는 많지 않을 것이다. 만약 경영학에 대한 지식만을 가진 사람과 해당 분야의 기술만을 알고 있는 두 사람이 공동으로 창업을 한다면 누가 대표가 되는 것이 사업에 유리할까? 대표가 된다는 것은 의견이 불일치할 때, 상대방을 설득함으로써 사업의 방향과 방법을 주도적으로 정하는 것이다. 경영학 특히 마케팅에 관한 지식을 갖고 있어야 사업의 방향을 올바르게 정할 수 있고, 시장에서 성공할 수 있는 제품이나 서비스를 만들고 판매할 수 있기 때문에, 이 경우에는 경영학 즉 마케팅을 이해하고 있는 사람이 대표가 되어야 한다는 것이 정답이다. 이유는 창업 즉 비즈니스는 시장이 가장 중요하기 때문이다. 시장에 대한 정보가 없고, 그 시장을 이해하지 못한다면 아무리 좋은 품질의 제품이라도 고객을 확보하고 제품을 판매하는데 많은 어려움이 예상된다.

현재의 비즈니스 세계는 너무 복잡하고 어렵기 때문에 사업을 하는데 알아야 할 지식의 양도 많고, 사업에 대한 충분한 경험과 시행착오를 통해서 성공 확률을 높일 수 있다. 따라서 좋은 동업자를 만나고 싶은 것은 많은 창업자가 바라는 것이다.

창업을 생각하고 있다면 나의 능력이나 지식, 경험, 자금의 부족을 보충해 주고, 도와주는 좋은 동업자가 있으면 좋겠다는 생각을 하게 될 것이다. 실제로 동업 즉 창업팀의 형성은 우연하게 이루어지는 일이 많다. 친구, 선후배, 가족, 친지, 지인에게 나의 창업에 대한 생각을 진지하게 이야기하고 상대방의 조언을 얻는 과정에서 팀이 형성될 수 있다. 그러나 창업에서 성공할 확률이 낮고, 대기업에 취업하고 근무하는 것이 안전하다는 일반적인 인식은 좋은 동업자를 만나는 것을 점점 더 어렵게 만들고 있다. 이러한 창업에 대한 부정적인 인식은 최근에 와서 조금씩 개선되고 있으나, 아직도 창업의 실패로 신용불량자가 되어, 남은 인생을 고통스럽게 살 확률이 매우 높기 때문에 친구, 친척 등 주변의 잘 아는 사람에게 동업을 하자고 제안하는 것은 "위험한 일이긴 하지만, 같이 해보지 않겠냐?"는 의미가 될 수 있어서 주저하게 된다. 따라서 사전에 많은 조사를 통하여 하고자 하는 사업을 분석하고, 성공 확률이 높은 사업계획을 간단하게라도 작성을 해서 동업자를 설득하는 것이 필요하고, 상대방의 위험 부담을 최소화할 수 있는 방법을 제시하는 것도 좋은 방법이 될 수 있다.

이처럼 좋은 동업자를 만나는 것도, 또 그를 설득하는 것도 쉽지 않은 일이다. 그렇다면 어떤 사람이 나에게 맞는 좋은 동업자일까? 물론 창업을 하는데 있어서 나의 부족한 부분, 즉 능력이나 지식, 경험, 자금을 보완해 줄 수 있는 사람이 좋은 동업자라는 것은 누구나 알고 있다. 어떤 경우에는 부족한 것이 별로 없지만, 나 혼자 하기에는 외롭고, 자신감이 없어서 동업자를 구하는 경우도 있을 것이고, 필요한 자금을 얻기 위한 목적으로 돈 많은 동업자를 구하는 경우도 있을 것이다.

일반적으로 동업자를 선택할 때 다음과 같은 점을 주의해야 한다.

첫째, 사업은 비즈니스이므로 개인적인 친분이나 감정을 앞세우지 않는 것이 좋다. 즉 서로 잘 알고 있기는 하지만 능력이 상호 보완적이 아니거나, 단순히 허물없이 속마음을 털어 놓을 수 있는 사이이기 때문에 업무에 대한 자질과 능력이 부족함에도 불구하고, 선택을 하거나 내 말을 잘 들어주고 부탁을 거절하지 않기 때문에 선택을 하는 경우 등을 말한다.

둘째, 종업원으로 채용해서 쓸 수 있는 자리에 동업자를 영입하지 않는 것이 좋다. 비즈니스에서 내가 할 수 없는 커다란 한 부분을 맡아 주어야 할 동업자의 자리에 단순한 지시와 급여에 의하여 시키는 일만을 열심히 하는 사람을 영입해서는 곤란하다.

셋째, 대기업 등에서 부하 직원을 거느리고 일을 한 경력이 있다는 이유로 비즈니스를 잘 알 것이라고 생각하지 않는 것이 좋다. 창업 회사의 업무는 큰 조직과 같은 틀에서 일한 경험이 도움이 되지 않고, 적극적이고 부지런하며, 체면 따위를 따지지 않는 것이 오히려 도움이 될 것이다. 즉 국가기관,

대기업, 금융기관 등에서 오랫동안 근무한 경력 자체는 창업에 도움이 되지 않을 가능성이 높다는 것이다.

넷째, 지금 필요로 하는 사람이 아니라면 동업자로 영입하지 않는 것이 좋다. 나중에 필요할 것으로 생각하고 마케팅, 회계 등 특정 분야의 전문가를 동업자로 영입하지 않는 것이 좋다. 창업 초기에는 넘치는 능력을 필요로 하는 일들이 별로 없고, 전문적인 부분은 변호사, 회계사, 세무사 등 전문가에게 용역을 의뢰하면 되기 때문이다.

다섯째, 동업자 상호간에 가치관, 행동 양식 등이 너무 상이해서 충돌이 일어날 가능성이 높은 경우는 피하는 것이 좋다.

지분 나누기와 동업 계약

- 지분을 나누는 기준은 보통 출자금의 액수인데, 동업자 상호간에 지분의 배분에 대한 기준을 정하고, 이에 따라 지분을 배분한다면, 지분의 배분이 공정하게 이루어질 수 있다.
- 두 사람 이상이 공동으로 사업을 경영하고, 그 손해와 이익을 분배하기로 약속하는 것이 동업이고, 이러한 동업의 내용을 문서로 작성하는 것이 동업 계약서이다.

동업을 하기로 결정했다면, 공동 창업자 사이의 지분은 창업을 하기 전에 결정하여야 한다. 보통의 경우에는 지분을 나누고, 가장 많은 지분을 가진 사람이 대표자가 된다. 50 대 50 등으로 동업자간에 지분이 같아서 필요한 결정을 할 수 없는 경우에는 우선권을 갖는 방법이나 우선권을 행사할 주주를 미리 정하여 사업 추진의 공백을 없애는 것이 좋다.

지분을 나누는 것에 대한 정해진 기준은 없으나, 출자금의 액수에 의하는 것이 일반적이다. 그러나 지분의 전부 또는 일부를 출자금으로 내지 않고 현물 또는 사업에 필요한 기술로 출자하는 경우에는, 이를 현재 가치의 현금으로 평가하여야만 지분율을 계산하고 이를 확정할 수 있다. 이러한 현물 또는 기술의 가치를 평가하는 것도 상당한 돈이 필요하고, 그에 대한 정확성도 문제될 수 있으므로 동업자 사이에 이에 대한 합의로 결정하는 경우가 많다.

먼저 동업자 상호간에 지분의 배분에 대한 기준을 정하고, 이에 따라 지분을 배분한다면, 지분의 배분이 공정하게 이루어질 수 있다. 그러나 사업의 성공적인 수행을 위해서는 향후 실적에 대한 기여도가 높은 사람이 지분 또는 이익의 분배 면에서 더 많은 보상을 받을 수 있는 시스템이 필요하다. 그래야만 상호간에 선의로 경쟁하고, 몰두할 수 있을 것이기 때문이다.

두 사람 이상이 공동으로 사업을 경영하고, 그 손해와 이익을 분배하기로 약속하는 것이 동업이고, 이러한 동업의 내용을 문서로 작성하는 것이 동업 계약서이다. 동업 계약서는 공증을 통하여 그 내용을 분명히 해 두는 것이 좋다. 동업 계약서의 공증은 계약서 분실의 경우나 동업자의 마음을 다지는 데 효과가 있다고 할 수 있다. 또한 동업 계약서에는 동업 관계를 청산할 때 필요한 조항, 즉 퇴출 조항이나 청산 시 지분 매매에 관한 사항을 정해 두어야 분쟁을 사전에 방지할 수 있다.

동업 계약은 공동으로 사업을 경영하는 일반적인 동업의 경우와 자금 출자만 하는 동업자가 있는 경우로 나눌 수 있다. 공동으로 사업을 경영하는 일반적인 동업의 경우에는 공동 출자와 손실 또는 이익의 공동 배분의 원칙이 적용되고, 자금 출자만 하는 동업자가 있는 경우에는 경영을 하지 않고 자금 출자만 하는 동업자에게 회계 장부 열람권, 영업에 관하여 보고받을 권리 및 이익 분배 참여권 등이 보장되는 것이 일반적이다.

동업의 기업 형태

- 동업으로 개인 기업을 설립하는 경우에는 공동 사업자와 지분을 기재한 동업 계약서 사본을 관할세무서에 제출하고 사업자등록을 하여야 한다.
- 동업으로 창업하는 경우에는 개인 기업보다는 법인 기업인 주식회사로 설립 등기를 하고 사업을 시작하는 것이 유리한 점이 많다.

두 사람 이상이 동업하는 경우의 기업 형태는 개인 기업 또는 주식회사 등의 법인 기업으로 설립이 가능하다.

개인 기업으로 회사를 설립하는 경우에는 공동 사업자와 지분을 기재한 동업 계약서 사본을 관할세무서에 제출하고 사업자등록을 하여야 한다. 개인 기업을 동업으로 운영하는 경우에는 사업에 대한 모든 권리와 의무가 지분에 비례하여 결정된다. 따라서 지분을 가진 사람 중 한 사람이 경영에 참가하지 않았다고 하더라도 자신의 지분에 따른 의무는 부담하여야 한다. 또한 사업에서 이익이 나는 경우에도 지분에 따라 분배된 수입에서 종합소득세를 신고, 납부하여야 한다.

동업으로 창업하는 경우에는 개인 기업보다는 법인 기업, 주로 주식회사로 설립 등기를 하고 사업을 시작하는 것이 일반적이다. 두 사람 이상이 공동으로 출자하고, 공동으로 경영하는 경우에는 개인 기업보다는 법인 기업이 유리한 점이 많기 때문이다.

개인 기업과 법인 기업의 장단점을 비교해 보면 다음 페이지의 표와 같다.

현행 상법은 법인 기업을 합명회사, 합자회사, 유한책임회사, 유한회사 및 주식회사로 구분하고 있다.

합명회사는 무한책임사원으로 구성되고 인적 신뢰 관계를 바탕으로 하는 공동 기업으로서 조합적인 성격을 갖고 있다. 합자회사는 합명회사와 같은 무한책임사원과 출자액 한도에서 책임을 지는 유한책임사원으로 구성된 회사이다. 합명회사나 합자회사는 인적 신뢰 관계를 바탕으로 하기 때문에 가족, 친지와 같은 인적 신뢰가 없으면 사원이 될 수 없는, 다소 폐쇄적인 공동

〈 개인 기업과 법인 기업의 비교 〉

구분	개인 기업	법인 기업
설립 과정	설립 절차 간단함 (사업자등록 신청)	설립 등기 필요, 설립 절차 복잡함
책임/이윤	독점	유한 책임/이윤 분배
법적 규제	거의 없음	일정한 법적 규제 있음
자금 조달	어려움	용이함
대외신용도	낮음	높음
회계	투명성 약함	투명성이 요구됨
관련세법/세율	소득세법 6~38% 누진 5단계	법인세법 10~22% 누진 3단계

기업이다.

유한회사와 유한책임회사는 모두 본인이 출자한 금액을 한도로 책임을 지는 회사이다. 그러나, 유한책임회사의 사원이 지분을 양도하는 경우에는 다른 사원의 동의를 받아야 하지만, 유한회사는 지분 양도에 있어서 동의가 필요 없다. 유한회사는 정관으로 양도를 제한하지 않은 경우에는 지분의 양도, 상속이 자유롭다.

주식회사는 주주의 출자분인 주식으로 이루어진 자본금과 주주의 유한책임을 특징으로 하는 전형적인 물적 회사이다. 실제로 기술 창업자가 합명회사, 합자회사, 유한회사나 유한책임회사를 설립하는 경우는 거의 없고, 개인 기업이나 법인 기업인 주식회사를 설립하고 사업을 시작한다.

기술 창업과 주식회사 제도

- 주식회사는 대주주가 비즈니스에 대한 결정권을 행사하면서도, 기술과 경영을 결합하여 전문성을 확대하기 용이하고, 자금 조달에 유용한 기업 형태이다.
- 주식회사를 설립하고 창업하는 경우의 최저 설립 기준은 대표권 있는 이사 1인과 액면가 100원 이상의 주식 1주로도 가능하다.
- 주식회사의 설립 방법에는 발기 설립과 모집 설립이 있는데, 창업 초기에는 대부분 절차가 간편한 발기 설립에 의하여 주식회사를 설립한다.

　기술 창업의 경우에는 주식회사를 설립하고 사업을 시작하는 경우가 많은데, 그 이유는 무엇일까? 주식회사는 전형적인 물적 회사이기 때문에 비즈니스에 대한 대부분의 결정은 다수결에 의하므로, 주식을 많이 갖고 있는 사람이 결정권을 행사한다. 주식회사는 대주주가 비즈니스에 대한 결정권을 행사하면서도, 기술과 경영을 결합하여 전문성을 확대하기 용이하고, 자금 조달에 유용한 기업 형태이다. 따라서, 주식회사 제도는 단독 창업의 경우보다는 공동 창업의 경우에 더 적합하며, 글로벌 기업을 지향하는 경우나 비즈니스의 성격상 초기 자본 투자가 많은 경우, 성공적인 사업 진행으로 추가적인 자금 조달이 필요한 경우 등에는 회사의 형태를 주식회사로 하여야 한다.

　주식회사는 1주의 금액의 합계인 자본금으로 이루어진 회사이며, 주식의 액면 금액은 균일하여야 하고, 1주당 100원 이상이어야 한다. 액면 미만의 주식 발행은 금지되어 있으나, 정관으로 회사 주식 전부를 무액면으로 발행할 수 있다. 이론상으로는 주식회사의 최저 자본금은 100원이므로, 설립을 위한 초기 자본금 부담은 없다고 할 수 있다.

　주식회사는 최고 의사 결정 기관인 주주총회와 업무집행기관인 이사회와 이사 및 대표이사, 감사를 두어야 한다. 주주총회는 정기회와 임시회로 나눠지며, 보통 정기회에서 주주에게 전년도 업무 실적을 보고하고, 주요 사업 결정을 한다. 이사는 3인 이상, 감사는 1인 이상을 주주총회에서 선임하고, 정관에 규정한 경우를 제외하고는 대부분의 대표이사는 이사회에서 선임한다.

주식회사의 감사는 이사의 직무 집행을 감시하고, 영업에 관한 보고를 요구하며, 회사의 업무와 재산 상태를 조사함으로써 대주주의 권한 남용을 제한하고, 소액 주주의 권리를 보호하고 있다. 따라서 주주총회에서 감사를 선임하는 경우에는 3% 이상을 소유한 주주는 3% 초과 주식에 관하여는 의결권을 행사하지 못하게 하고 있다. 그 밖에도 소액 주주를 보호하는 제도는 주주 제안권, 주주의 대표 소송 제도 등이 있다.

자본금 10억원 미만인 회사는 이사를 2명 이내로 할 수 있고, 감사도 선임하지 않고, 감사의 권한을 주주총회가 행사할 수 있다. 따라서 주식회사를 설립하고 창업하는 경우의 최저 설립 기준은 대표권 있는 이사 1인과 액면가 100원 이상의 주식 1주로도 가능하다.

주식회사는 본점 소재지에서 설립 등기를 함으로써 성립하고, 설립 방법에는 발기인이 주식 전부를 인수하는 발기 설립과 발기인이 주식의 일부를 인수하고 나머지 주식을 불특정 다수의 주주들이 인수하는 모집 설립이 있다. 발기인은 1인 이상이면 가능하며, 상호를 결정하고, 정관을 작성하고, 주식의 종류와 수, 액면가 등 주식 발행 사항을 결정하고, 발기 설립을 할 것인지 모집 설립을 할 것인지를 결정한다. 모집 설립의 경우에는 추가로 주주의 모

〈 온라인 법인설립시스템 홈페이지 〉

집과 청약, 주식 배정의 절차가 필요하다. 따라서 창업 초기에는 대부분 절차가 간편한 발기 설립에 의하여 주식회사를 설립한다.

기술 창업자는 온라인 법인설립시스템(www.startbiz.go.kr)을 통하여 주식회사를 설립함으로써, 시간과 비용을 절감할 수 있다. 또한 이 시스템을 이용하여 사업자 등록 신청과 4대 보험 신고 및 취업 신고까지 할 수 있으므로 매우 유용하다.

💧 아이탑스오토모티브(주) 김구현 대표이사

  지난 2005년 프랑스 자동차 시트로엥이 보행자 충돌 안전장치를 도입한 C6를 내놓은 것을 보고 김구현 대표는 기회를 인식하였다. 탑승자 중심의 안전장치와 더불어 장기적으로는 보행자 충돌까지 고려한 안전장치가 각광받을 것이라는 확신이 들었다.

  김 대표는 현대자동차 사내 벤처로 시작하여, 2007년부터 본격적인 기술 개발에 들어갔고, 3년 만인 2009년 말에 보행자 충돌 안전 시스템을 완성하였다. 이 분야는 국내에서는 누구도 가지 않았던 새로운 시장이었고, 선행 연구도 전무했던 분야였기 때문에 많은 시간과 투자가 필요했다.

  보행자 충돌 안전 시스템은 보행자가 차량과 충돌할 때 범퍼 쪽 센서가 감지하여, 보닛을 살짝 들어 완충공간을 만들고 앞 유리 쪽에 에어백이 작동하는 시스템이다. 이 기술은 해외에서는 벤츠, BMW 등에서 적용하기 시작했지만, 국내에서는 아이탑스오토모티브(주)가 최초로 적용하였다.

  김 대표는 이 시스템을 주력 아이템으로 창업하기로 하고, 창업 준비의 일환으로 중소기업진흥공단의 청년창업사관학교에 들어갔다. 10여 년 동안 대기업에서 근무했기 때문에 경영에 관한 실전 경험이 부족하다고 생각했기 때문이다. 김 대표는 이곳에서 경영 관련 컨설팅을 받는 동시에 시제품 연구 지원도 받았다. 김 대표는 2011년 12월 글로벌 자동차 부품기업을 목표로 아이탑스오토모티브(주)를 설립했고, 자동차 부품사로부터 30억원의 투자 유치에 성공하였다.

  김 대표는 설립 초기에 안정적인 기반을 마련했지만, '사람' 문제로 어려움을 겪었다. 창업 기업에 오려고 하는 사람들이 많지 않아서 인재 확보가 어려웠고, 인사제도 등의 틀을 구축하는 작업도 쉽지 않았다. 그러나 김 대표는 창업하려는 분야의 시장을 치밀하게 분석하여 새로운 사업을 찾아냈고 사업시스템을 만들었으며, 인사 관리 등의 어려움도 극복하면서 성공을 향해 가고 있다.

개념의 정리

✔ 공증(公證)

특정한 사실 또는 법률 관계의 존재를 공적으로 증명하는 행정 행위. 공증의 효력인 공적 증명력은 진실한 것으로 추정되는 것이므로, 반증에 의하여 다툴 수 있음.

✔ 조합

2인 이상이 상호 출자하여 공동 사업을 경영하기로 약정한 인적 결합체. 출자는 금전, 노무, 신용 등 재산적 가치가 있으면 되고, 주식회사와 달리 일반적으로 1인 1표제임. 특별법에 의한 사단법인으로 공공조합, 협동조합, 노동조합, 공제조합 등이 있음.

✔ 유한책임회사

2011년 상법에 신설된 회사 형태, 출자금의 범위 내에서 책임을 지는 유한책임사원만으로 구성된 회사로 주식회사나 유한회사와 다르게 총회, 이사, 감사 등의 제도가 없고, 사원들의 합의에 의하여 운영되므로 신속한 의사 결정이 가능함.

✔ 물적(物的)회사

사원의 결합 관계가 순수한 자본적 결합이어서, 사원의 개성과 회사 사업과의 관계가 극히 희박하고, 회사의 경제적 활동과 대외적 신용의 기초가 회사의 재산, 규모 등에 있는 회사. 주식회사와 유한회사가 물적회사임.

✔ 정관(定款)

법인의 조직, 활동을 정한 근본 규칙으로, 주식회사는 정관에 목적, 상호, 발행 주식 총수, 본점 소재지 등 필수적 기재 사항을 적지 않으면 정관이 무효가 되고, 발기인의 특별 이익, 현금 출자 등 상대적 기재 사항은 기재에 의하여 효력이 생김.

✔ 무액면(無額面)주식

2011년 개정 상법에서 도입된 제도로, 액면주식의 경우에 액면 미만의 발행이 허용되지 않으므로, 주가가 하락하여 사실상 액면주식의 발행이 불가능하게 되는 일이 있음. 따라서 이 경우에 자금 조달의 필요에 의하여 무액면주식을 발행할 수 있음. 이 제도는 자금조달이 비교적 용이하다는 장점은 있으나, 그 발행가액의 결정과 자본에 대한 계상에 있어서 공정을 기하기가 어렵다는 단점도 있음.

✔ 주주 제안권(Shareholder Proposal Right)

주주에게 주주총회에서 논의될 의안을 제출할 수 있는 권리를 부여하는 것으로 소수 주주들의 경영 참여를 보장하기 위한 방안. 주주 제안이 가능한 지분율은 비상장 법인의 경우 3%, 상장 법인의 경우 자본금 1천억원 미만 기업은 1%, 1천억원 이상 기업은 0.5%임. 단, 주주가 6개월 이상 그 주식을 보유해야 하며, 주주총회일 6주 전에 서면으로 의안을 제출해야 함.

✔ 주주 대표소송(代表訴訟)

발행주식의 총 1% 이상, 상장기업은 발행주식의 0.01% 이상을 최근 6개월간 가진 주주가 회사를 대신해서 일정한 절차를 통해 이사의 의무 위반에 대해 법원에 손해배상을 청구하는 제도로서, 이때 배상된 금액은 전부 회사로 귀속됨. 회사를 상대로 서면으로 회사가 이사의 책임을 추궁하는 소송을 제기할 것을 청구해야 하며, 회사가 이 같은 소수 주주의 청구를 받은 날부터 30일 이내에 소를 제기하지 않을 때 주주 대표소송을 제기할 수 있음.

✔ 사내 벤처(기업)

기업 내에 독립된 벤처 사업 조직을 두는 것으로, 모기업은 기존 사업에서 파생된 기술이나 개인의 노하우를 활용하여 새로운 사업을 추진하거나, 사업 구조를 고 수익형으로 바꾸는 전략의 도구로 활용하거나, 사업 다각화를 위하여 사내 벤처를 지원함. 예를 들면, 네이버가 삼성SDS의, ㈜인터파크가 데이콤㈜의 사내 벤처임.

5

나의 창업 이야기

2001년부터 키토산을 농축산 분야에 응용하기 위하여 두 개의 연구를 진행하였습니다. 하나는 농작물에 미치는 키토산의 효과를 확인하기 위하여 동국대학교 실험 농장에서 실시하였고, 다른 하나는 축산 분야에 미치는 키토산의 효과를 확인하기 위하여 삼육대학교에서 실시하였습니다. 그 실험 및 연구 결과는 어땠을까요? 그 연구 결과는 2002년 한국키틴키토산학회지에 발표되었는데, 기대 이상으로 좋은 결과였습니다.

연구 결과에 자신감을 얻어서, 친환경 농자재도 생산, 판매하게 되었고 축산 분야로 진출하는 계기가 되었습니다. 2001년 12월에는 '항병성과 생리 활성을 높여주는 동물약품용 키토산 수용액 및 그 제조 방법'으로 특허를 출원하였는데, 변리사를 거치지 않고 직접 출원하였고, 그러다보니 비용은 절약되었지만, 부족한 점도 많았다고 생각됩니다.

이 특허는 2년 만인 2003년 12월에 특허 등록되었는데, 다음 해 봄에 이 특허와 관련해서 우리 회사 소개 자료가 신문에 났습니다. 어느 동물약품 회사에서 이를 보고 동물약품용 키토산 원료를 제조하여 공급해 달라고 요청하여 2년 정도 판매하다 중단되었습니다.

왜냐하면, 그 당시만 하더라도 축산 농가에서 천연 항생제인 동물약품을 사용해야 하는 특별한 이유가 없었습니다. 너무 사업을 일찍 시작한 것입니다. 우리 회사는 원료를 공급했기 때문에 손해가 나지는 않았지만, 동물약품 판매사에서 제품을 판매하기가 얼마나 힘들었을까를 생각해 보면 사업의 시작 시기가 중요하다는 것을 새삼 느끼게 됩니다.

그 당시 축산 농가에서는 값싼 항생제를 남용하고 있었고, 이 항생제가 인체로 유입되는 결과가 되기 때문에, 몇 년 전부터 이에 대한 규제가 본격화되었습니다.

따라서 적당한 시기에 진입하지는 못했지만, 버티면서 이 사업을 계속했더라면 결국 괜찮았을 것이라고 생각합니다.

한국키틴키토산학회지 7(4), 179~184 (2002)   *J. Chitin Chitosan*

총설

키토산의 농축산 분야에의 응용

성형철* · 성용길[1]

이지생명과학(주), [1]동국대학교 화학과

Applications of Chitosan to Agricultural and Animal Fields

Hyung Chul Sung and Yong Kiel Sung[1]

EZ Life Science Co., Ltd.
[1]*Department of Chemistry, Dongguk University, Korea*

ABSTRACT

The applications of chitosan to agricultural and animal fields have been carried out for the test of its effect. It has been showed that chitosan has an effect to give stimulus on the sprout of seeds, efflorescence, acceleration of growth, increase of saccharinity, and increase of the crop yield in agricultural fields. The application of chitosan could be able to make guaranteed agricultural products on the aspect of safety and quality, too. Chitosan has been also applied to animal husbundry. It has been proved out that chitosan contributes to reinforcement of natural immunity and activation of a physiological effect in animal fields. Chitosan might be useful to make stock farm products having good quality and safety.

Keywords: chitosan, efflorescence, growth, animal husbundary, natural immunity.

제품 개발과 기술 창업자의 권리 보호

이 장의 주요내용

- 제품 개발과 절차
- 생산 공정과 기법
- 기술 표준

- 기술 창업자의 권리 보호 방법
- 특허와 실용신안 제도
- 상표와 디자인 제도

제품 개발과 절차

- 제품 기획에는 제품의 개요, 특징, 차별성 및 콘셉트, 제품 개발 절차 및 일정, 판매 전략, 소요 예산 등이 포함된다.
- 제품을 개발하는 일반적인 절차는 (1) 제품 개념 정립 (2) 제품 설계 (3) 제품 엔지니어링(양산 설계) (4) 공정 엔지니어링 (5) 시장 진출 준비 (6) 대량 생산의 순서이다.
- 시제품 제작 및 제품 양산을 외부업체와 용역 계약으로 하는 경우에는 주문자 상표 부착 생산 방식(O.E.M.)이 주로 사용된다.

우리는 제3장을 통하여 사업아이템을 선정하여 심층적으로 검토해야 한다는 것을 이해했다. 아이템에 대하여 상품화 가능성, 시장 분석, 원가 분석, 손익 분석 및 사업의 장기적 전망을 검토하고, 그 결과를 토대로 제품을 만드는 것이다.

제품을 만들기 위해서는 제품 기획을 하여야 한다. 기획은 언제 무엇을, 어떻게 할 것인가를 정하는 것이므로, 제품 기획에는 제품의 개요, 특징, 차별성 및 콘셉트, 제품 개발 절차 및 일정, 판매전략, 소요 예산 등이 포함될 것이다. 제품 기획을 하는 중요한 이유 중의 하나는 제품이 당초 기획된 것과 같이 잘 만들어지고 있는지를 평가하고 수정함으로써 만족스러운 제품을 만드는데 있다. 즉 제품 기획이 잘 되지 않으면 평가와 수정이 잘 되지 않아서 만족스러운 제품을 만들지 못할 가능성이 높다.

제품을 개발하는 일반적인 절차는 (1) 제품 개념 정립 (2) 제품 설계 (3) 제품 엔지니어링(양산 설계) (4) 공정 엔지니어링 (5) 시장 진출 준비 (6) 대량 생산의 순서이다. 이러한 절차는 제품의 특성이나 회사의 전략에 따라 달라질 수 있다.

(1) 제품 개념의 정립은 상품 기획의 주요 내용이 된다. 즉 '요구되는 고객의 니즈(needs)'라는 제품의 개념을 분명하게 정해야 한다.

(2) 제품 설계는 제품 기획에서 정한 목표 스펙(spec: specification)에 따라 최적 설계안을 선정하고, 외관과 디자인 및 기본 기능에 대한 기본적인 설계를 하는 것이다.

(3) 제품 엔지니어링은 제품 설계를 바탕으로 양산을 하기 위한 상세 설계를 하는 것으로, 제품의 기능, 성능, 신뢰성 등의 개선과 양산에서의 효율성을 확보할 수 있는지를 검토하고, 목표 스펙의 최종 결정이나 설계 수정을 통하여 최적 설계를 완성한다.

(4) 공정 엔지니어링 단계에서는 양산 라인에서 제품을 시험 생산하는 것으로, 원하는 제품을 생산했는지를 확인하고, 문제점이 있으면 이를 보완하여야 한다. 이 단계에서 생산된 제품을 시제품이라고 한다.

(5) 시장 진출 준비는 시제품을 활용한 시장 조사, 유통 경로 점검, 제품 홍보 등 시장에서 마케팅을 하는데 필요한 사전 영업 준비를 하는 것이다.

(6) 대량 생산을 통하여 생산과 영업 체계를 조기에 확립하고 안정화시켜야 한다.

〈 수탁업체의 제품 개발 및 제조 공정도 〉

○ 제품디자인

| 1 기 획 | 2 컨셉결정 | 3 스케치 및 모델링 | 4 디자인 목업 (DESIGN MOCK-UP) |

| 5 의뢰자 확인 |

○ 제품설계

| 1 설계기획 | 2 상세설계 | 3 워킹 목업 (WORKING MOCK-UP) | 4 의뢰자 확인 |

○ 시제품

| 1 3D설계 검토 | 2 NC가공 | 3 후작업 및 도색 | 4 의뢰자 확인 |

○ 금형제작

| 1 설계 및 MOCK-UP 검토 | 2 금형 제작 | 3 시사출 및 검토 | 4 의뢰자 확인 |

○ 양산 및 판매지원

| 1 생산량 결정 | 2 양산 생산 | 3 판매루트 결정 | 4 의뢰자 통보 |

대부분의 기술 창업자는 공장이 없기 때문에 제품 설계를 포함한 시제품 제작 및 제품 양산을 외부업체와 용역 계약을 체결하여 아웃소싱(Outsourcing)하고 있다. 기술 창업자가 특허 등 기술을 보유한 경우에는, 주문자가 건네준 설계에 따라 단순하게 생산을 위탁하는 방식인 주문자 상표부착 생산 방식(O.E.M.: Original Equipment Manufacturing)으로 계약하고, 기술 창업자의 상표로 제품을 판매할 수 있다. 그러나, 기술 창업자가 제품 개발 등 기술력이 부족한 경우에는, 제조업체가 제품을 연구 개발 및 생산하여 납품하는 제조업자 개발 생산 방식(O.D.M.: Original Design Manufacturing)으로 계약하고 기술 창업자의 상표로 제품을 판매할 수 있다. 제조업자 개발 생산 방식은 개발 비용 등이 제품 가격에 반영되어, 가격이 비싼 경우가 많기 때문에 가격 경쟁력이 없는 경우가 많다. 이 방식은 판매망을 잘 갖춘 유통업체가 시장에서 요구하는 제품을 제조업체에게 개발, 제조하게 하여 자기 상표로 판매하는 방식으로, 대기업이 많은 수량을 주문 생산하여 제조 가격을 낮추는 경우에

는 가격 경쟁력이 있다.

기술 창업자는 제품 설계, 시제품 제작이나 생산을 적절한 업체와의 계약을 통하여 위탁하기 위해서, 업체에 대한 정보를 필요로 한다. 잘 알고 있는 업체가 있거나, 소개를 받을 수 있다면 그 업체를 활용할 수 있지만, 그런 경우가 아니라면 창업넷(www.changupnet.go.kr)의 시제품 제작업체 정보나 중소기업 현황정보시스템(sminfo.smba.go.kr)의 업체 정보를 활용할 수 있다.

〈 창업넷의 시제품 제작업체 정보 〉

〈 중소기업현황 정보시스템 홈페이지 〉

생산 공정과 기법

- 생산의 세 가지 기본 요소는 수량과 시간, 품질, 가격이다.
- 기술 창업자가 새로운 글로벌 경쟁에서 살아남기 위해서는 다양한 종류의 고품질, 고객 맞춤형 제품을 아주 저렴하게 만들어야 한다. 이를 위하여, 기술 창업자는 기업가 정신을 발휘하여야 한다.
- 생산 공정을 획기적으로 변화시킴으로써 기업들을 더욱 경쟁적으로 만드는 기법에는 (1) 컴퓨터 지원 설계와 생산 (2) 유연 생산 (3) 린 생산 (4) 매스 커스터마이제이션이 있다.

기술 창업자가 개발한 제품을 자기 공장에서 생산하는 것과 외부업체에 주문자 상표부착 생산 방식으로 생산하는 것은 어느 경우가 유리할까? 구체적인 경우에 제품의 제조 원가를 비교해 보아야 알 수 있는 일이지만, 일반적으로는 외주 위탁 생산 방식의 제조 원가가 비싸다고 할 수 있다. 그럼에도 불구하고 판매 수량이 자가 공장에서 생산할 정도가 되지 않는 경우에는 위탁 생산 방식을 택할 수밖에 없다. 따라서 기술 창업자는 시장 경쟁에서 가격적으로 상당히 불리한 싸움을 할 수밖에 없고, 이러한 불리함을 기술적인 우월성이나 서비스 차별화 등으로 극복하여야 한다.

그러나, 시장에서 제품 판매가 원활하게 이루어져서 자가 공장에서 생산하는 것이 품질 및 가격 면에서 유리하다고 판단하는 경우에는 공장을 임대하거나, 공장 부지를 물색하는 경우도 있다. 드문 경우이기는 하지만 국내에서 위탁 생산을 맡길 회사가 없거나, 기술 보호를 위하여 기술의 핵심 부품을 직접 생산하여야 하는 경우에는 기술 창업자가 직접 공장을 운영하여야 한다.

생산은 토지, 노동, 기업가 정신, 지식과 같은 생산 요소를 이용하여 제품을 만드는 것이다. 생산 공정이나 생산 라인에 원재료와 기술을 투입하여 산출물, 즉 완성품을 만듦으로써 고객에게 가치나 효용을 부가한다. 생산 공정에 원재료를 투입하여 물리적 또는 화학적으로 변화시켜 제품을 만드는 것을 공정 생산이라고 하고, 여러 가지 부품을 생산 라인에서 결합하여 제품을 만드는 것을 조립 생산이라고 한다. 제품에 따라서는 공정 생산과 조립 생산을 모두 거쳐야만 최종 생산이 마무리되는 경우도 있다.

생산의 세 가지 기본 요소는 (1) 고객의 요구에 맞추어 계획된 시간에 계획된 수량의 제품을 만드는 것 (2) 허용할 만한 품질 수준을 제공하는 것 (3) 최소의 비용으로 생산하는 것이다. 즉 수량과 시간, 품질, 가격이다.

기술 창업자는 생산의 세 가지 기본 요소를 충족시킴으로써 고객의 요구에 즉각적으로 대응하여 고품질의 제품과 서비스를 제공할 수 있다. 과거의 전통적인 기업은 제한된 종류의 제품을 아주 낮은 가격에 대량으로 생산하여 판매하였는데, 이것은 품질이나 생산의 유연성을 희생하여 나온 것이다. 따라서 기술 창업자가 새로운 글로벌 경쟁에서 살아남기 위해서는 다양한 종류의 고품질, 고객 맞춤형 제품을 아주 저렴하게 만들어야 한다. 이를 위하여, 생산 현장에서는 분명히, 무언가를 바꾸어야 하고, 기술 창업자는 기업가 정신을 발휘하여야 한다.

생산 공정을 획기적으로 변화시킴으로써 기업들을 더욱 경쟁적으로 만든 기법에는 (1) 컴퓨터 지원 설계와 생산 (2) 유연 생산 (3) 린 생산 (4) 매스 커스터마이제이션이 있다.

(1) 컴퓨터 지원 설계와 생산(CAD & CAM)

제품의 설계와 생산에 컴퓨터를 통합시킨 것이다. 컴퓨터 지원 설계(CAD: Computer Aided Design)는 설계자로 하여금 3차원상에서 작업을 가능하게 해주고, 컴퓨터 지원 생산(CAM: Computer Aided Manufacturing)은 생산 공정에 컴퓨터를 직접 포함시킴으로써, 최소의 비용 증가로 소규모 시장에서의 필요를 충족시키기 위한 맞춤형 제품 생산을 가능하게 한다.

설계 변화가 필요할 때, 생산자는 CAD 시스템으로 쉽고 간단하게 프로그램하고, 그것을 CAM 시스템을 통하여 직접 생산 라인에 반영한다. 과거에는 CAD와 CAM 시스템이 직접 소통할 수 없었으나, 현재는 소프트웨어 프로그램의 발달로 CAD와 CAM 시스템을 서로 결합하였고, 이를 컴퓨터 통합 생산(CIM: Computer Integrated Manufacturing)이라고 한다. 이 시스템은 가격이 비싸지만, 생산성을 배 이상 향상시키며, 생산에 필요한 시간을 절감시킨다.

(2) 유연 생산(Flexible Manufacturing)

다양한 제품을 생산하기 위하여, 기계가 여러 작업들을 하도록 설계하는 것을 의미한다. 이를 위하여 로봇이나 무인 장비를 활용함으로써, 여러 가지 종류의 주문을 매우 유연하게 처리할 수 있다. 무인으로 여러 가지의 작업을 수행하기 때문에 적은 수의 종업원을 필요로 하고 값싼 해외 노동력과 경쟁할 수 있는 하나의 방법이다.

(3) 린 생산(Lean Manufacturing)

대량 생산에 비하여, 적은 인력, 적은 투자, 작은 작업 공간, 적은 엔지니어링 시간 등 생산에 필요한 모든 것을 적게 사용하여 제품을 생산하는 것을 말한다. 린 생산 기업들은 사람의 노력을 반으로 줄이고, 불량을 반으로 줄이며, 엔지니어링 노력을 3분의1로 줄이고, 더 적은 재고를 보유하려고 노력한다.

(4) 매스 커스터마이제이션(Mass Customization)

많은 개별 고객의 요구를 만족시키기 위해 제품을 맞춤화하는 것 또는 맞춤 서비스를 제공하는 것이다. 소비자가 모델, 사이즈, 색상 또는 디자인을 선택할 수 있도록 하고, 그 선택에 따라 맞춤형 제품이나 서비스를 공급하는 것이다. 고객의 정보를 기억함으로써, 화장품, 목욕 용품, 신발, 청바지 등의 맞춤형 생산, 판매가 가능하다.

기술 표준

■ 시장에서는 치열한 경쟁이 이루어지고, 그 과정에서 기술적 우위, 경제적 장점, 시장 선호도 등에 의하여 지배적 디자인이 등장하는데, 이러한 시장 지배적 디자인이나 기술을 기술 표준이라고 한다.

■ 표준화는 (1) 호환성 증가 (2) 불확실성 감소 (3) 제품의 다양성 증가 (4) 규모의 경제가 작용하여 원가가 낮아지고, 더 좋은 품질의 전문화된 제품이 많아지는 이점이 있다.

■ 표준 전쟁에서 기술 창업자가 구사할 수 있는 전술은 조기 선점, 침투 가격, 기대관리 및 전략적 파트너십이다.

하나의 신기술이 신제품으로 연결되고, 그것이 새로운 시장을 만들어 내는데는 오랜 시간과 많은 단계를 거치게 된다. 시장에서는 치열한 경쟁이 이루어지고, 그 과정에서 기술적 우위, 경제적 장점, 시장 선호도 등에 의하여 지배적 디자인(Dominant Design)이 등장하고, 이러한 제품을 중심으로 시장이 통합된다. 이 경우, 시장 지배적 디자인이나 기술을 기술 표준(Technical Standards)이라고 한다. 일반적으로 시장 요구에 적합하고, 기업간 기술 협력이 용이하며, 다양한 제품에 적용할 수 있는 기술이 기술 표준이 될 가능성이 높다.

그렇다면 시장은 왜 표준을 요구하는 것일까? 표준화가 되면 소비자에게 어떤 점이 좋을까?

표준화는 (1) 호환성을 증가시킨다. 따라서 상호 이용을 가능하게 한다. (2) 불확실성을 감소시켜준다. 표준이 결정되기 전에는 구매를 망설이거나, 보완재나 관련 산업에서 눈치를 보기 때문이다. (3) 표준이 결정되면 기업들은 시장 내에서 경쟁하게 되고, 더 좋은 부품과 보완재 시장에서의 경쟁으로 제품의 다양성이 증가한다. (4) 규모의 경제가 작용하게 되므로, 원가가 낮아지고, 더 좋은 품질의 전문화된 제품이 많아지고, 소비자의 제품 학습 노력이 줄어든다.

완전 독점을 누리는 기업은 산업 표준을 스스로 결정하면 되지만, 둘 이상의 표준이 경쟁하고 있는 경우에 있어서, 표준은 시장에서의 자유로운 경쟁을 통하여 다수의 소비자가 선택한 제품이 표준으로 되는 것이 일반적이라고 할 수 있다. 그러나, 이 경우 치열한 경쟁으로 인한 비효율이 크다는 단점 때문에, 국제 표준화 기구나 정부가 표준을 정하거나 산업 내 주요 기업들이 협회 등을 통하여 표준에 대한 합의를 함으로써 표준이 결정된다.

〈 국가기술표준원 홈페이지 〉

자사의 제품이나 기술을 표준으로 만들기 위한 요소는 어떤 것이고, 이를 위하여 기술 창업자가 할 수 있는 전술은 무엇일까?

제품이나 기술을 표준으로 만들기 위한 요소는 (1) 관련된 기존 제품의 고객 기반 (2) 원천 기술에 대한 특허 소유 여부 (3) 혁신 능력, 혁신 능력이 없으면 표준이 되더라도 금방 다른 차세대 제품에게 표준을 넘겨주게 된다. (4) 기술 개발 기업의 시장 선도 진입 (5) 제품 양산 능력, 품질과 가격을 갖춘 제품의 안정적 공급 (6) 다양하고 강력한 보완재 (7) 상표와 기업 또는 리더의 명성이다.

기술 창업자는 표준이 정착되기 전의 시장에서 두각을 나타내는 경우가 많지만, 기술 창업자가 성공하기 위해서는 표준 전쟁에서 승리하여야 하며, 이 전쟁에서의 실패는 사업의 실패로 될 가능성이 높다.

표준 전쟁에서 기술 창업자가 구사할 수 있는 전술은 다음의 4가지이다.

(1) 조기 선점

가능한 한 일찍 시장에 진입하여 고객의 마음속에 대표 브랜드로서 자리 잡고, 사용자 기반을 넓혀나가야 한다. 즉 시장 선도 진입자로서의 우위를 최대한 활용하여야 한다. 이 전술은 시장이 무르익지 않은 경우에 더 우수한 기술의 후발 주자에게 시장을 내줄 수도 있으므로, 그에 따른 대책을 마련하여야 한다.

(2) 침투 가격

표준이 됨으로써 얻을 수 있는 이익이 크면 클수록, 상상하지 못할 정도의 가격으로 후발 주자가 시장에 침투하는 경우이다. 그러나 보통의 경우에는 시장 선도 진입자가 그동안의 경험을 바탕으로 원가 우위를 갖는 경우가 많으므로, 원가 구조가 불리한 기업이 시장에서 오랫동안 이 전술을 쓰기는 어렵다.

(3) 기대 관리

자사의 제품이 미래에 표준이 될 것이라는 기대를 소비자에게 은연중에 심어주는 전술로서, 이를 위하여 고객의 불편을 해소해 주고, 제품의 우월성에 대한 다수의 증거를 제시하며, 고객과 다양한 채널로 소통함으로써 자사 제품이 표준이 될 것이라는 소비자의 확신을 유도한다.

(4) 전략적 파트너십

산업의 미래에 대한 공통의 비전을 가진 공급자들, 보완재 제조업자들, 인프라 관련 업체들, 나아가서 경쟁업체까지도 가능한 한 연계하여 자사의 기술이 표준으로 채택되도록 하는 전술이다.

독불장군식이 아닌 개방적 기술 관리가 성공하는 기술 창업자의 전술이라고 할 수 있으며, 표준 전쟁이 기업 대 기업이 아닌, 진영 대 진영의 전쟁이기 때문에 전략적 파트너십은 매우 중요하다. 표준 전쟁에서의 승리가 엄청난 보상을 약속해 주기 때문이다.

기술 창업자의 권리 보호 방법

- 기술 창업에 성공하기 위해서는 자신의 혁신적인 제품이나 서비스를 다른 사람이 모방하지 않도록 보호하여야 한다. 그렇지 않으면 제품이나 서비스 출시에 따르는 수익을 실현하지 못한다.
- 기술 창업자는 새로운 제품이나 서비스에 대한 정보를 기밀로 유지함으로써 모방을 못하게 할 수 있으며, 종업원 등 제3자가 이러한 정보의 일부 또는 전부를 알고 있는 경우에는 기밀 유지 계약 등을 통하여 기밀을 관리하여야 한다.

시장 요구를 만족시키는 제품이나 서비스는 기술 창업에 성공하기 위한 필요조건이지만, 충분조건은 아니다. 기술 창업에 성공하기 위해서는 자신의 혁신적인 제품이나 서비스를 다른 사람이 모방하지 않도록 보호하여야 한다. 그렇지 않으면 제품이나 서비스 출시에 따르는 수익을 실현하지 못한다.

안타깝게도 많은 기술 창업자들이 새로운 기술이나 서비스를 모방하지 못하도록 하는데 상당한 어려움을 겪고 있다. 대기업을 포함하는 기존 기업들은 기술 창업자들이 출시한 새로운 제품이나 서비스를 비교적 손쉽게 모방한다. 기존 기업의 기술 전문가들이 신제품을 간단하게 분해하여 어떤 원리로 작동하는지를 파악하고, 그 제품보다 더 개선된 제품을 만들 방법을 생각하고 있다. 또한 신제품의 개발 과정에서 개발에 참여한 종업원을 채용하는 방법으로 모방을 함으로써 유사한 모방 제품이나 서비스를 만들기도 한다. 또 다른 방법으로는, 경쟁업체들이 공개 특허나 특허 관련 자료 및 출판물에서 얻은 정보를 바탕으로, 이를 자세히 살피고, 부분적인 모방과 추정을 통하여 신제품과 서비스를 모방하기도 한다. 펜실베니아 대학의 에드윈 맨스필드(Edwin Mensfield)는 '신제품의 1/3은 6개월 이전에 모방될 수 있다'고 하였고, 예일 대학의 리처드 레빈(Lichard Levin) 등은 '특허를 취득하지 않은 일반적인 신제품의 절반 정도는 경쟁업체들이 개발 비용의 절반 이하의 비용으로 모방할 수 있다'고 하였다.

기술 창업자는 새로운 제품이나 서비스로 시장의 요구를 만족시킴으로써, 처음에는 시장을 독점할 수 있고, 이를 통하여 상당한 수익을 얻을 수도 있다. 이러한 최초의 성공을 목격한 경쟁업체들은 제품이나 서비스를 모방하기 위하여 모든 방법을 동원하게 되고, 모방을 통하여 고객의 일부를 빼앗아 가는 등의 방법을 통하여 기술 창업자의 수익을 감소시킨다.

기술 창업자는 새로운 제품이나 서비스에 대한 정보를 기밀로 유지함으로써 모방을 못하게 할 수 있다. 1인 창업의 경우는 기밀 유지가 잘 될 수 있지만, 종업원이나 공동 창업자 등 제3자가 이러한 정보의 일부 또는 전부를 알고 있는 경우에는 기밀 유지 계약 등을 통하여 기밀을 관리하여야 한다.

새로운 제품이나 서비스가 복잡할수록, 그 생산 공정이 복잡할수록 경쟁업체들이 이를 모방할 가능성이 작아진다. 그러나 이러한 복잡성은 모방하는 시간을 지연시킬 뿐이고 모방을 원천적으로 막지는 못한다. 모방을 원천적으로 막기 위해서는 제조 공정이나 설계 등 주요 정보에 제3자가 접근할 수 없도록 차단하는 것이 가장 좋은 방법이지만, 현실적으로 기업의 업무 수행을 위하여 정보의 일부 또는 전부가 종업원 등의 제3자에게 알려지는 경우가 있을 수 있다. 이 경우, 회사 종업원에게서 기밀 유지 계약서를 받았다고 하더라도 종업원의 머릿속에 있는 것까지 통제하기는 어렵기 때문에 기밀이 누설될 가능성이 있다.

새로운 제품이나 서비스에 대한 정보를 제3자에게서 차단하고 기밀로서 관리하는 것이 불가능하다고 판단되는 경우에, 기술 창업자는 경쟁업체들에 의한 모방에 대비하여 법적인 장벽을 만들어 새로운 제품이나 서비스 개발에서 발생한 수익을 온전하게 실현할 수 있다.

특허와 실용신안 제도

- 기술 창업자는 지식재산권을 확보함으로써, (1) 경쟁업체에 대한 시장 진입 장벽 구축 (2) 지식재산권에 의한 공격으로부터의 보호 (3) 광고, 홍보 등 마케팅상의 이점 (4) 재산적 가치 (5) 타인의 무단 도용 방지 등의 유리한 점을 가질 수 있다.
- 특허는 기술 공개의 대가로 발명자에게 그 발명의 독점적 실시를 행할 수 있는 배타적 권리를 부여하여 보호하는 것이고, 실용신안권은 특허권의 대상인 '발명'보다 고도성이 요구되지 않는 '소발명'이다.
- 특허권을 받기 위하여 출원 발명이 갖추어야 할 요건은 (1) 창작의 고도성 (2) 산업상 이용 가능성 (3) 신규성 (4) 진보성이다.

기술 창업자는 경쟁업체들에 의한 모방에 대비하여 기밀 유지를 하거나, 법적인 장벽을 만들어 새로운 제품이나 서비스 개발에서 발생한 수익을 관리하여야 한다. 모방에 대비한 법적인 장벽은 기술 창업자가 자신이 개발한 기술이나 제품 등에 지식재산권을 신청, 등록하는 것이다.

지식재산이란 '인간의 창조적 활동 또는 경험에 의하여 창출되거나 발견된 지식, 정보, 기술, 사상이나 감정 표현, 영업이나 물건의 표시, 생물의 품종이나 유전 자원 등의 무형 자산으로 재산적 가치가 있는 것'을 말하고, 지식재산권이란 '법령 또는 조약 등에 따라 인정되거나 보호되는 지식재산에 관한 권리'를 의미한다. 특허권, 실용신안권, 상표권, 디자인권, 저작권은 전통적인 지식재산권이다. 또한 생명공학 등 과학 기술의 발전과 정보산업 환경의 변화에 따라 새로운 분야에서 출현하는 지식재산을 보호할 필요가 생겼으며, 이를 '신지식재산권'이라고 한다. 신지식재산에는 반도체 집적 회로 배치 설계, 컴퓨터 프로그램, 식물 신품종 등이 해당되며, 기업 경쟁이 격화되면서 산업 스파이 등에 의한 기술 정보의 불법 유출을 방지하기 위하여 영업 노하우 등 영업 비밀이 부정경쟁방지법 등에 의하여 법적 보호를 받을 수 있고, 온라인 디지털 콘텐츠의 불법적 이용도 법으로 규제하고 있다.

기술 창업자는 지식재산권을 확보함으로써, (1) 경쟁업체에 대한 시장 진입 장벽 구축 (2) 지식재산권에 의한 공격으로부터의 보호 (3) 광고, 홍보 등 마케팅상의 이점 (4) 재산적 가치 (5) 타인의 무단 도용 방지 등의 유리한 점을 가질 수 있다.

특허는 '기술 공개의 대가로 일정 기간 동안 새로운 기술적 사상의 창작(발명)에 대하여 발명자에게 그 발명의 독점적 실시를 행할 수 있는 배타적 권리를 부여하여 보호하는 것'이다. 특허 제도는 기술 공개를 촉진함으로써 기술을 축적하게 하고, 발명자에게 독점권을 부여함으로써 사업화를 촉진하고, 발명 의욕을 고취시킨다. 따라서 특허 제도는 기술 공개와 발명자 보호를 통하여 산업을 발전시킨다.

특허권을 받기 위하여 출원 발명이 갖추어야 할 요건은 (1) 자연 법칙을 이용한 기술적 사상의 창작으로서 고도한 것(발명)으로서 (2) 산업에 이용할 수 있어야 하며(산업상 이용 가능성) (3) 출원하기 전에 이미 알려진 기술(선행기술)이 아니어야 하고(신규성) (4) 선행기술과 다른 것이라 하더라도 그 선행기술로부터 쉽게 생각해낼 수 없는 것(진보성)이어야 한다.

우리나라는 발명이 이루어진 시기에 관계없이 특허청에 먼저 출원한 발명

〈 특허로 홈페이지 〉

에 권리를 부여하는 선출원주의를 채택함으로써 신속한 발명의 공개를 유도하고 있으며, 특허권의 효력은 출원일로부터 20년(실용신안권은 10년)간, 권리를 획득한 국가 내에서만 발생한다.

특허 출원서는 (1) 출원서: 출원인, 대리인 및 발명의 명칭 등을 기재 (2) 명세서: 발명의 상세한 설명을 기재 (3) 청구 범위: 특허 발명의 보호 범위를 기재 (4) 도면: 필요한 경우 기술 구성을 도시하여 발명을 명확히 표현함 (5) 요약서: 발명의 요약 정리로 구성된다. 기술 창업자는 이 서류를 특허청에 직접 또는 우편으로 제출하거나, 또는 특허로 홈페이지(www.patent.go.kr)에서 전자 출원할 수 있다. 특허를 비롯한 지식재산권의 출원에는 수수료를 납부하여야 하며, 개인이나 소기업은 수수료 감면 혜택이 있다. 기술 창업자가 특허를 직접 출원하는 경우는 많지 않고, 대부분 변리사를 특허 대리인으로 지정하여 특허 출원, 등록 및 등록 관리를 대행하게 하고 있다. 기술 창업자가 직접 출원하는 경우에는 선행 특허와의 충돌, 청구 범위 설정 등 전문적

〈 특허 출원 및 심사 절차 – 특허청 자료 〉

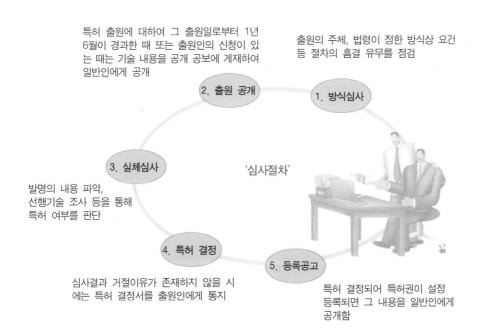

인 부분에서 실수를 함으로써 손해를 볼 수 있으므로 유능한 변리사를 이용하는 것이 낫다고 생각한다. 그러나 특허 외에 실용신안, 상표, 디자인권은 신청하는 범위가 대부분 명확하므로, 직접 출원하는 것도 별다른 문제를 일으키지는 않을 것이다. 그러나 지식재산권의 재산적 가치가 매우 큰 경우에는 변리사를 통하는 것이 안전하다.

특허를 출원하여 특허청에서 이를 심사하고 등록할 때까지의 절차는 앞 페이지의 그림과 같다.

우리나라에서 특허권 등의 권리를 취득하였더라도 다른 나라에서 권리를 취득하지 못하면 그 나라에서는 독점 배타적인 권리를 행사할 수가 없다. 기술 창업자는 제품이나 서비스를 해외에 수출하는 경우가 많기 때문에 해외 출원이 필요하며, 해외 출원을 하는 방법에는 전통적인 출원 방법과 PCT (Patent Cooperation Treaty, 특허협력조약) 국제 출원 방법이 있다. 전통적인 출원 방법은 특허 획득을 원하는 모든 나라에 각각 개별적으로 특허 출원하는 방법으로 Paris루트를 통한 출원이라고도 한다.

PCT 국제 출원은 국적국 또는 거주국의 특허청에 하나의 PCT 출원서를 제출하고, 그로부터 정해진 기간 이내에 특허 획득을 원하는 국가로의 국내 단계에 진입할 수 있는 제도로, PCT 국제 출원의 출원일이 지정국가에서 출원일로 인정받을 수 있다. 다만, 선(先) 출원에 대한 우선권을 주장하여 출원하는 경우에는 선출원의 출원일로부터 12개월 이내에 PCT 국제 출원을 하여야 우선권 주장을 인정받을 수 있다.

실용신안권은 새로운 기술적 고안에 대하여 고안자가 일정기간 동안 독점적 실시를 할 수 있는 배타적 권리이다. 실용신안권의 대상인 '고안'은 '새로운 기술적 발명'이라는 점에서는 특허와 같지만, 특허권의 대상인 '발명'보다 고도성이 요구되지 않는 발명이므로 이를 '소발명'이라고 하기도 한다. 고도성에서 차이가 있으나, 특허와 실용신안은 거의 동일한 제도이다. 특허권과 실용신안권의 차이점은 다음과 같다.

〈 특허권과 실용신안권의 차이 〉

구분	특허권	실용신안권
보호 대상	물건(물질 발명 포함), 방법용도	물건(물질은 불포함)
성립 요건	고도성 요구함	고도성 불필요
부등록 사유	* 공서양속에 반하거나 공중의 위생을 해할 우려가 있는 경우	* 공서양속에 반하거나 공중의 위생을 해할 우려가 있는 경우 * 국기, 훈장 등과 동일, 유사한 고안
도면	필요시 첨부	반드시 첨부
심사 청구 기간	5년	3년
유효 기간(존속 기간)	출원일로부터 20년	출원일로부터 10년

상표와 디자인 제도

- 상표는 자신의 상품을 타인의 상품과 구별하기 위하여 사용하는 일체의 감각적인 표현 수단을 의미하고, 기호, 문자, 도형, 입체적 형상 또는 이들을 결합한 것, 이들 각각에 색채를 결합한 것, 색채 또는 색채의 조합, 홀로그램, 동작 등 시각적으로 인식할 수 있는 모든 유형이다.
- 물품의 특성상 유행성이 강하고 라이프 사이클이 짧은 식품류, 의복류, 직물지류, 잡화류 등은 디자인 무심사 등록 출원을 해야 하고, 기타 물품에 대해서는 디자인 심사 등록 출원을 해야 한다.
- 기술 창업자는 특허권 등 지식재산권에 대한 침해에 대하여, 민사적 구제 및 형사적 구제를 행사할 수 있고, 대한법률구조공단의 무료 법률구조를 포함한 전문가의 도움을 받을 수 있다.

기술 창업자는 특허권이나 실용신안권을 등록함으로써, 자신이 개발한 기술이나 제품을 모방으로부터 보호할 수 있다. 또한 자신의 상품에 대한 상표나 디자인을 특허청에 등록함으로써 자신의 상표와 디자인을 독점적으로 사용하고, 타인이 사용하지 못하도록 할 수 있다.

상표는 자신의 상품을 타인의 상품과 구별하기 위하여 사용하는 일체의 감각적인 표현수단을 의미하고, 기호, 문자, 도형, 입체적 형상 또는 이들을 결합한 것, 이들 각각에 색채를 결합한 것, 색채 또는 색채의 조합, 홀로그램, 동작 등 시각적으로 인식할 수 있는 모든 유형이다.

넓은 의미에서 상표는 서비스표, 단체표장, 업무표장을 포함한다. 서비스표는 서비스업을 영위하는 자가 자기의 서비스업을 타인의 서비스업과 식별되도록 하기 위하여 사용하는 표장을 말하고, 단체표장은 상품을 공동으로 생산·판매 등을 하는 업자 등이 설립한 법인이 직접 사용하거나 그 감독하에 있는 단체원으로 하여금 자기의 영업에 관한 상품 또는 서비스업에 사용하게 하기 위한 표장을 말한다. 업무표장은 YMCA, 보이스카웃 등과 같이 영리를 목적으로 하지 아니하는 업무를 영위하는 자가 그 업무를 나타내기 위하여 사용하는 표장이므로 기술 창업자와는 무관하다.

상표는 (1) 자타상품의 식별 기능 (2) 출처 표시 기능 (3) 품질 보증 기능 (4) 광고 선전 기능 (5) 재산적 기능을 갖고 있고, 이러한 상표의 기능은 기술 창업자가 자신의 제품을 마케팅 하는데 많은 도움이 되지만, 소비자가 상표를 인식하기까지 많은 시간이 소요되기 때문에 당장 도움이 되지는 않는다.

상표로 등록되기 위해서는 자타 상품간의 식별력을 가져야 하므로, 상품의 보통 명칭, 관용 상표, 성질 표시적 상표, 성씨 등 식별력이 없는 상표는 등록할 수 없다.

상표의 등록 출원은 상품류 구분 및 상품을 1개류 또는 다류의 상품을 지정하여 상표마다 출원하여야 한다. 즉 하나의 출원서로 동시에 2 이상의 상표를 출원할 수 없다. 상표권의 존속기간은 설정 등록일로부터 10년이지만, 계속하여 갱신할 수 있으므로 반영구적인 권리이다.

보호 대상이 되는 디자인은 물품의 형상, 모양이나 색채 또는 이들을 결합한 것으로서 시각을 통하여 미감을 일으키게 하는 것이다.

디자인 등록 출원에는 심사 등록 출원과 무심사 등록 출원이 있다. 물품의 특성상 유행성이 강하고 라이프 사이클이 짧은 식품류, 의복류, 직물지류, 잡화류 등은 디자인 무심사 등록 출원을 해야 하고, 기타 물품에 대해서는 디자인 심사 등록 출원을 해야 한다.

디자인 등록을 하기 위해서는 디자인의 성립 요건인 신규성, 창작성, 공업상 이용 가능성 등을 충족하여야 하지만, 무심사 등록 출원된 디자인에 대해서는 위의 등록 요건 중 신규성, 창작성 등을 심사하지 않고, 방식 심사와 성립 요건, 공업상 이용 가능성, 부등록 사유 해당 여부 등만을 심사하여 등록한다. 다만, 무심사 등록 출원된 디자인이 국내 주지의 디자인에 의하여 용이하게 창작된 경우에는 특허청이 등록을 거절할 수 있다. 디자인권의 존속기간은 디자인의 설정 등록일로부터 15년이다.

디자인은 모방이 용이하고 유행성이 강하다는 특성이 있으므로 다른 지식재산권과는 다른 몇 가지 특유의 제도를 가지고 있다.

(1) 유사 디자인제도

디자인은 기본 디자인이 창작된 이후에 이를 기초로 한 여러 가지 변형 디자인이 계속 창작되는 특성이 있고, 그 유사 범위가 추상적이고 불명확하므로 미리 유사 범위 내의 유사 디자인을 등록받아 침해·모방을 미연에 방지하기 위하여, 자신이 등록 또는 출원한 기본 디자인의 변형된 디자인을 유사 디자인으로 등록할 수 있는 제도이다.

(2) 한 벌 물품 디자인제도

디자인은 1디자인 1출원주의를 취하고 있으나, 예외적으로 한 벌로 사용되는 물품으로서 전체적으로 통일성이 있는 경우에는 하나의 출원으로 심사·등록할 수 있도록 하는 제도이다. 대상 품목은 한 벌의 끽연용구 세트, 한 벌의 커피세트, 한 벌의 오디오세트 등 86개 물품이다.

(3) 비밀 디자인제도

디자인은 모방이 용이하고, 유행성이 강하므로 디자인권자가 사업 실시의 준비를 완료하지 못한 상황에서 디자인이 공개되는 경우에는 타인의 모방에 의한 사업상 이익을 모두 상실할 우려가 있기 때문에, 출원인의 신청에 의하여 디자인권의 설정 등록일로부터 3년 이내의 기간 동안 공고하지 않고 비밀 상태로 유지할 수 있도록 하는 제도이다.

(4) 출원 공개제도

출원 중에 있는 디자인을 제3자가 모방할 경우 이에 적절하게 대응할 수 있는 제도로서, 등록 출원 시 또는 출원 이후 출원인의 출원 공개신청이 있는 경우에는 등록 전이라도 디자인의 출원 내용을 공보를 통하여 공개하고, 공개 후 제3자로부터의 모방 실시가 있는 경우에는 모방자에게 경고할 권리가 발생하며 그 디자인이 등록된 후에는 디자인권자는 모방자에게 보상금청구권을 행사할 수 있다. 또한 제3자의 무단 모방이 있는 경우에는 우선 심사를 청구할 수 있도록 하여 조기에 보상금 청구권을 행사할 수 있도록 하였다.

(5) 정보 제공제도

등록 출원된 디자인에 대하여 누구든지 당해 디자인이 거절 이유에 해당하여 등록될 수 없다는 취지의 정보를 증거와 함께 특허청장에게 제공할 수 있고, 이에 의하여 거절 결정할 수 있도록 하는 제도이다.

기술 창업자는 특허권 등 지식재산권에 대한 침해에 대하여, (1) 민사적 구제 방법으로서, 침해 금지 및 예방청구권과 손해배상청구권, 신용회복청구권 및 부당이득반환청구권을 행사할 수 있고, (2) 형사적 구제 방법으로서 권리를 침해한 자를 검찰에 고발하여, 행위자를 7년 이하의 징역 또는 1억 원 이하의 벌금에 처하게 할 수 있다. 또한 지식재산권의 침해에 관한 구체적인 경우에, 기술 창업자는 대한법률구조공단의 소상공인에 대한 무료 법률 구조를 포함한 전문가의 도움을 받을 수 있다.

♦ 크루셜텍(주) 안건준 회장

전 세계 이동통신 축제인 'MWC(Mobile World Congress) 2014'에서 주목 받는 한국기업 중에는 작지만 강한 모바일 입력 솔루션 전문기업인 크루셜텍이 있다. 애플이 오센텍(Authentec)을 인수하면서, 지문 인식 솔루션을 개발한 크루셜텍도 주목을 받고 있다. 지문 인식을 이용하려면 시냅틱스나 크루셜텍의 솔루션을 사용해야 하기 때문이다. 그동안 애플을 제외한 대부분의 스마트폰 업체들이 에어리어(터치) 방식 대신 손가락으로 긁는 스와이프 방식의 지문 인식 모듈을 채택했다. 에어리어 방식은 홈 버튼에 맞춰 옆으로 길쭉한 디자인을 구현하기 어렵고, 가격도 비싸기 때문이었다.

크루셜텍은 에어리어 방식 지문 인식 모듈의 한계를 자체 기술로 극복했다. 크루셜텍은 칩 감도를 끌어올리고, 알고리즘을 고도화하여 이러한 한계를 극복했다. 이번에 개발한 에어리어 방식의 지문 인식 모듈은 스와이프 제품과 대비하면 오인식률이 매우 낮다. 스와이프와 에어리어 방식의 지문 인식 기술을 모두 완성한 회사는 크루셜텍 뿐이다.

지문 인식을 이용한 결제 시장은 열리고 있는 시장이고, 지문 인증 결제 방식의 표준화가 시장에서의 성공을 보장해 준다. 이를 위하여 크루셜텍은 BTP(Biometric Track Pad: 지문 인식 모듈) 패키징 구조에 관한 특허를 포함하여 2014년 2월까지 무려 194개의 국내 등록 특허를 보유하고 있다.

2001년에 창업한 크루셜텍은 2007년에 장영실상을 수상하여 기술 창업에 성공하였고, 2011년 2억 달러 수출 탑을 받았으며, 히든 챔피언에 선정되었다. 창업 전에 안 회장은 삼성전자에서 연구원 생활을 하였고, 광통신 디바이스 회사에서 최고 기술 책임자로 근무했다. 창업 후 6개월여 만에 광통신 모듈 플랜트 사업에서 수주 금액이 1억 달러가 넘었는데, IT 버블 붕괴의 영향으로 창업 후 1년 반 만에 실적이 제로가 되었다. 고민 끝에 지문 인식으로 사업 방향을 정하고 미국의 오센텍을 끈질기게 설득하여 서로 협력할 수 있었고, 점차 사업이 안정을 찾아갔으며, 마침내 지문 인식 결제 방식의 퍼스트 무버(First Mover)가 되었다.

　퍼스트 무버는 세상에 없었던 물건을 만든 사람인데, 고객 입장에서는 이 물건이 전에는 없었던 물건이기 때문에 굳이 그것을 쓰지 않더라도 아무런 문제가 없다. 따라서 이러한 제품의 마케팅은 매우 어렵고, 비용도 많이 드는데, 이것을 극복할 수 있는 원동력이 '기업가 정신'이다.

개념의 정리

✔ 국제표준화기구(International Organization for Standardization)

ISO는 나라마다 다른 공업규격을 조정·통일하고 물자 및 서비스의 국제적 교류를 원활히 하기 위해, 세계 공통의 표준 개발을 목적으로 설립된 국제기구. 1987년 최초로 ISO 9000시리즈 등 국제표준을 제정, 공표하였고, 우리나라는 1963년에 가입하였음. ISO 9000(9001, 9002, 9003)은 품질 경영 보증 시스템의 인증이고, ISO 14000(14001)은 환경 경영 시스템의 인증이며, ISO 26000은 기업의 사회적 책임에 관한 인증임.

✔ 표준 전쟁

정보화, 세계화의 급속한 진전으로 표준 경쟁에서 승리한 기업은 시장을 독점하고 패배한 기업은 시장에서 퇴출되거나 군소기업으로 전락함. 즉 승자 독식의 표준 전쟁은 최초의 직류와 교류의 표준 전쟁, 비디오 카세트 레코더의 표준 전쟁(소니의 베타맥스 방식과 JVC의 VHS 방식)이 유명하고, 현재는 휴대폰의 무선 충전 표준을 둘러싸고 삼성과 퀄컴이 전쟁 중임.

✔ 기밀유지계약(Non-Disclosure Agreement)

영업 비밀 보호 등을 위한 회사와 종업원과의 계약으로, 근무 중 습득한 영업 비밀 등을 누설하지 않고, 이를 위반하여 회사가 손해를 본 경우에 손해 배상을 하여야 함을 약정하는 계약. 이외에도, 외주 용역, 공동 연구, 공동 영업 등 비즈니스 관계에서 기밀이 누설될 수 있는 경우에 그 당사자와 체결하여 자사의 비밀 정보를 지킬 수 있는 법적 계약임.

✔ 영업 비밀

부정경쟁방지 및 영업비밀보호에 관한 법률 제2조에서 영업 비밀은 '공연히 알려져 있지 아니하고, 독립된 경제적 가치를 가지는 것으로서, 상당한 노력에 의하여 비밀로 유지된 생산 방법, 판매 방법 기타 영업 활동에 유용한 기술상 또는 경영상의 정보'를 말함. '공연히 알려져 있지 아니하고'의 의미는 매체 등을 통하여 불특정 다수에게 일반적으로 알려져 있는 경우는 영업 비밀이라고 할 수 없다는 것임.

✔ 전략적 파트너십

파트너십(Partnership)은 기업이 제품 및 서비스를 생산하거나, 고객에게 제공하는 과정에서 발생하는 둘 또는 그 이상의 파트너 사이의 관계. 파트너십의 유형에 따라 경쟁적 관계, 협력적 관계, 전략적 관계가 있으며, 전략적 관계는 신제품 개발 및 프로세스 혁신에 주력하는 형태의 파트너십을 의미함.

✔ 소기업

중소기업기본법 시행령에서 소기업은 중소기업 중 제조업, 광업, 건설업, 운수업 등은 상시근로자수 50인 미만인 기업, 나머지 업종은 10인 미만의 기업을 말함.

✔ 지식재산권의 침해

특허 등 지식재산권은 독점적 배타적인 권리로서, 침해의 유형은 타인의 발명 등을 업(業)으로 실시하는 직접 침해와 생산, 양도, 대여, 수입 등 침해의 전 단계의 행위인 간접 침해로 나눌 수 있음. 침해에 대한 구제 수단은 침해금지청구, 손해배상청구 등의 민사적 구제와 침해자와 법인을 고소하는 형사적 구제가 있음. 특히 침해에 따른 분쟁은 민사나 형사적 구제 전에 특허청의 산업재산권분쟁조정위원회의 조정을 통하여 당사자간 원만한 합의를 하는 것이 바람직함.

6

나의 창업 이야기

대학 3학년 때, 행정고시 1차 시험에 합격하고, 약 1년 동안 2차 시험 공부를 했습니다. 당시 2차 시험에는 경제학, 행정학, 조사방법론 등 비 법학 과목이 훨씬 많아서 이들 과목을 공부하는데 많은 시간을 쓸 수밖에 없었습니다. 4학년 때 2차 시험에서 떨어졌지만, 배운 것은 많았습니다. 특히 행정학의 인사관리, 재무관리, 조직론, 경제학의 미시경제, 거시경제, 화폐금융, 국제경제 등과 조사방법론에서 배운 내용은 비즈니스를 하는데 많은 도움이 되었습니다. 그러나 이러한 과목은 창업에 있어서는 중요한 부분이 아닙니다. 창업에 있어서 가장 중요한 과목은 경영학 중에서도 마케팅입니다. 특히 반복이라는 과정을 통하여 숙달함으로써, 비즈니스에서 마케팅과 관련된 판단이 필요할 때, '아! 이것은 이렇게 처리하면 되겠구나.' 할 정도로 마케팅에 대하여 이해하고 있어야, 창업의 실전에서 성공적으로 사용할 수 있습니다. 마케팅 이론은 현상을 이해하는데 필요한 도구에 불과하기 때문에, 충분한 이해가 있다면, 누가 그런 이론을 만들었는지는 전혀 알 필요도, 외울 필요도 없습니다. 그러나 불행하게도 저는 창업 전에 마케팅의 개념도 몰랐고, 마케팅을 체계적으로 배울 기회도 없었으며, 주위에서 듣거나 신문 등을 통해서 장님 코끼리 더듬듯이 부분적으로 이해하고 있을 뿐이어서 마케팅에 관련된 나의 판단은 엉망일 수밖에 없었고, 한심한 수준이었습니다. 기술 창업자에게 있어서, 자신의 제품과 관련된 마케팅의 완벽한 이해는 성공에 필수적입니다. 그러나 저에게는 그것이 없었던 것입니다.

기술 창업자는 특정 틈새 시장에서, 세분화된 목표 고객에게 집중하여 마케팅을 해야 합니다. 마케팅에 필요한 인적, 물적 자원이 부족하기 때문입니다. 또한 경쟁업체와 마케팅 전쟁을 하게 될 때, 경쟁업체에 대한 정보나 전쟁에 필요한 자원이 부족하거나, 경쟁자가 자금, 전략 등으로 시장 진입을 적극적으로 방해하는 경우에는 두 손을 들 수밖에 없습니다.

아래 사진은 과거 제 회사의 대표적인 제품 사진이고, 실제로는 이보다 더 많은 종류의 제품이 있었습니다. 몇 명 안 되는 인원으로 동시에 여러 제품을 만들고, 어떻게 팔까 고민하고, 판매를 실행하고, 수금하고, 고객을 관리하고, 게다가 건강기능식품은 상당히 큰 기업들과 경쟁을 해야 했습니다. 이런 상황이다보니 잘할 수가 없었습니다. 특히 마케팅에 대한 기본이 거의 없었기 때문에 마케팅 과정에서 수차례의 잘못된 판단을 할 수밖에 없었습니다. 지금 생각해봐도 '너무 개념 없었습니다.'

마케팅에서 성공하지 못하면 비즈니스에서 성공할 수 없습니다. 마케팅에서 성공하기 위해서는 마케팅에 대한 이해가 필요하고, 이것이 없으면 엉뚱한 길로 갈 수밖에 없습니다. 제가 마케팅을 알았더라면, 작은 창업 기업에서 동시에 여러 제품을 출시하면서 바쁘게 뛰어 다니지는 않았을 것입니다. 작은 틈새 시장에 창업자의 모든 역량을 쏟아서, 초기 시장을 잘 공략하고, Bowling Alley 전략으로 전기 다수 시장의 고객에게 전력을 다함으로써, 작은 시장의 하나의 품목이라도 토네이도를 만나야 비즈니스에 성공할 수 있습니다. 그리고 이러한 사실을 창업 전에 알고 있어야 했습니다.

CHAPTER

06

기술 창업 마케팅

이 장의 주요내용

- 마케팅 환경의 변화
- 소비자 (B2C) 시장과
  기업간 (B2B) 시장
- 기술 창업 마케팅의 유형
- 하이테크 마케팅의 이해
- 시장 세분화와 목표 시장

- 마케팅 믹스의 결정
- 제품과 가격에 관한 결정
- 유통에 관한 결정
- 촉진에 관한 결정
- 수출과 글로벌 마케팅

마케팅 환경의 변화

- 마케팅은 구매자와 판매자가 서로 만족할 수 있는 교환을 성립시키는 활동이다.
- 오늘날 급격한 정보 기술의 발전으로 '과잉 경쟁 시대'가 되었고, 고객 욕구의 변화를 예측하고 신속하게 대응하는 것이 마케팅에서 중요하다.
- 마케팅 환경의 변화가 크고, 근본적인 것일수록 기술 창업자에게는 유리하다.

마케팅은 구매자와 판매자가 서로 만족할 수 있는 교환을 성립시키는 활동이다. 즉, 판매자인 기술 창업자는 제품이나 서비스를 통하여 구매자에게 만족을 주고, 그 대가로 돈을 받는 것이다. 이러한 교환은 수요와 공급에 의하여 일정한 가격에서 성립된다. 20세기 초반까지 대부분의 제품은 시장에 나오는 대로 팔렸다. 따라서 기업은 생산에 중점을 두었고, 마케팅에서 필요한 것은 유통을 관리하는 것이었다. 대량 생산 기술의 발달로 시장에서는 공급이 수요를 초과하는 일이 발생하였고, 기업은 재고품을 구입하도록 설득하기 위한 광고에 중점을 두었다. 오늘날에는 급격한 정보 기술의 발전으로 '과잉 경쟁 시대', 즉 제품과 서비스가 부족한 것이 아닌 고객이 부족한 시대에서 고객 욕구의 변화를 예측하고 신속하게 대응하는 것이 마케팅에서 매우 중요한 것이 되었다.

기술 창업자는 오늘날과 같은 과잉 경쟁 시대에 신제품이나 서비스를 출시하여, 시장에서 기존 기업과 치열하게 경쟁하여 생존하여야 하고, 경쟁에서 우위를 확보하여야 한다. 이를 위하여 현재의 마케팅 환경을 알아보자.

첫째, 현 시대는 성장과 번영의 결과로 물질적으로 매우 풍요로운 시기이지만, 빈부의 격차가 매우 큰 시기이다.

둘째, 많은 국가들이 자국 산업의 보호를 위하여 무역 장벽을 설치하고 있으나, 점차 이러한 장벽을 없애려는 노력이 가시화되고 있다. 우리나라는 한중, 영연방, 인도네시아, 베트남과 FTA를 체결 또는 추진하고 있으며, 2017년까지 우리나라 FTA 시장 규모는 전 세계 GDP 대비 70% 이상으로 확대될 것으로 기대된다.

셋째, 세계적으로 인구는 증가하고 있지만, 우리나라 등 선진국은 출산율이 감소하고 있으며, 의료 기술의 발달 등으로 고령화가 급격하게 진행되고 있다.

넷째, 인터넷과 휴대 전화 등 통신기기의 발달로 지역적인 경계가 무너지고 시장의 통합이 가속화되고 있으며, 세계적인 제품과 브랜드가 범람하고 있다. 또한 많은 다국적 기업이 다른 회사를 인수, 합병(M&A)하여 시장을 확대하고 있으며, 경영 활동의 많은 부분을 국경을 넘어 아웃소싱(Outsourcing)하고 있다. 다국적 기업은 R&D에 초점을 맞추고 적극적으로 지식재산권을 보호함으로써 시장 지배를 강화하고 있다.

다섯째, 인터넷과 소비자 데이터베이스의 성장은 기술적으로 매우 중요한 변화이다. 빅데이터, 소비자 데이터베이스, 소셜 네트워킹 등을 사용함으로써 기업들은 소비자의 필요에 맞는 제품과 서비스를 개발할 수 있게 되었고, 제품의 광고를 위하여 휴대전화, 이메일, YouTube 등 다양한 매체를 선택하고, 다양한 방법을 활용할 수 있게 되었다.

여섯째, 교통과 통신의 발달로 제품 배송 속도가 빨라지고 배송 가격이 싸짐에 따라 인터넷 구매 비중이 높아지고 있으며, 인터넷을 통하여 합리적인 구매 가격을 조사하고 있다. 또한 해외 인터넷 사이트를 통한 제품 구매도 활성화되고 있다.

마지막으로, 대부분의 기업들이 '고객 만족'을 비전으로 제시하고, '혁신'을 추구하고 있으나, 기업의 구조가 유연하지 않고, 형식적인 혁신을 유지하는 경우가 많다.

이러한 마케팅 환경의 변화는 기술 창업자에게 유리한 것일까? 마케팅 환경의 변화는 변화의 크기가 클수록, 변화의 속도가 빠를수록, 변화의 원인이 근본적인 것일수록 마케팅에 미치는 영향은 크다고 할 수 있다. 마케팅 환경의 변화는 필연적으로 시장의 변화를 가져 오고, 시장의 변화는 제품의 구매자인 고객의 필요(Needs)를 변화시키기 때문에 고객은 제품의 개선이나 신제품을 요구하게 된다.

마케팅 환경의 변화로 고객의 새로운 요구가 있음에도 불구하고, 기존 기업은 시장에서 일정 부분의 점유율과 고객을 갖고 있기 때문에 변화를 좋아하지 않게 되고, 시장의 변화를 알고도 여러 가지 이유로 적극적으로 대처하지 못하는 경우가 많다. 따라서 마케팅 환경의 변화가 크고, 근본적인 것일수록 기술 창업자에게는 유리하다. 다만 기술 창업자는 마케팅 환경의 변화와 고객의 욕구 변화, 해당 시장에서의 주요 기업의 대응 등에 대하여 잘 알고 있어야 한다.

많은 경우에 기술 창업자는 시장에서 기존 기업과 마케팅 경쟁을 하는 것이 유리하지 않다. 그러나 환경과 시장의 변화를 이용하여, 고객을 만족시키는 혁신적인 제품으로 마케팅에 성공할 수 있는 가능성은 아직도 충분하다.

소비자(B2C) 시장과 기업간(B2B) 시장

- 기업간 시장은 제품과 서비스를 생산하는데 필요한 원료나 부품, 서비스를 원하는 기업들로 구성된 시장이다.
- 기술 창업자는 소비자 시장에서 고객의 요구를 정확히 충족시키는 관계 마케팅을 이해하고, 이를 실행하여야 한다.
- 기업간 시장에서는 대부분 인적 판매에 의하여 구매가 이루어지고, 기업간 시장에서의 마케팅은 영업이 주가 된다.

시장에는 제품을 공급하고자 하는 기업들과 구매 의사와 구매할 여력이 있으나, 충족되지 못한 욕구와 필요를 가진 사람들로 구성되어 있다.

기술 창업자는 자신의 제품이나 서비스를 소비자 시장[Consumer Market, Business-to-Consumer(B2C) Market]이나 기업간 시장[Business-to-Business(B2B) Market]에서 판매하여야 한다. 소비자 시장은 개인적인 소비나 사용을 위해 제품과 서비스를 원하는 모든 개인 또는 가구로 구성된 시장이고, 기업간 시장은 제품과 서비스를 생산하는데 필요한 원료나 부품, 서비스를 원하는 기업들로 구성된 시장이다.

산업 혁명 이후의 대량 생산은 커다란 규모의 소비자 집단을 만족시키는 데 목적을 두는 대량 마케팅을 가능하게 했다. 대량 마케팅은 시장에서 가능한 한 많은 사람에게 제품을 판매하기 위하여 TV, 라디오, 신문 등의 대중 매체로 광고하는 것이므로 자금이 많은 회사가 유리했다. 그러나 대량 마케팅에 불만을 가진 소비자가 발생하였고, 대량 마케팅을 하는 회사는 시장에서 일부를 차지하는 불만 소비자 집단의 욕구를 무시하곤 했다. 이러한 대량 마케팅의 단점을 해결하기 위한 마케팅을 관계 마케팅(Relationship Marketing)이라고 한다. 관계 마케팅은 개인 고객의 요구를 정확히 충족시키는 새로운 제품을 제공함으로써 고객을 확보하고, 지속적으로 관계를 유지하는 것을 목표로 한다.

기술 창업자는 소비자 시장에서 많은 자금과 투자가 필요한 대량 마케팅을 실시할 수 없다. 따라서 기술 창업자는 소비자 시장에서 고객의 요구를 정확히 충족시키는 관계 마케팅을 이해하고, 이를 실행하여야 한다.

기업간 시장은 생산자, 중개인, 기관 등으로 구성된 시장으로, 소비자 시장보다 규모가 크다. 기업간 시장의 마케팅은 구매자가 자사만의 독특한 의사결정 시스템을 가지고 있다는 점 등에서 일반 소비자 시장과는 다르다. 기업간 시장과 소비자 시장을 비교하면 다음과 같다.

〈 기업간 시장과 소비자 시장의 비교 〉

구분	기업간 시장 (B2B)	소비자 시장 (B2C)
시장 구조	• 적은 잠재 고객수 • 대규모 구매 • 지리적 집중 많음	• 많은 잠재 고객수 • 소규모 구매 • 지리적 분산
제품	• 기술적, 복합적 상품이 요구됨 • 주문 생산 요구가 많음 • 기술적 조언, 배달, 사후 서비스에 대한 요청이 많음	• 기술적 상품 요구 적음 • 주문 생산 요구 거의 없음 • 기술적 조언, 배달, 사후 서비스에 대한 요청이 많지 않음
구매 과정	• 훈련된 구매자 • 구매 품목에 대한 상세한 협상 • 공식 절차에 따른 구매 시스템 • 인적 판매(개인적 친분)에 치중	• 구매 훈련 없음 • 구매 품목의 표준 조건 수용 • 비공식 절차의 구매 • 판매자와 소비자간 친분 없음

기업간 시장에서는 대부분 인적 판매에 의하여 구매가 이루어지고, 기업의 사장이나 구매 책임자 및 담당자가 구매에 있어서 중요한 역할을 한다. 따라서 기업간 시장에서의 마케팅은 영업이 주가 된다. 기술 창업자는 자신의 제품에 대한 소개 자료, 기술적 자료, 시험 분석 자료 등을 갖고, 구매 기업의 책임자나 담당자를 만나서, 이들에게 자신의 제품이 필요한 이유와 사용에 따른 혜택을 설명한다. 구매 기업은 그들의 구매 시스템에 따라 해당 제품의 사용이 기술적으로 문제가 없는지를 검토하고, 이 제품을 사용함에 따라 구매 기업이 얻을 수 있는 이점이나 혜택에 대해서 합리적으로 판단한다. 기술

제품의 경우에는 국내의 유명 회사가 사용하고 있다는 정보나 증거를 제시하는 것이 구매에 도움이 되는 경우가 많다.

기업간 시장과 유사하지만 구매자가 정부나 공공기관인 경우를 G2B(Government-to-Business) 시장이라고 구분하기도 한다. 정부 및 공공기관은 국가 종합 전자 조달 시스템인 나라장터(www.g2b.go.kr)를 통하여, 여러 기업의 제품이나 서비스를 주로 입찰을 실시하여 구매한다. 앞으로 이 장에서의 마케팅에 관한 모든 설명은 소비자(B2C) 시장을 대상으로 한다.

〈 국가 종합 전자 조달 시스템 나라장터 〉

기술 창업 마케팅의 유형

- 기술 불확실성과 시장 불확실성이 모두 낮은 'Low-Tech Marketing'은 소위 전통적 마케팅이라는, 소비재 중심의 시장에서의 마케팅을 말한다.
- 'High-Fashion Marketing'은 의류나 패션 등의 각종 디자이너 제품과 엔터테인트먼트 산업, 영화, 공연, 문화 산업, 스포츠 산업 등에서의 마케팅을 의미한다.
- 'Better Mousetrap Marketing'은 새 제품에 대한 소비자의 우려를 줄여 주고 제조사의 신뢰를 높여 주는 것이 마케팅의 핵심이다.
- 'High-Tech Marketing'은 기술 불확실성과 시장 불확실성이 모두 높은 경우의 마케팅 유형으로, 과거에는 없었던 새로운 기술 제품이나 서비스를 판매하고자 하는 경우에 필요하다.

Moriarty와 Kosnik 교수는 기술 불확실성과 시장 불확실성의 관점에서 마케팅을 네 가지 유형으로 분류하였다.

기술 불확실성과 시장 불확실성이 모두 낮은 'Low-Tech Marketing'은 소위 전통적 마케팅이라는, 소비재 중심의 시장에서의 마케팅을 말한다. 소비재 중에서 소비자의 다양한 기호와 복잡한 욕구가 형성되어 시장의 불확실성이 증대되는 경우에는 'High-Fashion Marketing'이 필요하게 된다. 'High-Fashion Marketing'은 의류나 패션 등의 각종 디자이너 제품과 엔터테인트먼트 산업, 영화, 공연, 문화 산업, 스포츠 산업 등에서의 마케팅을 의미한다. 따라서 시대적 트렌드를 정확하게 읽어내는 능력, 소비자의 반응을 예측하는 능력, 상품 디자인 능력 등이 마케팅의 핵심 요소가 된다.

'Better Mousetrap Marketing'은 새로운 암 치료제 등의 제품과 같이, 기술적인 불확실성이 높지만, 일단 개발이 되고 임상을 거쳐 판매가 가능한 때에는 시장 불확실성이 낮아 마케팅이 쉬운 경우이다. 따라서 새 제품에 대한 소비자의 우려를 줄여 주고 제조사의 신뢰를 높여 주는 것이 마케팅의 핵심이 된다.

'High-Tech Marketing'은 기술 불확실성과 시장 불확실성이 모두 높은 경

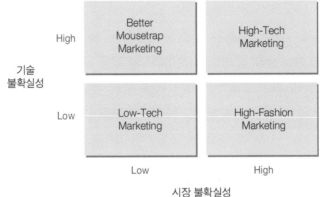

〈 마케팅의 유형 - Moriarty & Kosnik〉

	Low	High
High	Better Mousetrap Marketing	High-Tech Marketing
Low	Low-Tech Marketing	High-Fashion Marketing

기술 불확실성

시장 불확실성

우의 마케팅 유형이다. 과거에는 없었던 새로운 기술 제품이나 서비스를 판매하고자 하는 경우에는, 새로운 기술이 소비자의 욕구를 만족시켜 줄 수 있을 것인가에 대한 기술적 불안과 이러한 기술을 이용한 제품이나 서비스가 어떠한 시장 반응을 얻을 수 있는지에 대한 불확실성이 모두 높은데, 이 경우의 마케팅을 하이테크 마케팅이라고 한다.

하이테크 마케팅은 과거에는 없었던 새로운 기술을 가지고 새로운 고객의 욕구를 만족시켜야 하므로, 생활용품 등의 전통적인 마케팅과는 다른 차원의 마케팅 개념과 기법이 필요하다.

기술 창업자는 Moriarty와 Kosnik 모형의 4가지 유형의 시장 중에서 하나의 시장에서 자신의 제품이나 서비스로 마케팅을 하게 된다. 기술 창업자는 그 시장에서 자신의 제품이나 서비스가 고객의 욕구를 어떻게, 얼마나 많이 충족시키느냐에 따라서 매출이 발생하고, 돈을 벌 수 있다. 4가지의 시장 유형에 따라 기술 창업자는 서로 다른 마케팅 상황에 직면하게 되고, 그에 따라 마케팅 전략도 다르게 설정, 운영하여야 한다.

기술 창업자는 기술 불확실성 또는 시장 불확실성이 높은 시장이나, 이 두 가지가 모두 높은 시장에서 좋은 성과를 낼 수 있다. 따라서 기술 창업자가 소비재 중심의 전통적인 시장에서 제품을 출시하고 'Low-Tech Marketing'을 하기는 쉽지 않다. 기술 창업자가 전통적인 시장에서 성과를 내기 위해서는 아주 작은 부분이라도 기존의 틀을 부숨으로써, 품질, 가격, 서비스, 기능 등으로 소비자를 만족시켜야 한다. 그러나 대부분의 경우, 기술 창업자가 'Low-Tech Marketing'을 하기에는 자금이나 인력 등 자원의 부족과 시장에서의 극심한 경쟁 상황을 극복하기가 어렵다는 문제가 있다.

'Better Mousetrap Marketing'은 기술적인 한계를 극복하고, 시장에서 원하는 제품을 만들기만 한다면 시장에서의 마케팅은 그다지 어렵지 않은 경우이다. 기술 창업자는 전직의 경험과 지식 등을 통하여 기술적으로 어려운 제품이나 서비스를 만들 수 있고, 그 제품으로 소비자에게 신뢰만 줄 수 있다면, 시장은 그 제품을 받아들일 준비가 되어 있는 것이다. 'Better Mousetrap Marketing'은 기술 제품의 마케팅이므로, 주로 하이테크 마케팅 전략을 사용하고, 필요한 경우 전통적인 마케팅 전략으로 보완하는 것이 좋다.

'High-Fashion Marketing'은 패션 디자인 제품, 영화, 엔터테인트먼트 산업 제품 등의 시장에서, 소비자의 다양한 기호와 복잡한 욕구가 형성되어 시장의 불확실성이 증대되어 있는 시장에서의 마케팅을 말한다. 기술 창업자는 이 시장에서 소비자의 다양한 요구를 만족시킬 수 있고, 성과를 낼 수 있는 제품이나 서비스를 찾을 수 있다. 이 시장에서도 기술 창업자는 주로 하이테크 마케팅 전략을 사용하고, 필요한 경우 전통적인 마케팅 전략으로 보완하는 것이 좋다.

하이테크 마케팅의 이해

- Rogers는 불연속적 혁신 제품을 수용하는데 걸리는 시간에 따라 수용자를 5개 유형으로 분류하였다.
- 초기 시장에서 성공하기 위한 조건은 와우 요소, 킬러 애플리케이션, 포지셔닝, 입소문 마케팅 및 FUD 요소이다.
- 초기 시장과 전기 다수 시장 사이에 큰 틈이 존재하는데, 이 틈을 '캐즘(Chasm)'이라고 한다.
- 캐즘을 극복하는 전략을 '볼링 앨리(Bowling Alley)'라고 하고, 완전 완비 제품으로 실용주의자 집단을 만족시키면, 마침내 토네이도가 온다.

하이테크 마케팅 상황에서의 시장 불확실성과 기술 불확실성은 어디에서 오는 것인가? 아래 그림은 시장 불확실성과 기술 불확실성의 원천을 나타내고 있다.

기술 창업자의 혁신적인 하이테크 제품이 고객 욕구 충족, 혁신 확산 속도 등의 시장 불확실성이 크고, 부작용, 진부성 등 기술에 대한 불확실성이 큰 경우는 하이테크 마케팅 전략을 사용하여야 한다. 시장 및 기술 불확실성 외에도 하이테크 제품은 여러 측면에서 독특한 마케팅 상황에 처해 있으며, 새

〈 시장 불확실성의 원천 〉

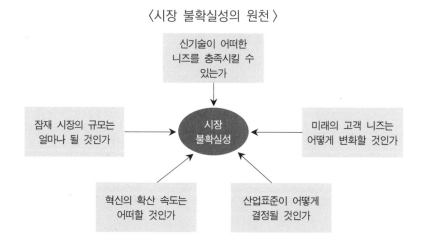

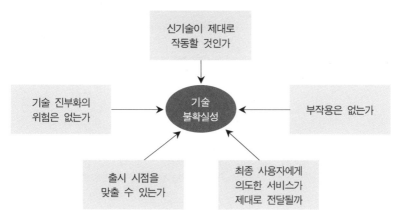

〈 기술 불확실성의 원천 〉

신기술이 제대로
작동할 것인가

기술 진부화의
위험은 없는가

기술
불확실성

부작용은 없는가

출시 시점을
맞출 수 있는가

최종 사용자에게
의도한 서비스가
제대로 전달될까

로운 마케팅을 필요로 한다.

혁신적인 제품은 기존 제품과 완전히 다르게, 편익과 기능에 있어서 월등하고, 소비 또는 사용 패턴의 변화를 가져오는 경우가 많은데, 이런 제품을 연속적이 아니라는 의미에서 불연속적 혁신 제품이라고 한다. 사회학자인 Everett Rogers는 불연속적 혁신 제품을 수용하는데 걸리는 시간에 따라 수용자를 5개 유형으로 분류하였다.

혁신 수용자(Innovators)는 기술 애호가로 불린다. 혁신 제품을 사는 이유가 '그냥 좋아서'이다. 그냥 쿨(Cool)하게 구매한다. 시장에서의 비율은 약 2.5%이다.

초기 수용자(Early Adopters)는 선구자 또는 선각자로도 불린다. 이들은 오피니언 리더로서의 역할도 수행하고, 소득이 많고, 교육 수준도 높기 때문에 신제품의 초기 시장 성공에 있어서 중요한 그룹이다. 신제품의 구매는 주로 개인적, 경제적, 전략적 목적을 달성하기 위한 것이다. 전체 소비자의 약 13.5%를 차지한다.

초기 다수 수용자(Early Majority)는 실용주의자이다. 기술 자체에는 관심이 없고 실제적인 문제에 집중한다. 검증된 결과를 요구하고, 성공 사례를 알고 싶어 하며, 남들이 많이 구매하는 제품인지를 알고자 한다. 이 그룹의 고객에게 마케팅을 하지 못하면 주류 시장(Mainstream Market)으로 갈 수 없다. 전

〈 혁신 제품의 시장 수용자 유형 〉

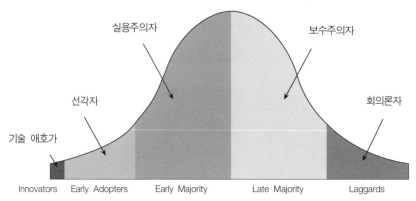

실용주의자

보수주의자

선각자

회의론자

기술 애호가

| Innovators | Early Adopters | Early Majority | Late Majority | Laggards |

체 소비자의 약 34%를 차지한다.

후기 다수 수용자(Late Majority)는 보수주의자이다. 주로 위험을 회피하고자 하는 소비자가 많고, 대부분 가격에 민감하다. 따라서 이들을 설득하기 위해서는 낮은 가격, 표준화, 단순화가 필요하다. 전체 소비자의 약 34%를 차지한다.

지각 수용자(Laggards)는 회의론자다. 이들은 신기술이나 혁신 제품에 대하여 매우 부정적인 입장을 취하고 있고, 의심이 많다. 따라서 이들을 설득하는데 상당한 마케팅 비용이 발생할 수 있다. 전체 소비자의 약 16%를 차지한다.

기술 창업자가 소비자에게 주는 편익과 기능이 월등하고, 심지어 소비 패턴의 변화까지 가져오는 혁신적인 제품으로 시장에 진입하는 경우에 기술 창업자가 직면하는 시장은 어떤 것이고, 이 시장에서 성과를 내기 위하여 어떤 전략을 사용해야 할까? 'Better Mousetrap Marketing'이나 'High-Fashion Marketing'이 적용되는 제품 또는 서비스의 마케팅에도 하이테크 마케팅 전략이 많은 도움이 된다. 즉, 전통적인 마케팅을 제외한다면, 나머지 시장 유형에서의 마케팅은 하이테크 마케팅이 주가 된다고 할 수 있다.

기술 창업자의 혁신적인 제품이나 서비스가 시장에 출시되면, 혁신 수용자인 기술 애호가는 그냥 쿨(Cool)하게 구매할 것이다. 만약 기술 애호가들조차도 구매하지 않는다면, 출시된 제품이나 서비스에 매우 근본적인 문제가 있다는 것이다. 그들이 기술에 대하여 잘 알고, 이를 먼저 습득하려고 하기 때문에, 그들이 흥미를 갖지 않는다는 것은 기술 창업자의 생각과는 관계없이, 그 시장에서는 제품을 판매할 수 없다는 것이다.

시장의 약 2.5%를 차지하는 기술 애호가의 구매가 이루어지고 나면, 초기 수용자라고 불리는 초기 수용자 그룹에서 구매를 한다. 이 그룹에서 구매하는 이유는 개인적, 경제적, 전략적 목적 때문인데, 기술 애호가들의 추천을 받거나, 인터넷 동호회 등을 통하여 제품이나 서비스의 구매가 자신에게 개인적, 경제적, 전략적으로 이익이 된다는 판단이 들었기 때문이다. 이들은 교육 수준이 높고, 소득 수준도 높아서, 이들의 구매가 주위의 사람들에게 영향을 미친다. 이들은 종종 오피니언 리더가 된다.

기술 창업자는 약 13.5%에 해당하는 초기 수용자 그룹에게 제품을 판매하기 위하여 어떤 전략을 써야 할까? 초기 시장에서 성공하기 위한 첫 번째 조건은 '와우 요소(Wow Factor)이다. 와우 요소는 감탄할 만한 대단한 제품 요소이다. 기술적, 기능적 요소이거나 디자인 등의 요소이다. 두 번째 조건은 '킬러 애플리케이션(Killer Application)'이다. 초기 수용자 그룹에게 개인적 효용을 제공할 수 있는 것, 즉, 그들에게 그동안 충족되지 않았던 욕구를 채워 주어야 하는 것이다. 기술 창업자는 와우 요소와 킬러 애플리케이션으로, 만만치 않은 초기 수용자 그룹이 기꺼이 지갑을 열도록 하여야 한다. 세 번째는 '포지셔닝(Positioning)전략'이다. 포지셔닝이란 고객의 마음속에 있는 제품의 위치, 즉 제품에 대한 고객의 인식을 원하는 방향으로 유도하여 매출을 향상시키는 전략이다. 네 번째로, '입소문 마케팅'이다. 고객들이 스스로 제품의 장점을 발견하고, 기꺼이 지인에게 소개하도록 유도하는 전략을 말한다. 마지막으로, 초기 시장에서 성공하기 위해서는 'FUD 요소'를 제거하는 것이다. 즉 고객이 제품이나 서비스에 대하여 두려움(Fear), 불확실성(Uncertainty) 및 의심(Doudt)의 요소를 없애 주는 것이다. 두려움은 새로운 기술에 대한 학습, 추가적 비용 부담 등에 대한 것이고, 불확실성은 제품 사양이 표준 제품이 될 수 있는지, 서비스가 안정적, 지속적으로 잘 될 수 있는지 등에 대하여 확신하지 못하는 것이며, 의심은 작동이 잘 되는지, 속도나 안정성에 문제가 없는지 등 기능적 측면의 의심을 말한다.

그러나, 시장의 약 16%에 해당하는, 기술 애호가와 선각자 그룹에서 구매가 이루어졌다고 해서 안심해서는 안 된다. 즉 초기 시장에서의 성공이 언제나 전기 다수 시장으로 연결되지는 않는다고 한다. 그 이유에 대하여 실리콘밸리의 컨설턴트였던, Moore는 초기 시장과 전기 다수 시장 사이에 큰 틈이 존재하기 때문이라고 하였고, 이 틈을 '캐즘(Chasm)'이라고 불렀다. 그렇다면 캐즘은 왜 생기는가? 그 이유는 선각자인 초기 수용자와 실용주의자인 전기 다수 그룹 사이에는 커다란 괴리가 존재하기 때문이다. 두 그룹간의 특징을 비교하면 다음과 같다.

〈 선각자(초기 수용자)와 실용주의자(전기 다수 그룹)의 비교 〉

선각자	실용주의자
직관적	분석적
혁명 선호	진화 선호
무리로부터 이탈하고자 함	무리와 함께 있고자 함
자신의 판단에 따라 행동	동료의 의견을 구함
위험을 기꺼이 감수	위험을 최소화
미래의 기회에 관심	현재의 문제에 관심
작은 가능성에 도전	확실한 일을 따름
실용주의자를 시대에 뒤떨어진 사람으로 인식	선각자는 위험하다고 생각

기술 창업자는 이 캐즘을 극복해야만 시장의 약 34%를 차지하는 전기 다수 시장으로 진입할 수 있고, 성공할 수 있다.

Moore는 캐즘을 극복하기 위해서 '집중'이 필요하다고 강조한다. 즉 캐즘을 극복하는 첫 번째 전략은 먼저 하나의 틈새 시장에서 기술 창업자의 모든 힘을 집중하여 마케팅을 실행하라는 것이다. 이를 Moore는 '볼링 앨리(Bowling Alley)'라고 하였다. 볼링을 할 때 한두 개의 표적 핀을 힘차게 쓰러뜨려 스트라이크를 만들어 내듯이, 세분화된 틈새 시장에 집중하라는 것이다.

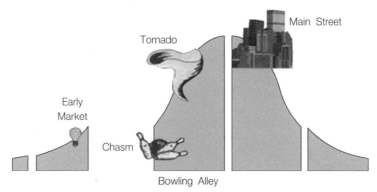

〈 캐즘, 볼링 앨리 및 토네이도 〉

Main Street

Tornado

Early
Market

Chasm

Bowling Alley

　세분화하고, 목표 시장을 선정하는 것, 즉 볼링공의 공격 지점을 결정하는 것은 전통적 마케팅 과정의 '시장 세분화'와 '목표 시장 선정'과 같은 것이다. 기술 창업자는 목표 시장을 확정하고, 세분 시장 고객의 구체적인 필요 (Needs)를 파악하고, 이를 만족시킬 수 있는 '완전 완비 제품(Whole Product)' 을 목표 시장 고객에게 판매하여야 한다.

　초기 시장에서 반응이 좋았다고 하더라도 실용주의자 집단인 전기 다수 시장에서는 좋은 반응을 얻지 못할 수 있고, 작은 이유로도 판매가 부진할 수 있다. 기술 창업자는 자신의 제품을 고객의 요구에 완벽하게 맞춘 완벽한 제품을 만들어야만 전기 다수 시장에서 좋은 실적을 낼 수 있다. 또한 전기 다수 시장의 고객이 원하는 경우에는 부가적인 제품, 무료 교육 등의 서비스 도 제공하여야 한다. 즉 기술 창업자는 자신의 제품과 서비스로 전기 다수 시장의 실용주의자를 완벽하게 만족시켜야 한다. 그렇게 하면, 기술 창업자 는 '토네이도(Tornado)'를 만나게 된다.

　토네이도는 기술 창업자가 볼링 앨리전략에 따라 목표 시장을 집중 타격 함으로써, 추가 핀이 순식간에 쓰러지듯이 발생하는 것이다. 기술 창업자가 미리 준비를 해 두지 않으면 쏟아지는 주문을 잘 소화해 낼 수 없는 지경이 된다. 토네이도가 왔을 때, 기술 창업자는 주문과 배송을 잘 소화하고, 점유 율을 높이기 위하여 최선을 다하여야 한다. 이 시기에는 고객의 다양한 요구를 제품에 반영할 여유가 없으며, 제품의 표준화와 단순화를 통하여, 자신의 제품을 확산시키고, 보급시켜야 한다. 즉 기회가 왔을 때 점유율을 최고로 만들어야 한다.

토네이도가 끝나면, 기술 창업자는 더 이상 중소기업자가 아닌 중견 기업인이 되어 있을 수도 있다. 그 후에는 후기 다수 시장으로 진입하게 되고, 이 시장을 '메인 스트리트(Main Street)'라고 부른다. 이 시기는 기존의 전통적 마케팅에서 중요하게 다루던 문제들이 중요하게 된다. 이하 시장에 대한 더 이상의 설명은 생략하도록 한다.

시장 세분화와 목표 시장

- 기술 창업자는 인터넷, 문서 자료, 통계 자료 등을 통하여 자료 조사를 하고, 잠재 고객에게 설문지나 인터뷰를 통해 자신의 제품이나 서비스에 대하여 의견을 구하여야 한다.
- 기술 창업자는 일정한 기준에 따라 시장을 몇 개의 동질적인 소비자 집단으로 나눌 수 있는데, 이를 시장 세분화(Market Segmentation)라고 한다.
- 기술 창업자가 마케팅에 성공하기 위해서는 하나의 세분화된 시장을 정하고, 그 세분 시장 중에서도 가장 자신에게 적합한 틈새 시장부터 공략하여야 한다.
- "왜 내가 당신의 제품을 사야 하는가?"라는 목표 시장 잠재 고객의 질문에 대하여 기술 창업자는 명확하게 답변하여야 한다.

기술 창업자가 효과적으로 마케팅을 하기 위해서는 시장 조사를 하고, 시장 세분화를 통하여 목표 시장을 결정하고, 잠재 고객에게 제품의 가치를 포지셔닝 하기 위한 전략과 전술을 결정하여야 한다. 또한 이러한 마케팅 계획에 따라 마케팅 활동을 하고, 그 성과를 평가하며, 그 결과를 피드백(Feed Back) 하는 절차에 따라야 한다. 그러나 실제로 기술 창업자는 마케팅 계획을 어떻게 수립하여야 하는지를 잘 모르는 경우가 많고, 마케팅 계획을 수립하였다고 하더라도 이를 문서로 작성하지 않는 경우도 많다.

효과적인 마케팅 계획을 수립하기 위해서는 시장 조사부터 시작하여야 한다. 시장 조사는 자신의 제품이나 서비스를 살 가능성이 있는 잠재 고객이 누구이며, 어디에 있고, 무엇을 원하는지를 알아내는 것이다. 또한 관련 시장의 규모, 경쟁자, 가격, 트렌드 등의 시장 정보도 조사하여야 한다. 기술

〈 마케팅 과정 〉

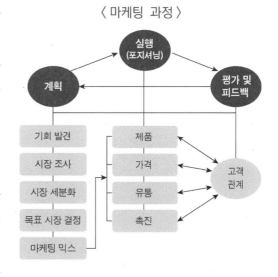

창업자는 인터넷, 문서 자료, 통계 자료 등을 통하여 자료 조사를 하고, 잠재 고객에게 설문지나 인터뷰를 통해 자신의 제품이나 서비스에 대하여 의견을 구하여야 한다. 기술 창업자가 시장에 대한 좀 더 구체적인 정보를 얻고자 할 때 시장 조사 기관을 활용할 수 있다. 또는 시장에 대하여 알고 있는 지인이나 전문가의 의견을 듣는 것도 많은 도움이 된다.

시장 조사는 기술 창업자의 마케팅에 대한 지식이나 경험에 따라 달라질 수 있다.

홍콩의 한 신발 회사가 남태평양 제도에 신발을 팔 시장이 있는지 조사하기 위해 사람을 보냈는데, 그는 "이 섬 사람들은 신발을 신고 다니지 않는다. 여기에는 시장이 없다"고 하였다. 회사는 다시 판매 사원을 보냈는데, 그는 "이 섬 사람들은 신발을 신고 다니지 않는다. 여기에는 엄청난 시장이 있다"라고 보고했다고 한다. 이 경우에 기술 창업자는 어떻게 생각하고 어떻게 대처해야 할까? 기술 창업자는 시장 기회를 주의 깊게 조사하고, 마케팅의 원리에 근거하여, 이 시장이 충분한 수익을 가져다줄 수 있는 시장인지 판단하여야 한다.

시장을 조사하면 각기 다른 욕구를 가진 소비자들로 구성된 서로 다른 작은 시장이 있다는 것을 알 수 있다. 기술 창업자는 일정한 기준에 따라 시장

을 몇 개의 동질적인 소비자 집단으로 나눌 수 있는데, 이를 시장 세분화라고 한다. 이때의 기준은 (1) 혜택: 저가격 또는 고품질 등 유사한 혜택을 추구하는 소비자 집단 (2) 인구 통계적 기준: 거주지, 성별, 연령별, 소득별, 교육 수준별 등 유사한 특성을 가진 소비자 집단 (3) 상황: 제품 사용 상황에 따른 소비자 집단화, 예컨대 상품 사용이 일상적인지, 여행, 출장에 쓰이는 것인지, 비상용인지에 따른 구분 (4) 라이프 스타일(Life Style)로 나눌 수 있다. 또한 관찰 또는 데이터에 의하여 분석된 소비자 구매 행태 등에 따라 시장을 나눌 수도 있다.

기술 창업자는 세분화된 시장 중에서 한 개의 세분 시장을 선택하여야 한다. 여러 개의 시장에서 동시에 마케팅을 진행하기에는 자금, 인력 등의 자원이 빈약한 경우가 많고, 한 개의 세분 시장에 집중을 해야만 그 시장의 고객에 맞는 제품을 만들 수 있으며, 그 시장에 맞는 마케팅을 할 수 있다. 물론 시장이 작기 때문에 경쟁자의 수도 적거나 없을 수도 있다. 그러나 충분한 수익을 낼 수 있는 시장 규모는 되어야 하며, 소비자 욕구의 변화는 없는지, 새로운 경쟁자가 침투하지 않는지에 대하여 늘 경계하여야 한다.

하나의 세분화된 시장을 더욱 좁게 정의된, 특정한 욕구를 가진 소비자 집단으로 나눌 수 있는데, 이를 틈새 시장(Niche Market)이라고 한다. 세분화된 시장 안에는 매우 값비싼 제품을 원하는 고객, 품질이 조금 떨어지더라도 가격이 싼 실용적인 제품을 원하는 고객, 가격이 조금 비싸더라도 독특한 디자인이나 부가적인 기능을 원하는 고객 등 매우 다양하고 세분화된 소비자의 욕구가 있다.

기술 창업자가 마케팅에 성공하기 위해서는 하나의 세분화된 시장을 정하고, 그 세분 시장 중에서 가장 자신에게 적합한 틈새 시장부터 공략하여야 한다. 틈새 시장을 집중 공략하는 집중화 전략은 기술 창업자에게 다음과 같은 기회를 준다, 즉, 개별 소비자들을 친근하게 잘 알 수 있는 기회가 되고, 경쟁자도 없거나 매우 적으며, 고객의 만족은 입소문 마케팅으로 이어질 수 있다. 또한 기술 창업자가 소비자의 욕구를 잘 알고 있으므로, 시장의 욕구를 100% 만족시키는 제품과 서비스로 시장을 장악하고, 충분한 수익을 낼 수 있는 가능성이 높다.

기술 창업자의 제품은 목표 시장의 잠재 고객에게 현금과의 교환을 가능하게 하는 어떠한 가치를 제공하여야 한다. 그 가치는 경쟁 제품과의 차별성, 제품 가격, 품질, 혜택 등에서 생기는 것으로, 고객의 마음속에 있는 제품에 대한 생각이다. 즉, 기술 창업자는 자신의 제품의 핵심적인 혜택과 차별화를 목표 시장 고객의 마음속에 심기 위하여 노력하는데, 이를 제품 포지셔닝(Positioning)이라고 한다. 결국 포지셔닝이란 목표 시장에서 고객이 제품을 구매하려는 마음과 구매 결정을 유도하는 마케팅 요소의 혼합 패키지이다.

불행하게도 기술 창업자에게는 자신의 제품을 포지셔닝할 수 있는 수단이 많지 않다. 포지셔닝의 대표적인 수단은 광고이지만, 몇 차례의 광고로 고객에게 자신의 제품의 핵심 가치를 전달하기는 어렵다. 따라서 기술 창업자는 자신의 세분 시장, 그 중에서도 목표로 정한 틈새 시장에서 제품의 핵심 가치를 고객에게 전달할 수 있는 마케팅 전략을 수립하고 실행하여야 한다. 또한 기술 창업자는 제품의 포지셔닝과 마케팅 전략이 잘 어울리는지, 마케팅 전략을 실행할 자원은 있는지, 이를 지속할 수 있는지를 점검하여야 한다.

고객은 제품이 어떤 가치를 제공하기 전에는 지갑을 열지 않을 것이다. 고객은 "왜 내가 당신의 제품을 사야 하는가?"라고 질문할 것이다. 기술 창업자는 목표 시장 잠재 고객의 이런 질문에 대하여 명확하게 답변하여야 한다. 그렇지 않으면 기술 창업자는 그 시장에서 제품을 판매할 수 없다.

마케팅 믹스의 결정

- 기술 창업자는 제품 포지셔닝을 하기 위하여, 여러 가지 마케팅 도구를 적정하게 혼합하여 사용하는 전술적 마케팅을 실행한다.
- 전술적 마케팅에는 제품(Product), 가격(Price), 유통(Place) 및 촉진(Promotion)의 4P로 구성되는 마케팅 믹스(Marketing Mix)를 사용한다.
- 4P는 고객 입장에서 보면, 고객 가치(Customer Value), 고객 측의 비용(Cost to the Customer), 편리성(Convenience) 및 커뮤니케이션(Communication)의 4C이다.

시장 조사를 하고, 시장을 세분화하여 목표 시장을 정하고, 그 시장의 잠재 고객에게 어떻게 포지셔닝할 것인지를 정하는 것이 마케팅 전략이다. 기술 창업자는 제품의 포지셔닝을 하기 위하여, 여러 가지 마케팅 도구를 적절하게 혼합하여 사용하는 전술적 마케팅 단계로 들어간다.

기술 창업자의 마케팅 활동은 크게 네 가지 요소로 구분할 수 있다. 그것은 1960년대에 McCarthy 교수가 제안한 제품(Product), 가격(Price), 유통(Place) 및 촉진(Promotion)의 4P로 구성되는 마케팅 믹스(Marketing Mix)이다.

기술 창업자는 시장에서 제품을 판매하기 위하여, 제품의 품질, 특성, 디자인, 포장, 보증 등을 결정하고, 가격을 설정하고, 제품의 유통 경로, 유통 범위, 운송 등의 유통 방법과, 광고, 홍보, 인적 판매 등 제품의 판매 촉진 방법을 결정하며, 이 요소들을 자신의 목표 시장에 맞게 적절하게 혼합(Mix)하여 실행하여야 한다. 기술 창업자에게는 4P 중에서 가격 요소를 제외한, 제품, 유통 및 촉진에는 비용이 너무 많이 들기 때문에 4P의 적절한 혼합이 더욱 어렵다. 사실 4P 이외에도 시장 수요에 영향을 미치는 법령의 개정, 여론, 정치적 상황 등 기술 창업자의 마케팅에 영향을 미치는 요소들은 더 많다. 4P는 마케팅 도구인데, 이 도구를 혼합하고 운영하는 주체인 사람(People)을 포함하여 마케팅의 5P라고도 한다.

4P는 시장에서의 판매자인 기술 창업자의 입장에서 본 것인데, 이를 시장 구매자인 잠재 고객(소비자)의 입장에서 본 것이 4C이고, 5P까지 확장하는 경

우에는 5C가 되고, 고객(Customer)이 추가된다. 이를 비교하면 다음과 같다.

〈 5P와 5C의 비교 〉

5P	5C
사람(People)	고객(Customer)
< 4P >	< 4C >
제품(Product)	고객 가치(Customer Value)
가격(Price)	고객 측의 비용(Cost to the Customer)
유통(Place)	편리성(Convenience)
촉진(Promotion)	커뮤니케이션(Communication)

기술 창업자와 고객의 입장은 다르다. 기술 창업자는 제품을 판다고 생각하지만, 고객은 가치 또는 문제 해결책을 구매하는 것이다. 고객은 구매한 가격뿐만 아니라 이를 사용하고, 처분하는데 드는 비용을 포함한 총비용을 가격이라고 생각한다. 고객은 이 제품이 어떻게 유통되었는지 상관없이, 편리하게 사용할 수 있는지에 관심을 갖고 있다. 또한 고객이 원하는 것은 기술 창업자의 일방적인 판매 촉진이 아닌 소통이며, 쌍방향의 커뮤니케이션이다.

마케팅 믹스의 요소인 4P는 서로 보완적인 관계이다. 예컨대, 제품의 품질이 낮으면 높은 가격을 받을 수 없고, 유통도 어려워지며, 여러 가시 촉진책도 힘을 발휘하지 못하는 것은 보완적 관계 때문이다. 4P 요소간에는 상호 의존성이 높기 때문에 목표 시장에 따라 적절한 믹스전략을 신중하게 수립하고 실행하여야 한다. 즉 4P 요소를 적절하게 믹스한 마케팅 전략으로 고객에게 명확한 '가치 제안'을 하여야 한다.

기술 창업자가 신제품을 마케팅하기 위해서 마케팅 믹스를 구성하는 경우를 생각해 보자. 기술 창업자는 먼저 이 제품을 "어느 시장에 내 놓을 것인가?"를 생각하고, 다음으로 이 제품이 "고객에게 어떤 혜택(가치)를 제공하는지?"를 생각한다. 처음에 생각한 시장 중에서 현실적으로 마케팅이 가능한

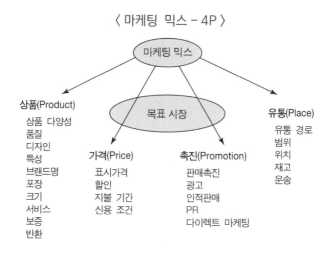

〈 마케팅 믹스 – 4P 〉

마케팅 믹스

목표 시장

상품(Product)
상품 다양성
품질
디자인
특성
브랜드명
포장
크기
서비스
보증
반환

가격(Price)
표시가격
할인
지불 기간
신용 조건

촉진(Promotion)
판매촉진
광고
인적판매
PR
다이렉트 마케팅

유통(Place)
유통 경로
범위
위치
재고
운송

시장을 선택하여 목표 시장을 결정한다. 왜냐하면 자신의 능력을 벗어난 규모의 목표 시장을 선택하면 토네이도를 만나기 어렵기 때문이다. 그 다음에는 자신의 모든 것을 걸고 목표 시장에 집중하기 위한 마케팅 믹스전략을 짠다. 즉, 출시 전에 다시 한 번 포장, 패키지, 제품 라인 등 제품에 대하여 점검하고, 제품 가격을 결정하고, 유통망을 결정, 점검하며, 광고, 유통별 판매 촉진 등 세부적인 판매 촉진 방법을 결정하고, 이를 확인한다.

전략을 선택할 때에는 여러 가지 대안을 놓고 신중하게 검토해야 하는데, 마이클 포터(Michael Porter)는 '비용, 차별화, 집중'이라는 세 가지 핵심 요소를 비즈니스전략에서 선택할 수 있다고 하였다.

기술 창업자의 마케팅 전략은 시장에서 살아남고, 마케팅 전쟁에서 승리하기 위한 '경쟁 우위'를 갖고 있어야 한다. 즉 여러 가지 대안 중에서 '비용 면에서 적정하고, 차별화되어 경쟁력이 있는 전략에 올인'하여야 한다. 또한 이 것이 유지되어야 마케팅 전쟁에서 승리할 수 있다. 경쟁 우위의 요소는 뛰어난 디자인, 뛰어난 품질, 품질 대비 만족스러운 가격, 월등한 고객 서비스, 좋은 브랜드 이미지, 적절한 판매 촉진전략 등이다.

제품과 가격에 관한 결정

- 제품은 소비자 입장에서, 제품과 그와 관련된 서비스, 포장, 편의성, 보증 등 '제품 가치 및 관련된 부가적 가치의 총합'이라고 할 수 있고, 이를 '총 제품 제공물'이라고 한다.
- 기술 창업자는 특별한 경우 이외에는, 목표 시장의 고객이 기대하는 가격과 품질의 범위를 벗어나서 제품을 판매해서는 안 된다.
- 고객이 주도권을 갖고 있는 오늘날의 시장에서는 원가에 근거한 가격책정은 무의미하고, 고객에게 제공하는 가치에 근거하여 가격이 책정되어야 한다.
- 기술 창업자가 목표 시장에서 취할 수 있는 가격정책은 시장 침투 가격전략이나 스키밍(Skimming)전략이다.

기술 창업자가 판매하는 제품은 소비자 입장에서, 제품과 그와 관련된 서비스, 포장, 편의성, 보증 등 '제품 가치 및 관련된 부가적 가치의 총합'이라고 할 수 있고, 이를 '총 제품 제공물'이라고 한다. 총 제품 제공물에는 기술 창업자의 마케팅 전략이 담겨 있고, 합리적인 소비자는 총 제품 제공물을 평가하고 비교하여 구매를 결정할 것이다.

기술 창업자는 차별화된 제품과 싼 가격, 확실한 보증제도, 빠른 배송 등 만족할 만한 서비스 등으로 구성된 매력적인 총 제품 제공물로 소비자를 만족시킬 수 있다. 따라서 마케팅에 있어서의 '제품'은 소비자의 입장에서의 '총 제품 제공물'로 이해하여야 한다. 제품 즉 총 제품 제공물은 비즈니스에서 기본이 되는 것이며, 기술 창업자는 제품을 더 우월하게 차별화함으로써 목표 시장에서 경쟁사보다 높은 가격을 받을 수 있다.

고객은 일반적으로 사회적, 심리적 영향에 기인한 일정 수준의 가격과 품질을 기대한다. 가격과 품질에 대한 일정한 기대 수준은 세분화된 시장에 따라 달라질 수 있다. 따라서 기술 창업자는 특별한 경우 이외에는, 목표 시장의 고객이 기대하는 가격과 품질의 범위를 벗어나서 제품을 판매해서는 안 된다. 특정 시장에 속한 대부분의 소비자들은 가격과 제품의 품질에 대하여 비슷한 시각을 갖고 있기 때문이다.

일반적으로 제품의 가격 책정은 원가에 근거한 방법과 가치에 근거한 방법이 있다. 이론적으로는, 제품의 원가에 이윤을 더하여 가격을 책정할 수 있고, 그 가격이 고객이 제품에 대하여 지불하고자 하는 최고의 가격 이하라면 판매는 가능할 것이다. 또한 이윤을 좀 적게 해서, 더 낮은 가격을 제시하면 좀 더 많은 수량을 판매할 수 있을 것이다. 과거에 없었던 신제품이 아니라면, 이미 시장에서는 가격 수준이 결정되어 있다. 따라서 기술 창업자는 동일한 품질의 제품을 시장 가격보다 낮은 가격을 제시하고 시장에 진입하거나, 제품의 차별화, 즉 디자인, 유통 방법, 제품 패키지, 판매 촉진 방법 등에 의하여 고객에게 새로운 가치를 추가함으로써 동일한 가격 또는 다소 높은 가격으로 제품을 판매할 수 있을 뿐이다. 따라서 고객이 주도권을 갖고 있는 오늘날의 시장에서는 원가에 근거한 가격 책정은 무의미하고, 고객에게 제공하는 가치에 근거하여 가격이 책정되어야 하며, 이 가격에 의하여 판매량이 결정될 것이다.

기술 창업자가 목표 시장에서 취할 수 있는 가격 정책은 시장 침투 가격(Market Penetration Pricing)이나 스키밍(Skimming)전략이다.

시장 침투 가격은 시장에 신규 진입하기 위하여, 비슷한 품질의 제품을 경쟁사보다 낮은 가격으로 책정하여 시장에 '침투'하는 것이다. 그러나 기술 창업자의 침투를 저지하기 위하여 시장의 경쟁자가 더 낮은 가격으로 대응하는 경우에는 시장 진입에 어려움을 겪게 되고, 그 가격이 기술 창업자에게 손해가 나는 가격이라면 시장 진입을 할 수 없게 된다. 따라서 기술 창업자는 제조 방법의 효율성 등으로 원가에서의 우위를 갖고 있지 않다면 시장 침투전략을 사용할 수 없다. 침투 가격전략도 판매 촉진을 많이 하여, 신속하게 시장 점유율을 확보하고자 하는 '신속 침투 가격전략'과 판매 촉진을 적게 하는 '서행 침투 가격전략'으로 나눌 수 있다.

스키밍전략은 기술 창업자가 높은 가격을 제시하더라도 그 제품의 가치를 인정하고 구매를 하는 고객이 존재하는 경우에 사용하는 고가전략이다. 구매 고객은 욕구를 충족시켜 주는 새로운 제품에 대하여 가격에 연연하지 않고 구매한다. 주로 혁신적이고 새로운 기술을 사용한 제품의 가격을 결정할 때 쓸 수 있는 가격 정책이다.

'신속 스키밍전략'은 경쟁에 대응하여 재빨리 목표 시장 점유율을 확보하기 위하여, 높은 가격으로, 광범위하고 집중된 판매 촉진을 하는 것이다. 반면에 '서행 스키밍전략'은 심각한 경쟁자가 없다고 판단하여, 높은 가격으로, 판매 촉진을 적게 하면서 서서히 목표를 달성하는 전략이다.

가격전략은 방어적인 전략도 있고, 공격적인 전략도 있으며, 시장이 초기 시장인지, 성장기 시장인지, 성숙기나 쇠퇴기 시장인지에 따라 다르다. 기술 창업자는 기존 시장에 유사한 제품으로 '침투'하는 것인지, 혁신적인 새로운 제품으로 시장을 만들어 가야 하는지, 기존 제품과는 상당히 개선된 제품으로 시장에 뛰어 들어 고객을 확보해야 하는지에 따라 다양한 제품 – 가격 믹스를 사용할 수 있다.

대부분의 경우에 기술 창업자는 하나의 목표 시장에 집중하고, 그 시장에서 하나의 가격으로 승부하여야 하지만, 두 개 이상의 세분화된 목표 시장을 공략하는 경우에는 서로 다른 가격을 사용할 수 있다. 그러나 수출의 경우와 같이 가격 정보가 노출되지 않는 경우가 아니라면, 가격 정보가 공개되기 때문에 완전히 동일한 제품을 다른 가격으로 판매할 수는 없다. 이런 경우에는 여러 가지 옵션과 추가 요소를 부착하여 '제품 라인'을 만들 수 있고, 이 제품 라인 안에서 각각의 제품별로 가격을 다르게 할 수 있다. 물론 하나의 목표 시장 안에서도 하나의 제품 라인을 만들어 판매할 수 있으나, 초기 시장에서는 이러한 전략의 필요성이 없는 경우가 많다.

유통에 관한 결정

- 기술 창업자는 제품을 목표 시장의 고객에게 적절한 시간에, 접근 가능한 위치에서, 적절한 수량으로 제공하여야 한다. 이러한 기능을 수행하는 것을 유통 경로라고 한다.
- 유통 경로는 기술 창업자가 제품을 직접 판매하거나, 중간 상인을 통하여 판매하는 두 가지 방법이 있으며, 이 두 가지 방법을 모두 사용할 수도 있다.
- 기술 창업자는 텔레마케팅, 각종 통신 판매, TV 홈쇼핑, 인터넷 판매, 방문 판매 등의 다이렉트 마케팅으로 제품을 판매하고, 전문 물류 시스템을 이용하여 택배하며, 고객 데이터를 축적, 관리함으로써 자체적인 다이렉트 마케팅 시스템을 통한 고객 관계 마케팅을 실현할 수 있다.

기술 창업자는 자신의 제품이 목표 시장에서 고객에게 구매되고, 사용될 수 있도록 하는 방법을 결정하여야 한다. 기술 창업자는 제품을 목표 시장의 고객에게 적절한 시간에, 접근 가능한 위치에서, 적절한 수량으로 제공하여야 한다. 이러한 기능을 수행하는 것을 유통 경로라고 한다. 유통 경로는 마케팅 믹스의 결정과는 다르게 기술 창업자가 독자적으로 결정하기가 어렵다. 왜냐하면 유통 경로를 만들기 위해서는 많은 투자를 하여야 하기 때문이다. 따라서 기술 창업자는 가능한 범위 내에서 고객에게 높은 만족을 줄 수 있는, 최적의 유통 경로를 결정하여야 한다.

유통 경로는 기술 창업자가 제품을 직접 판매하거나, 중간 상인을 통하여 판매하는 두 가지 방법이 있으며, 이 두 가지 방법을 모두 사용할 수도 있다.

기술 창업자가 제품을 직접 판매 하는 경우는 암웨이와 같은 '다단계 마케팅'이나 타파웨어와 같은 '파티 판매' 등과 같이 특수한 마케팅을 제외하고는 다음과 같은 방법이 있다.

(1) 고객을 직접 방문하여 판매하거나, 일정 장소로 오도록 하여 판매
(2) 신문, 잡지, 라디오, TV 등에서 판매를 제안하여 주문을 받는 방법
(3) TV 홈쇼핑 프로그램에서 판매
(4) 자사 홈페이지, 인터넷 쇼핑몰 등을 통한 판매

(5) 카탈로그 발송 등의 우편 주문 판매

(6) 전화로 영업하는 텔레마케팅

(7) 자동 판매기나 자사 매장에서 판매

기술 창업자가 중간 상인을 통하여 판매하는 경우는 중간 상인에게 유통 마진을 주고 기존에 만들어진 유통 채널을 이용하는 것이다. 이 경우에는 중간 상인과 거래 계약을 함으로써 분쟁의 발생을 예방할 수 있다.

중간 상인에는 도매상과 소매상이 있다. 도매상은 고객과 직접 거래하지 않고 이미 거래 관계가 있는 일정한 소매상들과 거래하므로, 제품을 대규모로 유통시킬 수 있으나, 높은 유통 마진을 주어야 한다.

소매상은 최종 소비자에게 제품을 판매하는 접점이다. 소매상의 유형은 다음과 같다.

(1) 편의점 (2) 슈퍼마켓 (3) 전문점: 한정된 제품 계열에서 다양한 제품을 취급, 의류점, 운동구점, 서점 등 (4) 백화점 (5) 할인점: 이마트, 홈플러스 등 (6) 대형 소매점: 의류, 생활용품 등을 다품종 대량 판매, 하이마트 등 (7) 재래 시장: 동대문 시장 등 (8) 카테고리킬러: 할인형 전문점, 대량 구매와 대량 판매로 가격이 저렴함 (9) 무점포 소매점: 방문 판매 업체 (10) 통신 판매 업체: 우편 판매, 카탈로그 판매, 인터넷 쇼핑몰, TV 홈쇼핑 등

기술 창업자는 도, 소매상 등의 중간 유통 채널을 선택할 때 다음 사항을 고려하여야 한다.

(1) 시장 장악력: 유통 채널의 보유 고객이 자신의 목표 시장의 고객인가?, 고객의 숫자는 얼마인가? (2) 매출 예측: 얼마나 많은 제품을 팔 수 있는가?, 최악의 매출은?, 공급할 제품 수량과 자신의 재고량은? (3) 비용: 할인 등 촉진 비용, 유통 수수료, 마케팅 지원 비용, 재고 투자 비용 등 (4) 특별한 사항: 목표 시장의 고객이 기술적 조언, 설치, 빠른 배송 등 특별한 사항을 요구하는가?, 이를 공급업자가 대응할 수 있는가? (5) 해당 유통 채널을 통한 수익성 (6) 마케팅 관리: 제품의 전시와 배치, 문제점 발견과 대응, 체계적 관리 여부, 기술 창업자가 영향력을 발휘할 수 있는지 여부 (7) 동기부여: 제

품에 대한 흥미나 판매하고자 하는 열정 (8) 명성: 유통 채널의 영업 실적, 평판, 신뢰도, 재무 안전성 등 (9) 경쟁: 경쟁사의 제품을 같이 취급하고 있는가? (10) 계약: 배타적인 계약 사항을 요구하는가?, 불평등한 계약인가?

기술 창업자에게 유통이 중요한 이유는 매출, 이윤 및 경쟁력에 영향을 미치기 때문이고, 제품의 인도 또는 배달을 통하여 고객 만족에 영향을 미치기 때문이다. 즉, 유통이 없다면 매출도 없고, 고객 만족도 없다. 따라서 기술 창업자는 자신의 제품을 적절한 여러 가지 채널을 선택하여 판매하여야 한다. 할인점 등의 대형 소매업자를 이용하면서, 동시에 독립 소매업자, 도매상 등의 유통 채널을 이용하기도 한다. 또는 직접 소비자에게 제품을 판매하고 유통시키기도 한다. 오늘날에는 인터넷, 스마트폰 등 통신의 발달로, 기술 창업자가 자신의 제품을 목표 시장의 고객에게 직접 판매하는 다이렉트 마케팅이 점점 더 중요하게 되었다. 기술 창업자는 텔레마케팅, 각종 통신 판매, TV 홈쇼핑, 인터넷 판매, 방문 판매 등의 다이렉트 마케팅으로 제품을 판매하고, 전문 물류 시스템을 이용하여 택배하며, 고객 데이터를 축적, 관리함으로써 자체적인 다이렉트 마케팅 시스템을 통한 고객 관계 마케팅을 실현할 수 있다. 그러나 기술 창업자가 다이렉트 마케팅을 실현하기 위해서는 당장 많은 비용이 들기 때문에 유통 경로의 결정이 쉽지 않고, 도소매상 등의 다른 유통 경로를 선택하는 경우에도, 대부분은 결정의 주도권을 유통업체가 갖고 있으므로 여러 가지 어려움을 겪는다.

촉진에 관한 결정

- 기술 창업자는 제품의 촉진을 위하여, 광고, 인적 판매, 홍보, 판매 촉진 등의 전통적인 촉진 기법과 이메일 촉진, 휴대폰을 활용한 모바일 촉진, 소셜 네트워킹, 블로깅, 팟캐스팅 등을 활용할 수 있다.
- 기술 창업자는 광고가 얼마나 많은 목표 시장의 고객에게 도달할 수 있는지, 그렇게 하기 위해서는 어느 정도의 빈도로 광고해야 하는지, 나의 광고 예산은 얼마인지를 고려하여 광고 매체를 정하여야 한다.
- 기술 창업자는 목표 시장 고객에게 샘플을 나누어 주거나, 사용할 수 있는 기회를 주고, 가격 할인, 할인 쿠폰, 경품 제공, 무이자 할부 등의 판매 촉진을 해야 한다. 그러나 경쟁사의 즉각적인 반격을 초래할 수 있다.
- 입소문은 인터넷상에서 수많은 사람들에게 쉽게 소문을 퍼뜨릴 수 있기 때문에 매우 효과적이다.

촉진(Promotion)은 판매자가 잠재 고객으로 하여금 제품을 구매하도록 동기를 부여하는 모든 기법을 말한다. 기술 창업자는 제품의 촉진을 위하여 다양한 기법을 활용할 수 있다. 광고, 인적 판매, 홍보, 판매 촉진(Sales Promotion) 등의 전통적인 촉진 기법과 이메일 촉진, 휴대폰을 활용한 모바일 촉진, 소셜 네트워킹, 블로깅, 팟캐스팅 등의 촉진 기법이 있다. 기술 창업자는 이러한 촉진 기법을 사용하여 종합적이고 통일된 촉진 전략을 만들어 실행함으로써 제품의 포지셔닝을 강화하고, 구매 동기를 유발하고, 고객과 커뮤니케이션을 할 수 있으며, 고객의 필요를 충족시킬 수 있다.

기술 창업자가 쓸 수 있는 여러 가지 촉진 기법을 알아보자.

(1) 광고

광고는 기업, 상품, 서비스, 아이디어 등에 대한 인지도를 높이는데 필요한 촉진 도구이다. 비용을 고려한 도달율(메시지의 침투율)이라는 면에서는 상당히 효율적이다. 그러나 인쇄물, 방송 등을 통한 광고가 너무 많고, 내용도 흥미로운 것이 많지 않기 때문에 TV 광고조차도 점점 짧아지고, 광고가 나오는 순간 다른 채널로 이동하는 소비자가 많아지고 있다.

광고의 종류는 인쇄물, TV 등 방송, 인터넷, 광고 게시판 등 옥외 광고, 영화 및 무대에서의 광고, 팸플릿 및 소책자, 포스터, 전단지, 전화번호부, 지하철 등 교통 광고, 전시, 점포 내 광고 등으로 다양하다. 광고는 한정된 목표 시장을 겨냥하여 집중할 때에는 효과적으로 촉진할 수 있다. 예를 들면 낚시 용품 광고를 낚시 전문 잡지에 지속적으로 광고하고, 낚시장 내에 제품 포스터 게시, 전단지 배포 등으로 목표 시장의 고객에게 최대한 집중하여 광고를 노출시켜야 한다.

광고만을 실시하는 경우에는 광고의 효과를 알 수 있으나, 다른 촉진 도구와 함께 사용하는 경우에는 각각의 촉진 효과를 잘 알기 어렵다. 광고는 매체, 메시지, 목적, 예산 등에 따라 효과가 달라질 수 있으나, 목표 시장의 고객에게 인지시키고, 관심을 갖게 하고, 사고 싶은 욕망이 생기게 하고, 구매하게 하는 것을(AIDA: Awareness, Interest, Desire, Action) 단계적으로 가능하게 한다. 기술 창업자는 광고가 얼마나 많은 목표 시장의 고객에게 도달할 수 있는지, 그렇게 하기 위해서는 어느 정도의 빈도로 광고해야 하는지, 나의 광고 예산은 얼마인지를 고려하여 광고 매체를 정하여야 한다.

(2) 판매 촉진

대부분의 광고는 고객에게 인지 또는 관심 등으로 마음에 작용한다. 그러나 판매 촉진은 고객의 구매 행동에 영향을 미치는 광범위한 인센티브의 집합으로 구성되어 있다. 세일을 한다거나, 한 개 가격으로 두 개를 살 수 있다거나, 경품을 받을 수 있다거나, 상품권을 증정한다거나 하는 것을 알게 되면 고객은 행동한다.

판매 촉진의 방법은 콘테스트, 게임, 추첨, 복권, 선물 증정, 샘플 제공, 무료 박람회나 시사회 초대, 할인 쿠폰 증정, 오락 제공, 무이자 할부 혜택, 현금 할인, 가격 인하 등 다양한 방법이 있다.

판매 촉진은 성장기나 성숙기 시장에서는 세일 선호 고객을 불러들이고, 효과가 별로 없는 것으로 알려져 있으나, 초기 또는 도입기 시장에서는 효과적인 수단이다. 초기 시장에서 기술 창업자는 판매 촉진을 하지 않을 수 없다. 기술 창업자는 새로운 제품이거나, 광고가 많이 되지 않아 소비자가 알지 못하는 제품을 판매하여야 하기 때문이다. 따라서 기술 창업자는 목표 시장 고객에게 샘플을 나누어 주거나, 사용할 수 있는 기회를 줌으로써 내 제품을 알게 하여야 한다. 또한 가격 할인, 할인 쿠폰, 경품 제공, 무이자 할부 등으로 신속하게 매출을 증대시켜야 한다. 그러나 판매 촉진은 경쟁사가 동일한 수단으로 즉각적인 반격이 가능하기 때문에 자칫하면 판촉 경쟁으로 수익성 악화를 초래할 수 있다.

판매 촉진은 기업 내부와 외부 모두에서 중요하다. 고객과의 접점에 있는 기업 내부 및 관계사의 종업원들에게 제품에 대한 열정을 불러 일으켜야 하고, 유통업자와의 관계를 긴밀하게 하여 제품의 판매 촉진을 도와야 한다.

(3) 홍보(PR: Public Relations)

홍보는 고객과 사회에 기업이나 제품을 바람직하게 알리고, 좋은 관계를 만들기 위한 각종 활동을 말한다. 특히 기업이나 제품을 신문 등의 인쇄 매체나 방송 매체의 뉴스나 논설 등의 형태로 다루게 함으로써 결과적으로 무료로 광고 효과를 얻는 것을 의미한다, 이를 퍼블리시티(Publicity)라고 한다.

신문이나 잡지, TV에서 기사를 뉴스로 보도할 경우에 독자들은 그 기사를 사실로 받아들이고, 광고보다 더 신뢰하고 믿는다. 또한 광고와는 달리 무료이다. 그러나 퍼블리시티를 하기 위해서는 상당한 기술이 요구된다. 기사 내용이 흥미롭고, 뉴스거리가 되지 않는다면 기사로 다루어지지 않을 것이다. 따라서 기술 창업자는 늘 퍼블리시티를 통하여 홍보를 할 수 있는 이야깃거리를 생각하고 준비할 필요가 있다. 퍼블리시티를 통한 홍보 효과는 매우 뛰어나다. 특히 목표 시장에서 새로운 하이테크 제품을 출시한 경우에는 뛰어난 광고보다 훨씬 더 많은 영향력을 행사한다.

홍보의 종류는 PENCILS라는 약어로 분류할 수 있다.

P= Publications(출판): 사보, 재무 등의 연례 보고서, 회사나 제품 브로슈어

E= Event(이벤트): 운동 경기, 예술 행사, 특정 행사의 후원

N= News(뉴스): 창업자, 회사, 종업원, 제품에 관한 호의적인 기사들

C= Community Involvement Activities(지역 사회 관련 활동): 지역과 관련된 기부, 자선 등의 활동

I= Identity Media(이미지 통합): 회사 유니폼, 로고, 명함

L= Lobbying Activities(로비 활동): 입법이나 판정에 영향을 미치는 활동

S= Social Responsibility Activities(사회적 책임 활동): 기업의 사회적 책임과 활동

(4) 인적 판매

기술 창업자는 다이렉트 마케팅을 위하여 영업 사원을 고용하여 판매할 수 있다. 큰 기업에 부품, 소재를 납품하는 B2B 기업은 인적 판매가 가장 중요한 촉진 도구이다.

영업 사원은 고객의 관심 사항을 알아내고, 질문과 이의제기에 대답하는 등 고객을 응대함으로써 판매를 이끌어낸다. 영업 사원의 중요성은 기술적인 수준이 높은 전문 영업이나 제품과 서비스가 복잡할수록 그 필요성이 높다. 흔히 최고의 영업 사원은 평균적인 영업 사원의 5배 내지 10배를 판매한다고 한다. 따라서 급여와 복지 수준을 높이더라도 최고의 영업 사원을 고용하는 것이 언제나 좋은 선택이다. 그러나 인적 판매는 좋은 성과에도 불구하고 마케팅 커뮤니케이션 도구 중에서 가장 비용이 많이 든다. 따라서 기술 창업자는 텔레마케팅을 할 것인지, 방문 판매를 할 것인지 등 인적 판매의 종류와 방법을 정하고, 자신의 품목과 예산을 고려하여 효율적인 인적 판매의 기획과 실행을 하여야 한다.

(5) 입소문(구전) 촉진

입소문 촉진은 사람들이 자신이 구매한 제품에 대하여 다른 사람들에게 이야기하는 것이다. 입소문은 가장 효과적인 촉진 기법 중 하나이다. 특히

인터넷상에서는 수많은 사람들에게 쉽게 소문을 퍼뜨릴 수 있기 때문에 더욱 효과적이다. 더구나 손 안의 스마트폰이나 인터넷으로 통신이 자유롭고 빈번한 우리나라의 환경에서는 입소문은 제품의 촉진에 있어서 매우 중요하다. 입소문 촉진의 목표는 제품과 브랜드, 광고 등에 대하여 더욱 더 많은 사람이 우호적으로 말하게 하는 것이고, 그 결과로 그 제품을 구매하도록 하는 것이다. 기술 창업자는 우호적인 입소문을 만들기 위해서 효과적인 촉진 방법을 결정하고 실행하여야 한다.

바이럴 마케팅(Viral Marketing)은 제품에 대해 다단계의 판매 체계를 조성하기 위하여 인터넷상에서 트위터 등을 통하여 제품에 대한 긍정적인 말을 하는 고객에게 돈을 포함한 협찬 등을 하는 것이다. 많은 기업들이 자사의 제품을 다른 사람에게 우호적으로 말하는 사람에게 협찬을 함으로써 입소문을 만들어낸다. 협찬은 무료 티켓, 작은 기념품, 티셔츠, 할인 티켓 등으로 제품을 선전하는데 협력한 사람에게 제공되는 것이다.

기술 창업자는 다른 고객이 제품에 대하여 칭찬하는 문구나 추천사, 사용 후기를 인터넷상에서 노출하거나, 제품을 칭찬하는 문구 등을 잠재 고객에게 보낼 수 있다. 또한 자신의 제품에 대한 긍정적인 입소문을 위하여 온라인 포럼, 채팅방, 카카오톡, 게시판, 블로그, 팟캐스팅, 이메일 등을 이용할 수 있다.

블로그(Blog)는 웹페이지처럼 보이지만 훨씬 만들기 쉽고, 글, 사진이나 다른 사이트로 링크를 업데이트 하기가 용이하다. 팟캐스팅은 인터넷을 통하여 오디오나 비디오 프로그램을 유통시키는 도구이다. 즉 팟캐스팅을 통하여 자신만의 라디오 프로그램을 만들고 뉴스 프로그램을 만들고 이를 제공할 수 있게 되었다. 또한 유튜브에 비디오를 올려서 성공적인 제품 촉진 활동이 가능하다.

신제품이나 기업의 소개를 이메일이나 문자 메시지로 전송할 수 있으나, 고객은 너무나 많은 불필요한 이메일 광고나 문자 메시지를 받기 때문에 이메일이나 문자 메시지의 촉진 효과가 거의 없다고 할 수 있다. 기술 창업자는 긍정적인 입소문을 위하여 가능한 모든 촉진 수단을 검토하고 선택하며, 이를 제품 촉진에 활용할 수 있으나, 창조적으로 촉진하지 않으면 커다란 효과를 보기가 어렵다.

수출과 글로벌 마케팅

- 기술 창업자는 혁신적이고 새로운 제품이나 개선된 제품을 목표 시장의 고객에게 판매하여야 하지만, 목표 시장은 우리나라에만 있는 것은 아니다.
- 기술 창업자는 정부의 수출 지원 프로그램을 통하여, 해외 목표 시장 선정부터 바이어와의 수출 협상, 수출 계약, 통번역 지원 등 실제 수출 단계에서 겪는 애로사항 등 실무적인 문제까지 전문 컨설턴트의 도움을 받을 수 있다.

세계에는 넓고 다양한 시장이 존재한다. 기술 창업자는 혁신적이고 새로운 제품이나 개선된 제품을 목표 시장의 고객에게 판매하여야 하지만, 목표 시장은 우리나라에만 있는 것은 아니다. 정보 통신의 발달은 자신에게 맞는 목표 시장이 해외의 여러 나라에 있다는 정보를 확인할 수 있게 해 준다. 때로는 기술 창업자의 제품의 국내 시장 규모가 너무 작거나, 국내 고객에게는 마케팅 환경의 영향 등으로 판매가 어렵기 때문에, 해외로 수출하지 않으면 안 되는 경우도 있을 수 있다. 물론 국내의 까다로운 소비자에게 판매할 수 있는 제품이라면 해외의 대부분의 국가에도 판매할 수 있을 것이다. 따라서 기술 창업자는 자신의 제품을 국내의 목표 시장은 물론이고, 해외에도 수출하여야 한다.

우리나라는 2011년 이후 작년까지 3년 연속으로 무역에서 1조 달러를 달성하였고, 수출 금액, 무역 흑자 규모의 3개 부문에서 최대치를 갱신하였으며, 2013년 수출은 5,597억 달러로 세계 7위이다. 그러나 중소, 중견 기업의 약 2.7%만이 수출을 하고, 전체 수출액의 33%를 차지하고 있다.

정부는 중소기업의 수출을 증대하기 위하여, 내수기업의 수출 기업화 프로젝트를 본격화하기로 했다. 내수기업 및 수출 50만 달러 이하 수출 초보기업을 대상으로 초기 수출 실무 컨설팅에서 수출 계약까지 전 단계에 걸쳐 일대일로 서비스를 지원한다.

정부는 이러한 프로젝트를 통하여 8만7000여개의 수출 중소기업을 2017년까지 10만개로 늘린다는 계획에 따라 대한무역진흥공사(KOTRA)와 함께 수출 후보기업을 집중적으로 발굴할 계획이고, 2014년에는 700개 기업을 선정, 지원할 예정이다.

수출에는 무역상사 등을 통한 간접 수출과 기업이 직접 수출하는 직접 수출이 있다.

기술 창업자는 해외 시장 정보도 없고, 자신의 제품을 구매할 바이어가 누구인지, 그 바이어에게 어떻게 수출해야 하는지에 대하여 잘 모른다. 그러나 기술 창업자는 이러한 수출 지원 프로그램을 통하여 자신의 제품을 해외의 목표 시장의 고객에게 수출하여 판매할 수 있다. 기술 창업자는 해외 목표 시장 선정부터 바이어와의 수출 협상, 수출 계약, 통번역 지원 등 실제 수출 단계에서 겪는 애로사항 등 실무적인 문제까지 전문 컨설턴트의 도움을 받을 수 있다. 2013년에는 스팀다리미 생산업체인 광림전자, 물걸레 청소기를 생산하는 아너스 등이 정부의 수출 지원 프로그램의 도움을 받아 직접 수출에 성공했다.

〈 대한무역진흥공사 홈페이지 〉

인류에 편의와 행복을 제공하는
초일류 생활과학 기업으로 성장하겠습니다.

여러분의 사랑으로 스팀청소기로 시작한 작은 기업이 어엿한 중견기업이 되었습니다.
이제, 한경희생활과학은 제 2의 도약을 시작하려 합니다. 지금까지 스팀기술을
기반으로한 생활가전 전문기업이었다면 이제는 화장품 및 주방용품으로 사업을
다각화 시키고 본격적인 해외시장 공략에 나설 것입니다. 화장품 분야는 2007년
H.CARE라는 별도법인으로 런칭한 오앤(O&) 브랜드가 고속성장을 이루었으며,
2009년 5월 한경희뷰티로 새롭게 런칭하였습니다. 가전 분야로는 살균기,
음식물 처리기 및 친환경 쿡웨어까지 확장하고 있습니다.

♦ (주)한경희생활과학 한경희 사장

　　1999년 집 담보로 마련한 자금으로 사업을 시작한 한경희 사장은 기술에 대한 것을 제외한다면, 지식이나 경력 등 창업자의 역량 면에서 매우 뛰어났다. 해외 MBA를 통한 경영 지식, 호텔, 부동산 회사, 유통업체 등에서의 마케팅 경험 등은 한 사장이 사업시스템을 구축하고, 그 과정에서 발생하는 문제에 대하여 올바른 판단을 할 수 있게 만들어준 원천이었다. 다만 초기에는 기술적 또는 제조에서 발생하는 문제 해결이 쉽지만은 않았고, 초기 시장이 아닌, 캐즘(Chasm)을 넘어 통할 수 있는 완전 제품을 만드는데 무려 4년이 걸렸다.

　　또한 해당 기술의 전문가가 아니었기 때문에, 초기 제품 개발을 종업원이나 협력 회사에 의뢰할 수밖에 없었다. 그러나 한 사장은 제품에 전력(全力)함으로써, 자기 제품이나 기술을 잘 이해하였고, 결국 완전한 제품을 만들었다. 사장이 자신의 제품이나 기술을 잘 이해하고 있지 못하면 사업

이 늘 위태로울 수밖에 없다.

기술 창업자는 사업시스템을 만들고, 그 시스템에 대하여 충분히 이해하고 있고, 그 시스템을 운영할 만한 충분한 경험과 역량이 있어야 성공할 수 있다. 지금 한경희 사장은 중견기업의 뛰어난 오너이고, CEO로서 자신의 사업시스템을 잘 발전시키고, 잘 운영하고 있다.

한 사장의 기술 창업 성공 과정을 살펴보자.

젊은 시절에는 자유를 원했고, 일에 대한 열정이 넘쳤으며, 언젠가는 내 사업을 하고자 했던…, 멋있고 매력적인 주부이며, 우리나라 교육부의 사무관이었던, 한경희는 집안 일, 특히 '걸레질을 쉽고, 효율적으로 할 수 없을까?' 하고 생각하게 되었고, '서서 청소가 가능한 스팀이 나오는 대걸레'를 만들자고 결심하였다.

시장 조사를 해보고 승산이 있다고 판단한 한 사장은 교육부를 사직함으로써, 보장된 미래를 거부하였고, 서른 여섯에 기술 창업자가 되었다.

시제품이 나왔으나 실패였고, 완전한 제품을 만들기 위해서 모든 방법을 다 동원했지만 쉽지 않았다. 처음 집을 담보로 조달한 자금을 다 쓰게 되자, 자금을 조달하기 위해서 정부기관과 금융기관을 찾아 다녀야 했고, 간신히 지원을 받아 제품 개발에 다시 도전하였다. 도전과 실패를 반복하면서, 제품은 조금씩 완전하게 되었고, 마침내 시장에 스팀 청소기를 출시하였다.

스팀 청소기가 출시되었지만 제품은 팔리지 않았고, 멋없고 투박한 제품 디자인을 세련되게 바꾸어 새롭게 출시했지만, 여전히 제품은 팔리지 않았다. 제품에 대한 테스트를 꼼꼼히 하고, 몇몇 기능상의 부족한 점을 보완하다 보니 많은 비용이 소요되었지만, 드디어 완벽한 스팀 청소기를 만드는데 성공하였다.

유통 채널로 홈쇼핑을 선정하여 방송을 시작하였고, 제품의 판매량이 점점 늘어나기 시작하였다. 제품을 사용해 본 고객들의 반응은 매우 좋았으며, 그들의 입소문은 무서운 힘을 발휘하였다. 홈쇼핑 방송 중에 주문 수량이 9천 대에 이르렀는데, 전화량 폭주로 자동 주문 시스템이 다운되었다. 토네이도가 온 것이다.

한 사장이 운이 좋아서 성공하게 된 걸까? 한 사장은 저서에서 다음과 같이 이야기하였다. "물론 방송은 우연히 찾아온 행운이었음에 분명하다. 하지만 그 우연을 행운으로, 필연으로 만들어낸 비결은 어디까지나 노력이었다. 지난한 과정을 버텨가면서 제품의 완성도를 높였기에 어느 날 찾아온 행운을 누릴 수 있었다."

노력의 결과라는 한 사장의 말은 지당하다. 지금의 마케팅 환경에서 완전한 제품이 아니면 주문이 쇄도할 수가 없다. 완벽한 제품이 없었다면, 성공도 없었을 것이다.

"한경희 스팀 청소기는 이렇게 만들어졌다. 셀 수도 없이 숱한 실패를 거치면서, 그 실패들을 계속 수정하고 보완하면서 그렇게 간신히 세상에 나올 수 있었다. 도무지 끝이 보이지 않는 실패의 나날을 견딜 수 있었던 힘은 한 가지. 실패할 때마다 배우고 깨닫는 점이 있었기 때문이다. 실패는 기회의 또 다른 이름이었다. 무엇이 문제인지 파악할 수 있었고, 이를 통해 새로운 길을 모색할 수 있었다. 실패없이 성공가도를 달릴 수 있다면 그만큼 좋은 일도 없겠지만, 현실적으로 불가능한 일. 결국 실패를 어떻게 활용하느냐가 성공의 관건이 아닐까."

말수가 적은 편인 한 사장이 유일하게 직원들에게 하는 잔소리는 다음과 같다. "여러분, 수익을 올리는 것도 좋지만 그보다 중요한 건 고객 서비스입니다. 여러분의 보스는 제가 아니에요. 고객입니다. 월급을 누가 줄까요? 저요? 아닙니다. 고객이 우리 제품을 사주지 않으면 저라고 별수 있나요. 손가락을 빠는 수밖에요. 그러니 고객 한 분 한 분이 여러분에게 월급을 주는 보스라는 생각으로 정성을 다해 주세요."

한 사장은 2007년 미국 홈쇼핑 채널 QVC에 'HANN'이란 브랜드로 스팀 청소기를 판매하여 놀랄 만한 매출 실적을 기록하였고, QVC가 선정한 '라이징 스타(Rising Star)'가 되었으며, 2011년에는 미국 시어스(Sears) 백화점에도 입점하였다.

한 사장은 스팀 청소기 외에도 생활을 바꾸는 혁신적인 제품을 만들고 있다. 제품을 고객에게 선보이기 전에 스스로에게 다음 세 가지 질문을 던진다고 한다.

첫째, 고객의 눈높이에 맞는가?

둘째, 기존에 없었던 새로운 제품인가? 차별화가 가능한가?

셋째, 나에게 어울리는가?

개념의 정리

✔ 자유무역협정(FTA: Free Trade Agreement)

국가간 상품의 자유로운 이동을 위해 모든 무역 장벽을 완화하거나 제거하는 협정. 양자주의 및 지역주의적인 특혜 무역 체제로, 회원국에만 무관세나 낮은 관세가 적용됨. 상품의 수출과 투자가 촉진되고, 무역 창출 효과를 거둘 수 있다는 장점이 있으나, 상대국에 비해 경쟁력이 낮은 산업은 문을 닫아야 하는 상황이 발생할 수 있음.

✔ 소셜 네트워킹(Social Networking)

소셜 네트워크 서비스(SNS: Social Network Service)를 사용하여 네트워크 하는 것. 즉 웹상에서 친구·선후배·동료 등 지인과의 인맥 관계를 강화시키고 또 새로운 인맥을 쌓으며 폭넓은 인적 네트워크(인간관계)를 형성할 수 있도록 하는 일. 인터넷에서 개인의 정보를 공유할 수 있게 하고, 의사소통을 도와주는 활동.

✔ 토네이도(Tornado)

바다나 넓은 평지에서 발생하는 매우 강하게 돌아가는 깔때기 모양의 회오리바람. 수평 방향의 규모보다 수직 방향의 규모가 크다. 중심에서는 100~200m/sec 풍속이 되기도 하며, 지상의 물체를 맹렬하게 감아올림. 첨단 기술 제품의 시장 변화 단계 중 수요 폭발 단계에서 취해야 하는 마케팅 전략을 의미하기도 함.

✔ 고객 관계 관리(CRM: Customer Relationship Management)

기존 고객에 대한 정보를 종합적으로 분석하여, 고객이 원하는 제품과 서비스를 지속적으로 제공함으로써 고객을 오래 유지시키고 이를 통해 고객의 평생 가치를 극대화해서 수익성을 높이는, 통합된 일련의 과정.

✔ 커뮤니케이션(Communication)

언어·문자·도형 등의 기호를 매개로 사람과 사람 사이에 의지·감정·정보 등을 전달하는 것. 대화는 가장 원초적인 커뮤니케이션의 수단이며, 인쇄나 전파 매체에 의한 커뮤니케이션을 매스 커뮤니케이션이라고 함. 본래 '공통' 또는 '공유'라는 뜻을 지닌 라틴어 'communis'에서 나온 것으로, 생물체들이 서로 지식·사상·감정·의견 등을 공통화 또는 공유화하는 행동이나 과정을 의미함.

✔ 텔레마케팅(TM: Telemarketing)

전화 등의 통신 장치를 이용하여 상품이나 서비스의 주문을 받아 소비자에게 효율적으로 제공하기 위한 활동. 통신 판매의 일종으로서, 거래가 신속하고, 경제적이며, 마케터의 계획에 의한 직접적, 개인적 대화를 통하여 소비자를 만족시킬 수 있는 마케팅의 한 분야. 미국에서는 전화 판매가 5~10%의 반응을 일으키는 것이 보통이나 우리나라에서는 효과가 낮은 편임.

✔ 다단계 마케팅(MLM: Multi Level Marketing)

제조업자 → 도매업자 → 소매업자 → 소비자와 같은 일반적인 유통경로를 거치지 아니하고, 다단계 판매회사가 판매하는 상품을 사용해 본 소비자가 다단계 판매 조직의 판매원이 되어 다른 소비자에게 제품을 권유하고, 이와 같은 권유를 받은 소비자가 다시 판매원으로 활동하는 과정이 순차적, 단계적으로 이루어지면서 판매 조직이 점차 확대되는 마케팅 형태. 소비자가 동시에 판매원이 되는 특수한 형태의 판매 방식으로, 합법적이 아닌, 피라미드 형태의 사기 범죄로 네트워크 판매를 사칭하는 경우가 많음. 그 불법 여부는 판매 수당, 조건 등에 의하여 판단하여야 함.

✔ 카카오톡(Kakao Talk)

2010년 창업한 ㈜카카오가 제공하는 글로벌 무료 모바일 메시지 서비스. 가입과 로그인 없이 전화번호만 있으면 채팅을 할 수 있으며 동영상 등의 정보를 주고 받을 수 있음. 카카오톡은 사용자가 해당 앱을 스마트폰에 설치하면 자신의 전화번호부에 등록되어 있거나 상대방 전화번호부에 등록이 되어 있는 사람을 '친구 추천'함. 양쪽 모두 전화번호가 등록되어 있으면 자동으로 친구 등록이 되고 한쪽 사용자의 번호에만 등록이 돼 있어도 말을 걸어올 수 있음.

㈜카카오는 창업 3년 만에 우리나라 모바일 메시지 서비스를 장악하였고, 2013년 순이익 614억원이었음. 2014년 10월 다음커뮤니케이션과 합병하여 다음카카오가 됨.

7

나의 창업 이야기

　서울 양재동의 작은 건물 2층의 20평 정도 사무실의 한쪽 편에 자리를 마련하고 혼자서 사업을 시작했습니다. 당시 섬유 사업을 하시던 손윗 처남의 사무실의 일부를 사용하기로 한 것입니다. 첫 번째 제품인 비누를 만들고, 판매를 시작했습니다. 제품 판매 수입이 없더라도 매달 비용은 발생합니다. 임대료, 급여, 차량관리비, 광고비, 통신비, 세금, 공과금 등입니다. 수입은 별로 없고 매달 고정적인 지출이 있기 때문에 늘 적자였지만, 자본금이 1억 원 넘게 남아있으니, 당장 자금 때문에 문제될 일은 없었습니다.

　영업을 위하여 사무실을 비울 때 전화도 받고, 업무를 보조해줄 여직원을 한 명 채용했습니다. 또 회사 홈페이지를 만들고 관리하기 위해서 당시 대학에서 겸임교수로 있던 매제에게 학교에 가지 않는 날은 회사에 나오도록 했습니다. 혼자 사업을 할 때보다는 조금 도움이 되기는 했지만, 급료 등으로 비용은 더 발생했습니다.

　종업원을 채용하는 가장 적합한 시기는 나 혼자 열심히 일해도 일을 다 처리할 수 없을 때이고, 채용하는 사람에게 어느 정도의 업무량이 주어질 수 있어야 합니다.

　또한 나의 부족한 부분을 채워줄 수 있는 능력 있는 사람과 같이 일하는 것이 회사가 발전할 수 있는 길입니다. 그러나 적은 월급에 능력있고 주인의식이 있는 종업원을 구하는 일이 쉽지 않습니다. 돌이켜 보면, 마음에 맞는 동업자와 같이 사업을 해보면 좋지 않았을까 하는 생각도 듭니다.

　저는 중소기업진흥공단에서 기획 업무를 3년 정도 했고, 하나대투증권에서 재무와 세무 업무를 배웠고, 창구 업무를 한 경험도 있어서, 작은 기업의 관리 업무를 하기에는 능력이 넘친다는 표현이 적합할 것 같습니다. 종업원에게 관리 업무를 맡기면 업무 처리가 마음에 들지 않아서 종업원을 야단칠 때가 많았고, 종업원은 야단맞는 것이 두려워서 시키는 일 이외에는 절대로 하지 않았습니다. 왜 이런 형편없는 사람들과 일을 할 수밖에 없는지 한심하다고 생각했습니다.

작은 창업 기업은 자금도 부족하고, 사람도, 능력도 모두 부족합니다. 따라서 우선순위를 생각해야 합니다. 매출이 어느 정도 늘어서 적자는 면할 정도까지는 창업 기업의 사장은 마케팅과 영업에 집중해야 하고, 관리의 전문가라고 하더라도, 관리 업무는 종업원이나 세무사 등 외부 전문가에게 맡겨야 합니다.

CHAPTER

07 | 기술 창업의 관리

이 장의 주요내용

- 사업시스템과 관리의 개념
- 1인 기업과 종업원의 관리
- 재무상태표와 손익계산서

- 손익분기점과 현금 흐름의 관리
- 기술 창업자와 세금 관리
- 고객 관리

사업시스템과 관리의 개념

- 기술 창업자의 사업시스템인 3M 시스템은 "고객이 만족하는 차별화된 제품을 만들어(Manufacturing), 세분화된 시장에서 목표 고객에게 판매하고(Marketing), 그 고객과 수익을 관리(Managing)"함으로써 사업을 지속적으로 유지할 수 있도록 해준다.
- 기술 창업자에게 현금 흐름의 관리는 매우 중요하다.
- 사업시스템을 원활하게 유지하는 핵심은 고객에게 있다.

기술 창업자에게 가장 필요한 것은 사업의 핵심인 마케팅 능력이지만, 사업이 잘되려면 먼저 마케팅을 포함한 사업기획이 잘되어야 한다. '내가 왜 사업을 해야 하는가?', '내가 하려는 사업은 무엇인가?', '내 사업이 성공하기 위해서 필요한 것은 무엇인가?'라는 질문에 대하여 생각하고, 내 생각이 맞는지를 조사하고, 이를 통하여 사업을 실행할 방향을 정한다. 또한 사업을 실행하고, 실행 결과를 평가하여 다시 사업기획에 반영하여야 한다.

기술 창업자의 사업시스템을 도식화하면 아래와 같다.

〈 기술 창업자의 사업시스템 - 3M 〉

M (Manufacturing)	고객이 만족하는 차별화된 제품(서비스)
M (Marketing)	Segmentation: 세분화된 시장에서
	Targeting: 목표 고객에게
	Strategy: 초기시장전략, 캐즘극복전략 → 판매
M (Managing)	고객(수익)을 관리

기술 창업자의 사업시스템인 3M 시스템은 "고객이 만족하는 차별화된 제품을 만들어(Manufacturing), 세분화된 시장에서 목표 고객에게 판매하고(Marketing), 그 고객과 수익을 관리(Managing)"함으로써 사업을 지속적으로 유지하고, 기술 창업자의 사업 목적을 달성할 수 있도록 해준다. 즉, 기술 창업자가 사업시스템을 유지하고, 목표를 달성하기 위해서는 제품의 제조, 마케팅, 관리의 3가지의 M을 실행하여야 한다.

3M 시스템을 원활하게 운영하기 위해서는, 사업에 필요한 사람을 채용하고, 필요한 자금을 조달하고, 고객을 관리하고, 세금을 납부하고, 특허 등 지식재산권을 관리하는 등 기술 창업의 사업시스템을 유지하기 위한 여러 가지 일을 해야 한다. 특히 마케팅의 결과물인 사업수익과 고객을 관리하여야 한다.

사업수익을 관리하는 것은 제품 판매 수입과 필요한 비용 지출 사이의 불일치, 즉 현금 흐름이 끊어지지 않도록 하는 것이다. 제품의 판매가 100% 현금에 의한다면 수입과 지출의 불일치가 거의 없겠지만, 현실에서는 신용 카드, 어음, 수표, 외상 등 다양한 거래 형태가 있기 때문에, 이익이 발생했음에도 불구하고, 외상 대금이 회수되지 않아서 은행이나 친지에게 차입을 하여 필요한 지출을 하는 경우가 발생할 수 있다. 따라서 흑자 상태임에도 불구하고 현금 흐름이 끊겨서 부도가 난다면 기술 창업자의 신용 상태가 나빠져서 사업유지가 어려울 수 있기 때문에 사업수익, 특히 현금 흐름의 관리는 매우 중요하다.

사업시스템을 원활하게 유지하는 핵심은 고객에게 있다. 고객이 내 제품을 외면하는 순간 사업시스템은 멈출 수밖에 없다. 따라서 기술 창업자는 내 제품과 서비스에 대한 고객의 마음을 알고, 고객과 소통하지 않는다면 좋은 성과를 내기 어렵다. 기술 창업자는 고객의 마음을 알고, 고객과 소통하기 위한 여러 가지 방법을 마련하고 이를 실행하여야 한다. 소비자 상담 전화, 홈페이지, 트위터, 각종 유통 채널 등을 통하여 제기되는 고객의 불만족을 신속하고, 감사한 마음으로 처리하여야 한다. 또한 불만족 사항을 처리하고, 고객에게 불만족의 처리 내용과 함께 감사 인사를 전하여야 하고, 간단한 선물이나 할인 티켓 등을 보낸다면 더욱 좋을 것이다. 불만족스러움에도 불구하고 이를 회사에 알려 주었으니, 얼마나 고마운 고객인가?

목표 시장에서 매출이 증가되고, 시장 점유율이 늘어난다면 일단은 제품에 대한 고객 만족도가 대체로 좋은 것으로 생각할 수 있다. 그러나 초기 시장에서 제품을 출시한 경우에는 지속적으로 고객의 불만족에 대한 조사를 통하여 제품이나 서비스에 대한 불만족 요인을 찾아 이를 개선하여야 한다. 그렇게 하지 않으면 이러한 불만족이 누적되어 제품 판매가 정체되고, 거짓말처럼 주문이 없어지는 사태가 올 수도 있다. 기술 창업자는 목표 시장에서 내 제품을 구매한 한 사람의 고객도 잃으면 안 된다. 내 제품을 구매한 한 사람, 한 사람이 내 제품의 입소문을 내 주어야 매출이 증가하고 시장 점유율이 늘어나면서 마침내 토네이도를 볼 수 있기 때문이다.

1인 기업과 종업원의 관리

- 1인 기업의 기술 창업자는 할 일은 많고 시간은 없다. 따라서 불필요한 일에 시간을 빼앗겨서는 안 되며, 시간을 효율적으로 사용하여야 한다.
- 기술 창업자는 동기부여 이론에 따라, 종업원이 성취감과 인정감을 느낌으로써 스스로 열심히 일하게 하는 방식으로 종업원을 관리하여야 한다.
- 임금이나 보상 못지않게 중요한 것은 종업원에게 직무에 대한 재량권을 주고, 종업원의 재량권의 범위와 책임 한계를 명확하게 하는 것이다.

모든 일을 다 잘할 수 있는 사람은 없다. 있다면 사람이 아니다. 그러나 기술 창업자는 처음에 1인 기업으로 시작하는 경우가 많다. 업무나 사업 자금을 분담할 수 있는 동업자와 같이 경영 팀을 꾸려 사업을 시작하는 경우는 기술 창업자에게는 매우 다행한 일이다. 동업자가 없다면 이 모든 업무를 내가 처리해야 하기 때문이다. 기술 창업자는 잘할 수 있는 일은 직접하고, 잘 모르는 일은 인터넷을 검색하거나, 해당 분야 전문가에게 물어보면 된다. 창업이나 중소기업 지원은 중소기업청이나 창업진흥원 및 관련 사이트를 찾아보면 되고, 담당자와 통화할 수도 있다. 중소기업청의 비즈니스지원단(전화 1357번)은 변호사, 변리사, 법무사, 회계사, 세무사, 경영지도사, 노무사 등 각 분야 전문가로 구성되어 있으며, 중소기업의 경영 애로를 무료로 상담한다. 상담으로 해결하기 어려운 경우는 현장을 방문하여 해결해 주는데, 비용의 30%를 부담해야 한다. 세무 문제는 국세청 사이트를 찾아보면 알 수 있고, 그래도 이해가 안 되면, 관할 세무서에 전화하여 알아보는 것이 가장 확실하고 정확한 방법이다. 기술적인 문제는 국책 연구소 또는 대학 교수 등에게 자문을 구할 수 있다. 또한 기술 창업자가 잘 모르는 분야에 대하여 세무사, 변리사, 변호사, 노무사 등의 전문가에게 용역을 줄 수도 있다.

1인 기업의 기술 창업자는 할 일은 많고 시간은 없다. 따라서 불필요한 일에 시간을 빼앗겨서는 안 되며, 시간을 효율적으로 사용하여야 한다. 창업

전에 사업계획서를 작성하고, 그 세부계획에 의하여 시간계획을 세우고 관리하는 것이 필요하다. 1인 기업은 창업자 개인의 역량만으로 경영하는 방식이므로, 개인의 역량이 부족하거나 업무량이 너무 많고, 외주 용역을 줄 수 없는 경우라면 마음에 맞는 동업자를 영입하거나, 새로운 인력을 채용하여야 한다. 일반적으로 기술 창업자에게 경영의 핵심 업무를 함께 처리할 핵심 인력은 1명 이상 필요하다. 또한 핵심 업무는 아니라도 종업원을 채용해야 하는 경우가 생길 수 있다.

기술 창업자는 채용한 종업원에게 업무를 배정하면, 종업원이 업무를 익히고, 게으름을 피우지 않고, 스스로 일을 찾아서, 적극적으로 일하기를 바랄 것이다. 과거에는 생산성을 높이기 위하여, 업무 표준을 정하고, 정해진 업무를 얼마나 빠르고 정확하게 수행하는지를 초시계로 측정하여 업무 능률에 따라 급여를 지급하였다. 그러나 메이요(Mayor)와 매슬로우(Maslow) 등은 돈만이 생산성을 향상시키는 요인이 아니라고 하였다. 과거의 과학적인 관리 방법에서 새로운 인간 중심의 경영 방식으로 바뀐 것이다.

심리학자인 매슬로우는 직장에서의 동기부여를 이해하기 위해서는 일반적인 동기를 이해하여야 하는데, 동기는 욕구에서 나오며, 만족된 욕구는 더 이상 동기부여를 하지 못한다고 하였다. 그 욕구는 중요도에 따라 계층으로 구분되는데, 하위의 욕구가 만족되면, 상위 단계의 욕구가 발현되어 이를 만족시키기 위한 일을 하도록 동기부여 된다. 하위 단계부터 '생리적 욕구 – 안전 욕구 – 사회적 욕구 – 존경과 자존감 – 자아 실현 욕구'로 구분된다고 하였다.

허즈버그(Herzberg)는 성취감, 인정감 등의 동기 요인은 직원들이 더 생산적이고 만족스럽게 일하게 하는 직무 요인이지만, 임금, 근무 환경, 감독 등의 위생 요인은 만족을 유발하고 있다고 하여도 반드시 동기부여가 되지는 않는다고 하였다.

두 가지 동기부여 이론을 비교하면 다음의 그림과 같다. 이러한 동기부여 이론이 타당하다고 생각하는가?

기술 창업자는 과거와 같이 초시계를 사용하여 측정을 하고, 임금을 지불

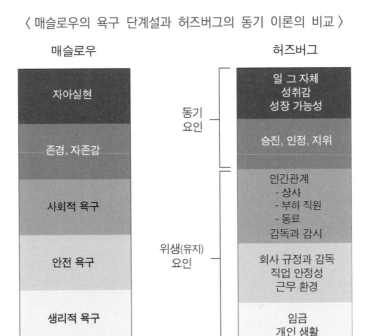

〈 매슬로우의 욕구 단계설과 허즈버그의 동기 이론의 비교 〉

하는 과학적 관리 방법으로 종업원을 관리할 수 없고, 동기부여 이론에 따라, 종업원이 성취감과 인정감을 느낌으로써 스스로 열심히 일하게 하는 방식으로 종업원을 관리하여야 한다. 특히 회사의 일정 부분을 책임지고 있는 핵심 인력에 대해서는 성과에 대한 보상을 정확하게 하고, 회사의 지분을 공유함으로써 함께 노력하여 회사의 발전을 이루는 것이 가장 중요하다. 기술 창업자가 채용하는 핵심 인력은 대부분 피터 드러커 교수가 말하는 '지식 노동자'이므로, 필요한 보수 교육을 시키지 않거나 적절한 보상 등의 대우를 하지 않으면, 이직을 함으로써 기술 창업자에게 많은 타격을 줄 것이다.

또한 임금이나 보상 못지않게 중요한 것은 종업원에게 직무에 대한 재량권을 주고, 종업원의 재량권의 범위와 책임 한계를 명확하게 하는 것이다.

종업원을 관리하기 위해서는 채용, 훈련과 개발, 동기부여, 직무 부여와 평가, 보상과 혜택 등을 수행하여야 한다. 그러나 기술 창업자는 인사팀이나 인재 개발팀 등의 인사 부서나 인사 담당자를 두기가 어렵고, 기술 창업자

스스로 종업원 관리를 하여야 한다. 종업원 관리를 위하여 알아야 할 사항을 정리하면 다음과 같다.

(1) 채용은 주위의 소개나 인터넷 채용 사이트를 이용하면 되고, 신입 사원보다는 경력 사원 위주로 채용하는 것이 좋다.

(2) 채용 시에는 근로계약서를 작성하고 교부하여야 한다. 근로계약서에는 임금, 근로 시간, 휴일, 연차유급 휴가, 취업 장소, 종사할 업무 등의 근로 조건을 기재하여야 하지만, 취업 규칙이 있는 경우는 임금, 종사할 업무 등의 사항만 기재하고 취업 규칙에 의한다고 계약하면 된다. 취업 규칙은 10인 이상 사업장에는 의무적으로 작성, 신고하여야 한다.

(3) 임금이나 근로 조건 등은 동종 업계보다 좋지 않으면 제대로 된 인재를 구하기 어려우므로, 항상 좋은 조건으로 종업원을 채용하고 관리하는 것이 유리하다.

(4) 임금 체계는 단순하게 구성하도록 하고, 성과급에 관한 부분을 미리 정하고, 종업원에게 이를 알려줘야 한다. 임금, 근로 시간, 휴가, 해고 등의 사항은 복잡하므로, 잘 모르는 경우는 노무사 등과 상담하도록 한다.

(5) 상시 근로자 4인 이하 사업에는 근로기준법이 적용되지 않는 경우가 있다. 4인 이하 사업은 해고가 자유로우나, 30일 전에 해고 예고는 하여야 하고, 휴업 수당을 지급하지 않아도 되며, 근로 시간의 적용이 엄격하지 않으나, 휴게 시간과 유급 휴일은 주어야 한다. 연차 유급 휴가나 여직원의 생리 휴가 등도 적용되지 않는다.

재무상태표와 손익계산서

- 회계의 목적은 기업가에게 기업의 재무 상태와 운영 성과를 알게 하여 올바른 판단을 하게 하고, 주주, 채권자, 투자자 등의 이해관계자에게 기업의 재무 정보를 알려주는 것이다.
- 재무상태표는 일정 시점에서의 회사의 재정 상태를 나타내 주는 회계 보고서로, 왼쪽에는 자산을, 오른쪽에는 부채와 자본이 표시되고, '자산 = 부채 + 자본'의 등식이 성립한다.
- 손익계산서는 일정 기간 동안의 이익 또는 손실이 얼마인지를 나타내주는 회계 보고서이다.

들어오고 나간 돈을 기록하는 것과 같이 돈의 흐름을 표시하는 것을 회계라고 한다. 회계 장부를 기록하는 것은 기술 창업자가 가져야 할 매우 좋은 습관이다. 회계 장부를 기록하는 이유는 그 기록을 통하여 사업을 성공으로 이끄는 방법을 알 수 있고, 사업의 수익 여부를 알려주며, 기록을 통하여 대금 지불 사실이 입증되기 때문에 분쟁을 예방할 수 있다는 것이다. 즉, 회계의 목적은 기업가에게 기업의 재무 상태와 운영 성과를 알게 하여 올바른 판단을 하게 하고, 주주, 채권자, 투자자 등의 이해관계자에게 기업의 재무 정보를 알려주는 것이다.

과거에는 회계 장부에 일일이 손으로 기록하였으나, 오늘날에는 컴퓨터와 회계 소프트웨어를 이용하여 회계 정보를 입력하면, 그 정보를 처리하고 정해진 양식에 따라 표시해 주기 때문에 기술 창업자가 손쉽게 재무상태표, 손익계산서, 현금흐름표의 재무제표를 보고 내 회사의 재무 상태를 알 수 있게 되었다.

재무상태표는 일정 시점에서의 회사의 재정 상태를 나타내 주는 회계 보고서로, 왼쪽에는 자산을, 오른쪽에는 부채와 자본이 표시되고, '자산 = 부채 + 자본'의 등식이 성립한다. 즉 자산은 부채와 자본으로 이루어졌다는 의미로, 자산의 원천이 빌린 돈(부채)인지, 자기 돈(자본)인지를 알 수 있다. 자산은 회사가 소유한 경제적 자원인데, 건물, 토지, 기계 등의 유형 자산과 특허권, 상표권 등의 무형 자산으로 나눌 수 있다. 자산은 유동성이 큰 것부터 먼저 표시되는데, 유동성이란 빨리 현금화할 수 있는 정도를 의미한다. 일반적으로는 현금, 예금, 유가증권, 외상 매출금 등의 순으로 현금화가 쉽다. 1년 안에 현금화할 수 있는 자산을 유동자산이라고 하고, 유동화에 1년이 초과되는 경우를 비유동자산이라고 한다.

부채는 빌린 돈으로, 갚아야 할 의무가 있는 돈이다. 자산의 경우와 같이 만기가 1년 이내의 경우를 유동부채, 1년을 초과하는 경우를 비유동부채라고 한다. 자본은 자본금과 주식 발행 초과금 등의 자본잉여금과 이익 중에서 배당하지 않고 남아 있는 이익잉여금으로 구성된다. 주식발행초과금이란 주식의 발행가와 액면가의 차이로 발생하는 잉여금을 말한다.

자산, 부채, 자본의 각 항목을 알면 아래 양식에 따라 재무상태표를 작성할 수 있다.

〈 재무상태표 양식 〉

재무상태표
제X기 20XX년 12월 31일

(단위: 원)

XX회사				
자산			부채	
유동자산	XXX		유동부채	XXX
비유동자산	XXX		비유동부채	XXX
			부채총계	XXX
			자본	
			납입자본	XXX
			이익잉여금	XXX
			기타자본요소	XXX
			자본총계	XXX
자산총계	XXX		부채와 자본총계	XXX

손익계산서는 일정 기간 동안의 이익 또는 손실이 얼마인지를 나타내 주는 회계 보고서이다. 이익 또는 손실은 다음과 같은 방식으로 나타낼 수 있다.

(1) 매출총액 - 매출원가 = 매출총이익

(2) 매출총이익 - 영업비용(판매비용 + 일반관리비) = 영업이익

(3) 영업이익 - 영업외손익(영업외수익 - 영업외손실) = 세전이익

(4) 세전이익 - 법인세 = (당기)순이익

매달 또는 연간의 손익계산서를 작성할 수 있고, 그 양식은 아래와 같다.

〈 손익계산서 양식 〉

손익계산서
제X기 20XX년 1월 1일부터 20XX년 12월 31일까지

(단위: 원)

XX회사	
매출액	XXX
매출원가	(XXX)
1) 기초상품	XXX
2) 당기매입	XXX
3) 기말상품	(XXX)
매출총이익	XXX
판매비와 일반관리비	(XXX)
영업이익	XXX
영업외수익	XXX
영업외비용	(XXX)
법인세비용차감전순손익	XXX
법인세비용	(XXX)
당기순손익	XXX

영업외수익이란 영업 이외의 재무 활동으로 얻은 이자, 배당금 등을 말하고, 영업외비용이란 채무에 대한 이자비용 등을 의미한다.

회사의 이익은 위와 같이 4가지의 이익이 있을 수 있고, 영업의 결과로 얻어지는 영업이익이 회사의 성패를 좌우하므로 가장 중요하다고 할 수 있으나, 법인세를 내고 난 다음의 순이익이 당기에 남아있는 이익이기 때문에 영업이익보다 더 중요할 수도 있다.

손익분기점과 현금 흐름의 관리

- 손익분기점 판매 수량은 총고정원가를 (단위당 판매가격 − 단위당 변동원가)로 나누어 계산한다.
- 기술 창업자에게 현금 흐름이 끊기는 것은 신용 거래를 할 수 없게 되는 것을 의미하고, 이런 일이 반복되면 사업을 할 수 없게 된다.
- 현금흐름표는 일정 기간 동안의 현금 흐름의 변경 내용을 영업활동, 투자활동, 재무활동으로 나누어 표시하는 회계 보고서이다.

손익분기점이란 총수입과 총비용이 같아서 손해도 이익도 없는 점을 말한다.

즉 손익분기점은 총수입 = 총비용, 매출액 = 매출원가이고, 매출원가는 총변동원가와 총고정원가의 합계이다.

(1) 매출액 = 총변동원가 + 총고정원가, 매출액 − 총변동원가 = 총고정원가
(2) (단위당 판매가격 X 판매수량) − (단위당 변동원가 X 판매수량) = 총고정원가, 판매수량 X (단위당 판매가격 − 단위당 변동원가) = 총고정원가

(1)과 (2)의 등식에서 손익분기점의 판매 수량을 구하면,

손익분기점 판매수량 = 총고정원가 / (단위당 판매가격 − 단위당 변동원가)
이다.

예를 들어, 어떤 제품의 단위당 판매 가격이 1,000원이고, 단위당 변동원가가 500원, 총고정원가가 1,000만원인 경우에 몇 개를 팔아야 손익분기점이 될까? 정답은 2만개다. 정답이 나왔는가? 예에서와 같이 손익분기점에서의 판매수량은 총고정원가가 클수록, 단위당 변동원가가 클수록 크다.

손익분기점 분석은 기업의 손익분기점을 알고, 그 이상의 수량을 판매해야 한다는 것을 알려주기 때문에 중요하다.

기술 창업자는 매달 손익계산서를 작성할 수 있다. 손익계산서는 총수입에서 총비용을 뺀 값이므로, 보통의 경우는 플러스(+)가 나와야 정상이다. 그

런데 수치상으로는 수익이 나고 있는데, 계좌에 현금이 없는 경우가 있다. 외상 등의 이유로 판매 시점에 돈을 받지 못했기 때문이다. 이런 경우를 현금 흐름이 끊겼다고 하는데, 기술 창업자에게 현금 흐름이 끊기는 것은 신용 거래를 할 수 없게 되는 것을 의미하고, 이런 일이 반복되면 사업을 할 수 없게 된다. 따라서 기술 창업자에게 있어서 현금 흐름의 관리는 매우 중요하다. 기술 창업자는 현금 흐름을 관리하기 위하여, (1) 가능하면 현금이나 카드를 받고 (2) 거래처와 정해진 날에 입금하고, 수금하며 (3) 매일 수입과 지출을 확인하고 현금 잔고를 확인하여야 한다.

현금흐름표는 일정 기간 동안의 현금 흐름의 변경 내용을 영업활동, 투자활동, 재무활동으로 나누어 표시하는 회계 보고서이다.

〈 현금흐름표 양식 〉

현금흐름표
제X기 20XX년 1월 1일부터 20XX년 12월 31일까지

(단위: 원)

XX회사		
영업활동으로 인한 현금 흐름		XXX
1. 당기순이익	XXX	
2. 현금의 유출이 없는 비용 등의 가산	XXX	
3. 현금의 유입이 없는 수익 등의 차감	(XXX)	
4. 영업활동으로 인한 자산 부채의 변동	XXX	
투자활동으로 인한 현금흐름		XXX
투자활동 현금유입액	XXX	
투자활동 현금유출액	(XXX)	
재무활동으로 인한 현금흐름		XXX
재무활동 현금유입액	XXX	
재무활동 현금유출액	(XXX)	
현금의 증가(감소)		XXX
기초의 현금		XXX
기말의 현금		XXX

영업활동이란 제품의 판매활동을, 투자활동이란 영업활동을 위한 자산의 취득과 처분을, 재무활동이란 자금을 조달하고, 상환하는 활동을 말한다. 현금흐름표를 보면 각 활동별로 자금의 유입과 유출을 확인할 수 있고, 일정기간 동안에 현금이 증가했는지 감소했는지를 알 수 있다.

기술 창업자와 세금 관리

- 기술 창업자는 부가가치세와 소득세 또는 법인세를 스스로 신고하고, 납부하여야 한다. 이를 신고, 납부하지 않으면 가산세를 내게 된다.
- 사업자 등록을 한 이후에 국세청 홈텍스에 가입을 하고, 공인인증서로 로그인하여, 세금을 신고, 납부할 수 있고, 각종 증명을 발급받을 수 있다.
- 부가가치세는 제품이나 서비스의 거래 과정에서 얻어지는 부가가치에 대하여 과세하는 세금이며, 부가가치는 매출과 매입의 차액을 의미한다.

기술 창업자가 알아야 하는 세금은 부가가치세와 소득세 또는 법인세이다. 이 세금들은 기술 창업자가 스스로 신고하고, 납부하여야 하는 세금이기 때문에 이를 신고, 납부하지 않으면, 신고와 납부 불성실로 가산세를 내게 된다. 국가는 세법에 의하여 기업의 이익 등에 대하여 세금을 납부하도록 하고 있고, 기업은 세법이 허용하는 한도에서 각종 공제 제도, 손금 제도 등으로 세금을 절세할 수 있다. 그러나 법이 허용하는 한도를 넘는 경우에는 탈세가 되고, 조세범처벌법에 의하여 3년 이하의 징역이나 탈세액의 3배 이하의 벌금을 낼 수도 있다. 따라서 기술 창업자가 국세청 홈텍스를 이용하여 정해진 기간 내에 부가가치세와 소득세 또는 법인세를 신고, 납부하면 가산세를 내지 않고, 약간의 세금 감면을 받는다. 이외에도 기술 창업자는 주민세, 사업소세, 취득세, 등록세 등을 내는 경우가 발생할 수 있다. 또한 국세청으로부터 고지되는 모든 세금은 고지서를 확인하고 그 세금의 내역이 맞으면 세금을 납부하고, 납부와 동시에 세금이 확정되는 것이다. 그러므로 세금을 낼

<국세청 홈텍스 홈페이지>

이유가 없거나, 금액이 맞지 않는 경우에는 불복하여 관할 세무서에 이의신청을 할 수 있다.

기술 창업자는 사업자 등록을 한 이후에 국세청 홈텍스에 가입을 하고, 공인인증서로 로그인하여, 부가가치세, 소득세 또는 법인세를 신고, 납부할 수 있고, 각종 증명을 발급받을 수 있다.

부가가치세는 제품(상품)의 거래나 서비스(용역)의 제공 과정에서 얻어지는 부가가치에 대하여 과세하는 세금이며, 세율은 10%이다. 부가가치는 매출과 매입의 차액을 의미한다. 예를 들면, 기술 창업자가 A 제품을 1만 1천원(부가가치세 1천원 포함)에, B 제품을 2만 2천원(부가가치세 2천원 포함)에 매입하여 C 제품을 만들어 5만 5천원(부가가치세 5천원 포함)에 판매(매출)한 경우에 신고해야 하는 부가가치세는 얼마일까?

부가가치세는 [매출세액－매입세액]으로 계산할 수 있으므로, C 제품 매출세액인 5천원에서, A와 B의 매입세액의 합계액 3천원(1천원＋2천원)을 빼면 2천원이 된다.

다른 방법으로 계산하면, 이 기술 창업자는 A와 B 제품을 3만원에 매입하여 C 제품을 만들어 5만원에 팔았으므로, C 제품을 만들어서 부가된 가치는 그 차액인 2만원이고, 부가가치세율이 10%이므로 2천원을 납부하면 된다. 당연히 두 가지 계산 방법의 결과는 같다.

부가가치세는 6개월을 과세기간으로 하여 신고·납부하는데, 개인 사업자의 경우에는 전반기 6개월분은 7월 1일부터 25일까지, 하반기 6개월분은 다음해 1월 1일부터 25일까지 2회 신고 납부하고, 법인 사업자는 상기 2회를 확정 신고하고, 4월 1일부터 25일까지와 10월 1일부터 25일까지 2회를 예정 신고하여 1년에 총 4회를 신고한다.

또한 개인 사업자의 경우도 1년 중 상기의 4월과 10월에 전기에 납부한 부가가치세의 50%를 국세청에서 예정 고지하므로, 정해진 기간 내에 이를 납부하여야 한다.

기술 창업자의 매출에서 매입 등 각종 비용을 공제하고 남은 이익에 대해서, 개인 사업자는 소득세를, 법인사업자는 법인세를 신고, 납부하여야 한다. 신고, 납부 기간은 소득세는 매년 5월 1일부터 31일까지, 법인세는 회계연도후 3개월 이내이다. 따라서 12월 결산 법인의 경우는 다음 해 3월 31일까지이다.

소득세를 신고·납부하는 모든 사업자는 장부를 비치·기록하여야 하고, 간편 장부 대상자를 제외한 모든 사업자는 복식부기에 의하여 작성된 재무제표를 신고서와 함께 제출하여야 한다. 간편 장부 대상자는 해당 과세 기간에

〈 간편 장부 양식 – 국세청 자료 〉

간편 장부

①날짜	②거래내용	③거래처	④수입		⑤비용		⑥고정자산 증감		⑦비고
			금액	부가세	금액	부가세	금액	부가세	

신규로 사업을 시작하였거나, 수입 금액이 국세청이 정한 금액에 미달하는 사업자이다. 제조업 등은 1억 5천만원 미만이고, 기술서비스업 등은 7천 500만원 미만이다.

장부를 기장하는 사업자의 소득 금액은 총수입 금액에서 필요 경비를 공제하여 계산한다. 장부를 비치·기장하지 않은 사업자의 소득 금액은 업종별로 정해지는 기준 경비율이나 단순 경비율을 적용하여 필요 경비를 계산하여 신고, 납부 한다. 장부를 비치·기장하지 않은 기술 창업자는 홈텍스에 로그인하고 소득세 신고를 할 때, 자신에게 적용되는 기준 경비율이나 단순 경비율 등의 세율을 알 수 있다.

2013년 귀속분에 대한 종합 소득세의 세율은 5단계 누진 구조에 의하여 계산된다. 예를 들면, 과세 표준이 5천만원인 경우에, 단계별로 세율을 적용하여 더할 필요가 없이 50,000,000 X 0.24 − 5,220,000으로 계산하면, 678만원이 된다.

계산식: 과세표준 X 세율 − 누진공제

〈 종합소득세 세율 - 국세청 자료 〉

종합소득세 세율 (2012년, 2013년 귀속)		
과세표준	세율	누진공제
12,000,000 이하	6%	-
12,000,000 초과 46,000,000 이하	15%	1,080,000
46,000,000 초과 88,000,000 이하	24%	5,220,000
88,000,000 초과 300,000,000 이하	35%	14,900,000
300,000,000 초과	38%	23,900,000

법인 사업자는 법인의 각 사업연도의 소득에 대하여, 소득세가 아닌 법인세를 신고, 납부하여야 한다. 다만, 법인의 소득 중에는 조세 정책적 또는 사회 정책적 목적을 위해 비과세 하거나 감면해 주는 소득이 법인세법 및 조세특례제한법 등에 열거되어 있으므로 해당 법인은 신고 전에 이를 충분히 검토하여야 한다.

법인 사업자는 복식부기에 의한 기장 의무가 있고, 법인세 신고 시 재무제표와 세무조정계산서 등을 제출하여야 하므로, 기장과 신고를 세무사 또는 회계사에게 위탁하는 경우가 많다.

법인세의 세율도 소득세와 같이 누진 다단계 구조이고, 영리법인의 세율은 다음 표에 의하여 계산하면 된다.

계산식: 과세표준 × 세율 − 누진공제

〈 영리법인의 법인세율 − 국세청 자료 〉

법인종류 \ 소득종류	각사업연도 소득		
	과세표준	세율	누진공제
영리법인	2억 이하	10%	-
	2억 초과 200억 이하	20%	2,000만원
	200억 초과	22%	42,000만원

고객 관리

- 새로운 고객을 만들기 위해서는 광고, 촉진 등으로 많은 돈이 들지만, 기존 고객을 만족시킴으로써 고객 충성도를 높이는 데에는 상대적으로 적은 비용이 든다.
- 고객에게 감동을 주는 서비스나 프로그램을 통해서 고객을 만족시키고, 그 고객이 우리의 제품을 주변 사람들에게 자발적으로 홍보하게 하여야 한다.
- 우리 고객과의 접점에 있는 유통 채널의 종업원, 공급자 등의 외부 파트너와 자사 직원도 일반 고객 못지않게 중요한 고객이다.

기술 창업자는 목표 시장 고객의 만족을 이끌어 냄으로써 고객을 유지하고 관리할 수 있다. 새로운 고객을 만들기 위해서는 광고, 촉진 등으로 많은 돈이 들지만, 기존 고객을 만족시킴으로써 고객 충성도를 높이는 데에는 상대적으로 적은 비용이 든다. 따라서 기술 창업자가 기업을 유지하기 위해서는 새로운 고객을 만드는 일도 중요하지만, 기존 고객을 일회용품과 같은 존재가 아닌 귀중한 보물과 같이 생각하고 그들과 소통해야 한다. 고객은 회사를 유지할 수 있도록 해 주시는 고마운 분들이기 때문이다.

한 번이라도 우리 회사의 제품이나 서비스를 경험한 고객들과 어떤 관계를 유지하느냐가 고객 관리의 핵심이다. 기본적으로는 포인트 제도와 같이 많은 매출을 가져다 준 고객에게 많은 혜택을 주어야 하지만, 고객에게 감동을 주는 서비스나 프로그램을 통해서 고객을 만족시키고, 그 고객이 우리의 제품을 주변 사람들에게 자발적으로 홍보하게 하여야 한다. 물론 주위에 홍보를 하여 새로운 고객이 생겼다면, 홍보를 해 준 고객의 고마움을 그대로 지나쳐서는 안 될 것이다. 이처럼 큰돈을 들이지 않더라도 고객과의 신뢰와 소통을 통하여 고객을 만족시키고 유지함으로써 저절로 새로운 고객을 확보하는 것이 기술 창업자의 고객 관리에서는 가장 중요하다. 즉, 기존 고객의 집중 관리를 통하여 저절로 신규 고객을 만들 수 있도록 고객 관리를 하여야 한다는 것이다.

일반 고객의 경우에는 멤버십 카드 등을 이용하여 고객 정보를 확보, 저장하고, 데이터베이스화하여 고객을 분류, 관리하고, 판촉 등의 마케팅 활동을 진행할 수도 있다. 고객 관리는 고객이 이탈하지 않도록 지속적으로 관리하는 것이다. 이러한 고객 관리를 통하여 확보한 충성 고객은 제품과 회사에 대한 적극적인 옹호자가 되고, 입소문 마케팅의 핵심이 되며, 회사의 실수에도 너그럽게 반응한다. 그러나 고객은 자신에 대한 배려가 형식적이고, 기계적이라고 생각되면, 기업이 고객 관리를 위해서 제공하는 서비스나 혜택도 쉽게 받아들이지 않기 때문에 충성 고객으로 만들기가 쉽지는 않다. 고객과 형식적이 아닌, 편안하면서도 진정성을 느낄 수 있는 신뢰와 소통의 관계를 유지하는 것이 필요하다. 즉, 기술 창업자가 고객과 신뢰와 감동으로 서로 소통할 때 고객 관계가 완성된다.

고객은 우리가 일반적으로 생각하는 목표 시장의 고객 이외에도 유통 채널 및 그 종사자, 내부 고객인 종업원이 있다.

우리 고객과의 접점에 있는 유통 채널의 종업원, 공급자 등의 외부 파트너도 일반 고객 못지않게 중요한 고객이다. 이들과 시장 정보를 공유하고, 다양한 판촉 활동을 진행하면서 상호 신뢰와 우호적인 관계를 유지하여야 한다. 특히 우리 제품에 대한 문제점이나 개선점에 대한 의견이 있을 때에도, 이를 편하게 이야기할 수 있는 정도의 관계를 유지하는 것이 좋다.

기술 창업자가 종업원을 채용한 경우에도, 직원의 만족도가 높아야 고객 만족도가 높다. 특히 고객 접점에 있는 종업원의 만족도는 고객 만족도에 직접적인 영향을 미치고, 이는 기업의 성과에 영향을 미친다.

🔹 파이브락스(5Rocks) 노정석 대표

노 대표는 대학 시절 그저 컴퓨터와 인터넷을 좋아하는 학생이었다. KAIST에 다니면서 인터넷과 더불어 여러 동지들을 만났고, 해킹에 빠져들기 시작했다. 해킹 동아리 '쿠스'와 포항공대 해킹 동아리 '플러스' 사이에 '사과 전쟁'이라고 불렸던 해킹 전쟁이 벌어졌는데, 그는 카이스트 재학 시절 이 해킹 사건으로 구금되기도 했다. 노 대표가 처음 창업과 인연을 맺은 것은 대학 3학년 때였다. 10년 선배인 '인젠'의 임병동 대표가 노 대표를 찾아와 창업을 하자고 제안하였고, 1997년 보안업체 인젠의 설립에 참여하였다. 인젠은 설립하자마자 빠르게 성장했고, '해커들이 만든 보안업체'라는 점을 마케팅 포인트로 삼아 기술력을 인정받았으며, 2002년에는 코스닥 시장에 등록하였다.

자신감을 얻은 노 대표는 인젠에서 나와 보안업체인 '젠터스'를 창업했다. 두 번째 창업이었다. 젠터스의 사업계획은 획기적이었으나, 시장의 수요보다 너무 앞서 있었다. 시장의 필요는 정확하게 읽었지만 시기가 너무 빨랐다. 당시 벤처 붐이 급격하게 꺼졌던 것도 실패의 요인이었다. 결국 갖고 있었던 돈으로 직원들 봉급을 주고 회사는 1년 만에 문을 닫았다.

노 대표는 2005년에 세 번째 회사인 '테터앤컴퍼니'를 창업했다. 테터앤컴퍼니는 티스토리, 테터툴즈 등 블로그 서비스를 개발했다. 블로그는 고급 콘텐츠를 생산하고 소비할 수 있는 최적의 장소였다. 2008년 9월 테터앤컴퍼니는 국내는 물론 아시아 스타트업(Start-up) 기업 최초로 구글에 인수되었고, 노 대표는 2010년까지 구글에서 일했다.

노 대표가 네 번째로 창업한 '파이브락스'는 모바일 게임에 특화된 비즈니스 인텔리전스 서비스를 제공했다. 원래는 모바일 데이터 분석 툴을 회사 내부용으로 쓰려고 했는데, 우연히 회사에 놀러온 모바일 게임 관계자의 말을 듣고 서비스를 상용화하게 되었다.

노 대표는 한 번도 어렵다는 창업에 네 번씩이나 도전해서, 국내에서 처음으로 창업한 테터앤컴퍼니를 구글에 매각하기도 했다. 또한 그는 엔젤투자자로도 잘 알려져 있다. 특히 티켓몬스터는 사업 초기 단계부터 함께 해서 국내 최대 소셜 커머스 업체로 클 때까지 조력자 역할을 하였다. 지금까지 노 대표가 투자한 회사는 총 15곳인데, 이 중 티켓몬스터는 그루폰이, 소셜 게임 전문 개발사인 파프리카랩은 일본의 그리(GREE), 음성 인식 문자 전송 앱인 다이얼로이드는 다음커뮤니케이션이 인수했다.

✔ 동기부여(Motivation)

어떤 생활체를 활동하도록 자극하여 의도하는 목표로 향하게 하는 것. 사람은 무엇을 하고자 하는 욕구가 일어날 때 일하려는 동기를 가짐. 이와 같은 욕구−동인−유인의 기능적 관계를 통틀어 동기부여 또는 동기유발이라고 함. 이러한 동기부여의 개념은 심리학에서 주로 사용하는 것이지만, 조직 구성원들로 하여금 자발적으로 일을 하게 하여 생산성을 높이는데 유용하므로 조직이론에서 중요시되고 있음.

✔ 지식 노동자(Knowledge Worker)

기본적으로 자신의 부가가치를 높이기 위해 끊임없이 지식을 쌓고 개선하며 개발하고 혁신하는 근로자. 1968년 미국의 경영학자 피터 드러커가 저술한 「단절의 시대」에서 처음으로 사용하였음. 풍부한 지식재산, 투철한 기업가정신, 평생학습 정신, 강한 창의성, 비관료적인 유연성 등의 특징을 갖고 있으며, 직장에 얽매이기보다는 직업인이라는 신념을 갖고 있음. 1990년대 말부터 지식의 중요성이 강조되었고, 2010년에서 2020년 사이에 도래할 지식사회를 이끌 전문가.

✔ 변동원가와 고정원가

변동원가는 조업도의 변동에 직접 비례하여 증가하는 원가로 가변비라고도 함. 생산비 수준과는 무관한 고정원가의 반대개념으로 원재료, 임금, 연료비, 전기료 등의 원가. 고정원가는 일정한 기업 규모하에서 조업도의 변화가 있어도 그 발생액이 변화하지 않는 비용.

✔ 복식부기

기업의 자산과 자본의 증감 및 변화하는 과정과 그 결과를 계정과목을 통하여 대변과 차변으로 구분하여 이중 기록·계산이 되도록 하는 부기형식. 단식부기와 상대되는 개념. 복식부기는 거래의 이중성 또는 대칭 관계를 전제로 하고, 한 거래를 대변과 차변의 양변에 동시에 기입함으로써 대차변의 각 합계가 일치되어 대차 균형의 원리가 성립되며, 이 원리에 의하여 복식부기가 자기 통제기능 또는 자동 검증기능을 수행할 수 있는 것임.

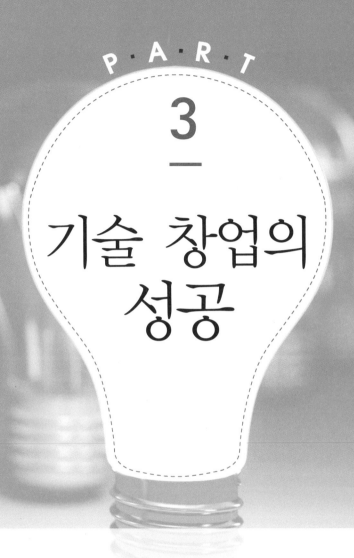

P·A·R·T

3
—

기술 창업의
성공

기 / 술 / 창 / 업 / 으 / 로 / 성 / 공 / 하 / 기

8

나의 창업 이야기

10년간 운영하던 사업을 2008년에 폐업했습니다. 정말 끝까지 가보려고 했지만, 그것이 만용이었고 바보 같은 생각이었습니다. 이미 사업시스템은 멈췄고, 더 이상의 희망은 남아 있지 않았습니다. 저에게 비즈니스가 맞지 않는 일이었는지도 모르겠습니다. 그러나, 절망밖에 생각할 수 없었던 그때, 부산의 동의과학대학의 학교기업인 동의분석센터에서 센터장을 구하는 중이 었고, 운 좋게도 제가 그 자리에 가게 되었습니다.

동의분석센터는 그 당시 수질, 식품 및 토양 분석 서비스를 제공하고 있었 는데, 재직 시에 농산물검사기관 및 석면분석기관 인증을 받아서 매출 확대 의 토대를 마련하였고, 재직 2년 동안에 매출 약 150%, 이익 200%를 달성하 는 좋은 성과를 거두었습니다. 과거의 쓰라린 실패로 배운 교훈을 실천한 결 과라고 생각합니다. 사람은 성공을 통해서도 배우고, 실패를 통해서도 배우 지만, 실패를 통해서 배운 경험이 오래가는 것 같습니다. 또 실패하면 끝날 지도 모른다는 생각이, 저를 더 열심히 일하도록 만든 것이 아닐까요?

현재 저는 경일대학교에서 사관학교식 창업선도대학 멘토 교수로 재직하 면서, 기술 창업자에게 기술 창업에 대한 모든 것을 컨설팅 및 멘토링 하고 있고, 학생들에게 기술 창업을 가르치고 있습니다. 약 30년 동안 대기업, 중 소기업, 공공기관 및 증권회사 등의 여러 업종에서 여러 가지 다양한 업무를 경험했기 때문에 기업에서 일어나는 일은 거의 다 알고 있고, 특히 10년간의 기술 창업 및 경영의 실패를 통해서 배운 뼈저린 경험은 '창업과 경영의 성 공만이 살 길'이라는 강한 신념을 마음에 심어 놓았습니다.

기술 창업자가 완벽한 제품과 서비스로 목표 시장에서 고객에게 사랑받는 기업이 될 수 있도록, 창업자와의 상담과 멘토링에 모든 노력과 정성을 쏟는 것이 저의 일이고, 사명이라고 생각하고, 하루하루를 기쁨과 감사로 살고 있습니다. 진실로, 이 땅의 모든 기술 창업자가 성공해서, 이 나라에 창조 경제가 실현되고, 우리나라가 세계 일등 국가로 우뚝 서기를 바라는 마음입니다.

CHAPTER

08

효과적인 사업계획서 만들기

이 장의 주요내용

- 사업계획서의 개념 및 활용
- 사업계획의 핵심 요소
- 일반적인 사업계획서
- 정부 지원 사업의 사업계획서

사업계획서의 개념 및 활용

- 사업시스템을 운영하기 위한 사업기획이 잘되어야 올바른 사업운영이 가능하고, 사업 운영의 결과를 사업계획에 반영, 수정함으로써 사업을 성공으로 이끌 수 있다.
- 사업계획서는 내부적으로는 사업의 이정표가 되고, 기술 창업자가 자기점검을 할 수 있는 기회를 제공하는 것이고, 외부적으로는 정부 지원금, 대출, 투자 등의 자금 조달을 위하여 상대방에게 자신의 사업을 이해시키기 위한 것이다.
- 사업의 핵심 요소와 창업자의 강점을 부각시키고, 자신의 사업에 맞는 짜임새 있고 차별화된 사업계획서를 만들어야 한다.

    사업계획은 기술 창업자가 사업의 목표를 달성하기 위하여 사업시스템을 운영하는 계획을 작성하는 것이다. 사업시스템을 운영하기 위한 사업기획이 잘 되어야 올바른 사업운영이 가능하고, 사업운영의 결과를 사업계획에 반영, 수정함으로써 사업을 성공으로 이끌 수 있다.

사업계획서를 작성하는 일반적인 절차는 다음과 같다.

〈사업계획서의 일반적인 작성 절차〉

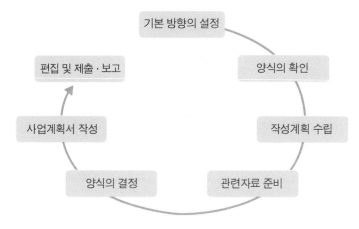

잘 작성된 사업계획서는 기술 창업자에게 다음과 같은 이점을 제공한다.
(1) 기술 창업자의 꿈, 비전을 구체화하는 계기
(2) 보유한 자원을 효율적으로 사용할 수 있는 방안 마련
(3) 기업 내부의 사업추진 방향 정립
(4) 위험의 사전 분석과 관리를 가능하게 함
(5) 이해관계자를 명확히 하고, 그들에게 사업분석을 할 수 있게 함
(6) 사업실행의 문제점을 사전에 알게 함
(7) 사업실적 평가의 기준이 제공됨
(8) 투자 및 자금 조달을 위한 토대 마련
(9) 전략적 제휴를 위한 토대 마련 등

사업계획을 작성하는 이유는 위와 같은 이점이 있기 때문이지만, 사업계획
서는 내부적으로는 사업의 이정표가 되고, 기술 창업자가 자신의 사업을 점
검할 수 있는 기회를 제공하며, 거래처, 동업자나 인재 유치를 위한 설득 자
료로도 사용할 수 있다. 또한 외부적으로는 정부 지원금, 대출, 투자 등의 자
금 조달을 위하여 상대방에게 자신의 사업을 이해시키고, 자금이 필요한 이

유를 납득시킴으로써 소기의 목적을 달성하기 위한 것이다.

기술 창업자는 사업을 시작하기 전에 사업계획서를 작성하여야 한다. 이러한 사업계획서를 기본 사업계획서라고 한다. 기본 사업계획서에는 사업의 내용과 사업을 실행하기 위한 세부적인 사항과 절차, 시간계획, 소요 자금 등이 포함되기 때문에 사업의 종류에 따라서는 50페이지가 넘는 많은 분량이 될 수도 있다. 기본 사업계획서를 요약, 수정하여, 내부적으로 특정한 목적을 위한 내부용 사업계획서를 만들 수 있고, 기본 사업계획서를 바탕으로 연도별 사업계획서를 작성할 수도 있다. 기본 사업계획서나 내부용 사업계획서는 사업계획 작성 목적에 어긋나지 않는다면 분량이 많더라도 크게 문제될 것이 없지만, 외부적으로 사용할 외부 발표용 사업계획서는 정해진 시간 안에 사업의 핵심을 간결하고도 정확하게 설명하여야 하기 때문에 기본 사업계획서의 내용을 목적에 맞게, 적당한 분량으로 요약 및 정리하여 사용한다. 또한 사업계획서의 핵심적 내용을 1 내지 2페이지로 요약한 요약 사업계획서를 작성, 사용하는 것도 효과적이다.

사업계획서는 정확하고 알기 쉽게 작성하는 것이 가장 중요하다. 기술 창업자는 사업의 핵심 요소와 창업자의 강점을 부각시키고, 자신의 사업에 맞는, 짜임새 있고 차별화된 사업계획서를 만들어야 한다. 특히 국내외 시장분석 및 기술 동향에 관하여 정확하게 기술하고, 필요시 근거 자료를 제시할 수 있어야 하고, 추정 매출이나 현금 흐름 등 객관성이 결여되기 쉬운 자료는 추정의 근거 자료를 제시할 수 있어야 한다. 또한 기간별 실행계획, 위험 요인의 분석 및 대응 전략 등 사업계획을 보고 질문할 수 있는 모든 것에 대한 자료를 준비하는 것이 좋다. 자금 조달을 위하여 사업계획서를 발표하는 경우에는, 사업계획서 및 관련 자료를 철저하게 준비해야만 심사위원의 질문에 당황하지 않게 되고, 좋은 평가를 받아서 소기의 목적을 달성할 수 있다.

사업계획서를 작성할 때 주의해야 하는 몇 가지 사항을 알아보자.

(1) 사업계획서는 전문가가 아닌 일반인에게 익숙한 용어를 사용하여야 한다. 특히 기술 용어를 적절한 설명없이 사용하면, 상대방이 사업계획을 정

확하게 이해하지 못하게 된다.

(2) 사업계획서를 세부적인 것까지 너무 상세하게 작성하면, 설명이 길어지고 핵심을 벗어나기 쉽기 때문에 상대방이 이해하기 쉽도록 작성하여야 한다.

(3) 사업계획서를 작성할 때, 미래에 대한 판단, 미래의 매출 및 이익을 너무 과도하게 작성하거나, 의도적으로 과장하게 되면 대외적으로 거짓과 과장으로 작성된 사업계획서라는 평가를 받아 자신의 사업계획에 오히려 해를 끼치는 결과를 가져올 수 있다.

(4) 장밋빛의 사업계획서를 통하여 성공적인 사업구상을 피력할 수 있지만, 사업구상의 전제 조건이 허황되거나, 비현실적인 경우에는 오히려 상대방의 신뢰를 무너뜨림으로써, 자금의 지원이나 투자를 받지 못하게 될 수 있다.

사업계획의 핵심 요소

- 사업계획의 세 가지 핵심 요소
  (1) 기술 창업자 – 외부환경과 내부역량
  (2) 사업목표 – 정량적 목표와 정성적 목표
  (3) 전략 및 실행 – 사업전략 및 구체적 실행계획
- 기술 창업자가 사업계획의 핵심 요소에 대하여 필요한 결정을 하지 못하고, 이를 이해하지 못한다면 좋은 사업계획서를 작성할 수 없다.

기술 창업자는 사업계획을 작성하기 전에 다음의 세 가지 질문에 대답할 수 있어야 한다. 이 질문에 대한 대답이 사업계획의 핵심이라고 할 수 있다.
(1) 나는 지금 어디에 있는가? – 기술 창업자의 외부환경과 내부역량
(2) 나는 어디로 가야 하는가? – 사업의 정량적 목표와 정성적 목표
(3) 나는 어떻게 갈 수 있는가? – 사업전략과 구체적 실행계획

〈 사업계획의 핵심 요소 〉

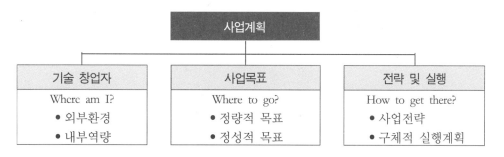

기술 창업자가 사업계획서를 작성하기 전에 알고 있어야 하는 사업계획의
세 가지 핵심 요소에 대하여 조금 더 자세히 알아보자.

(1) 기술 창업자 – 외부환경과 내부역량

사업계획의 첫 번째 핵심 요소는 기술 창업자이다. 즉, 현재 또는 미래의
외부환경에서 기술 창업자가 사업을 성공적으로 수행하기에 충분한 내부역
량이 있는지에 대한 것은 매우 중요한 요소이다. 벤처 투자 업계의 많은 투
자 심사역 들은 심사에서 가장 중요한 요소가 기업가라고 말한다.

외부환경이란 기업을 둘러싼 정치, 경제, 사회, 인구 통계적 환경, 산업환
경, 경쟁자와 경쟁환경, 무역 등 해외환경 중에서 사업에 영향을 미칠 수 있
는 요소를 말한다. 내부역량이란 기술 창업자의 학력, 경력, 지식의 정도, 기
술력, 영업력, 판단력, 판로 확보의 가능성 등의 요소를 말한다.

외부환경하에서 기술 창업자의 내부역량을 분석함으로써 기술 창업자의
사업 성공 가능성을 판단하기 위한 요소이다.

(2) 사업목표 – 정량적 목표와 정성적 목표

사업계획의 두 번째 핵심 요소는 사업목표이다. 사업목표에는 정량적 목표
와 정성적 목표가 있다. 정량적 목표는 사업목표를 일정한 양으로 표시한 목
표이다. 올해의 매출액, 영업 이익, 시장 점유율 등이 대표적인 정량적 목표
이다. 정량적 목표는 달성률을 실시간으로 알 수 있기 때문에 측정이 용이하

고, 실적 결과를 바로 알 수 있기 때문에 실적 부진에 대한 대책을 빠르게 수립할 수 있다. 그러나 모든 목표를 정량화하기는 어렵기 때문에 정성적 목표와 병행할 수 있다. 정성적 목표는 이루고자 하는 어떤 성질을 나타내는 목표이다. 목표 시장에서의 회사의 위치, 목표 시장 고객의 창출과 만족, 개발 제품의 기술 향상, 제품 및 서비스의 차별화 등 창업 기업의 성공 또는 기업의 지속 가능한 성장이라는 특정 가치를 나타내는 목표이다. 정성적 목표는 그 목표 달성 여부를 측정하기 어렵기 때문에 이를 측정할 수 있는 하위의 정량적 목표를 설정하는 것이 좋다. 여러 개의 하위 정량적 목표를 통해서 정성적 목표 달성을 측정하고 평가할 수 있다.

(3) 전략 및 실행 – 사업전략 및 구체적 실행계획

사업계획의 세 번째 핵심 요소는 사업전략과 구체적 실행계획이다. 사업목표를 달성하기 위한 사업전략은 제품전략, 마케팅 전략 및 관리전략으로 구분할 수 있다.

제품전략은 제품의 구성, 제품 차별화전략, 제품 개발전략 등과 이러한 전략을 실행하기 위한 구체적인 전술과 실행계획이다. 마케팅 전략은 총 제공물인 제품과 서비스를 목표 시장에서 고객에게 포지셔닝 하기 위한 전략으로, 가격전략, 유통전략, 판매 촉진전략, 브랜드 구축전략 등의 전략과 이를 실행하기 위한 전술 및 실행계획이다. 관리전략은 사업기획, 평가, 피드백을 포함하는 사업시스템의 전 과정을 실행하는데 필요한 인적, 물적 자원 및 자금의 조달과 투입 등의 관리를 하는 것으로, 인적 자원의 채용, 배치 및 교육, 필요한 물적 자원의 구매, 전략적 제휴, M&A, 지식재산권의 등록 및 관리, 투자 등 자금의 확보 등의 전략과 실행계획이다.

기술 창업자는 사업을 시작하기 전에 사업구상을 하고, 이를 구체화하여 기본 사업계획서를 작성하고 그 절차에 따라 사업을 시작한다. 기술 창업자가 사업계획의 핵심 요소에 대하여 필요한 결정을 하지 못하고, 이를 이해하지 못한다면 좋은 사업계획서를 작성할 수 없다. 따라서 기술 창업자는 사업계획서를 작성하기 전에 시작하는 사업에 대하여 많은 고민과 연구를 하고,

제품 관련 기술 자료, 특허 자료, 목표 시장과 고객 자료, 경쟁자 자료 등에 대한 충분한 정보 조사와 자료 준비를 마쳐야 한다.

일반적인 사업계획서

- 기술 창업자가 사업계획의 핵심 요소에 대한 결정과 충분한 정보 조사와 자료 준비를 마쳤다면 기본 사업계획서를 작성하여야 한다.
- 사업계획서는 자신의 강점을 최대로 부각할 수 있도록 작성되어야 하지만, 상대방의 신뢰를 잃게 할 수 있는 사업계획서가 되어서는 안 된다.
- 사업계획서의 목차는 자신의 업종에 따라서 또는 핵심전략을 강조하기 위하여 조정할 수 있고, 중요도가 낮은 부분은 표시하지 않을 수 있다.

기술 창업자가 사업계획의 핵심 요소에 대한 결정과 충분한 정보 조사와 자료 준비를 마쳤다면 기본 사업계획서를 작성하여야 한다.

기본 사업계획서는 향후에 여러 가지 목적에 의하여, 내부용 또는 외부 발표용으로 수정, 보완되어 사용될 것이므로, 사업 전체를 개괄하여 작성하는 것이 좋다. 사업계획서는 자신의 강점을 최대로 부각할 수 있도록 작성되어야 하지만, 상대방의 신뢰를 잃게 할 수 있는 사업계획서가 되어서는 안 된다. 사업계획을 발표함으로써 상대방의 신뢰를 잃게 된다면 사업계획서를 작성하고, 발표할 필요가 없기 때문이다.

사업계획서의 일반적인 목차와 내용을 알아보자. 자신의 아이템이나 업종에 따라서 또는 핵심전략을 강조하기 위하여 목차는 조정할 수 있고, 중요도가 낮은 부분은 표시하지 않을 수 있다.

일반적인 기술 창업자의 기본 사업계획서 구성은 다음과 같다.

① 사업개요(사업계획의 요약)

사업목표, 사업모델(아이템, 수익 창출의 흐름), 사업화 전략(주요 사업전략)

② 조직 및 인력계획

회사의 비전 및 형태, 대표자 및 임원의 역량, 인력 및 업무 분담, 인력 충원계획(핵심 인력 중심), 대외 협력 관계, 협력업체 및 인력 등

③ 제품 및 서비스계획

제품 또는 기술의 차별성 및 독창성, 연구 개발 및 시제품 개발계획, 제품 및 디자인계획, 제품 양산계획, 제품 및 서비스의 구성, 지식재산권 등

④ 마케팅계획

목표 시장 선정 사유, 시장 및 고객 분석, 경쟁자 분석, 가격전략, 유통 채널 선정 및 유통계획, 광고 및 판매 촉진계획 등

⑤ 소요 자금 및 조달계획

부문별 자금 소요계획, 자금 종류별 조달계획

⑥ 사업추진 일정

제품별 사업추진 일정, 부문별 사업추진 일정, 전체 사업추진 일정

⑦ 추정 재무제표

추정 손익계산서, 추정 대차대조표, 추정 현금흐름표

* 첨부 자료: 창업자 이력서, 경쟁사 자료, 세부 시장 자료, 기사 자료, 제품 설계도, 계약서 등

〈 기술 창업자의 외부 발표용 사업계획서 – 예시 〉

제목: 차량용 실내 미세먼지 디지털 측정 장치

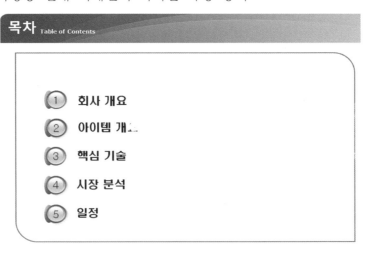

- 창립 일자 2014년 4월 1일
- 3인 공동 창업
- 영업 (10년), 개발 (12년), 제조기술 (10년) 현장 실무 경력
- 2013년 이노폴리스캠퍼스 육성산업 과정 진행하면서 배운 창업에 대한 지식
- 2009년부터 '차량용 엠블런 LED제품'을 개발하여 자동차판매용품 전문사이트 바보몰, 큰박스, 독특닷컴, 옥션, G마켓, 자동차동호회 카페 등에서 판매한 경험
- '차량용 실내 미세먼지 측정장치 및 그 운용방법' 특허 출원

✓ 차량용 실내미세먼지 디지털 측정기

시제품

다양한 제품에 부착 가능한
모듈형식의 제품

3. 핵심 기술

✔ 차량용 실내미세먼지 디지털 측정기 핵심기술

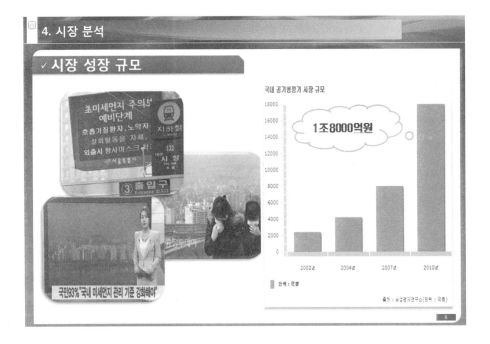

차량용 실내미세먼지 측정기
BLOCK DIAGRAM

1. 황사, 미세먼지 등을 센서부가 측정.
2. OP AMP IC를 통해 증폭된 측정값을 프로그래밍 작업한 CPU IC가 읽고 오염도 출력값 발생.
3. 오염도 출력값에 따른 여러 단계를 LED 색을 통해 DISPLAY.
4. 모듈화 가능을 위한 휴대용 전원부 개발.

4. 시장 분석

✔ 시장 성장 규모

국내 공기청정기 시장 규모

1조8000억원

2002년 2004년 2007년 2010년

단위 : 억원

출처 : 삼성경제연구소(단위 : 억원)

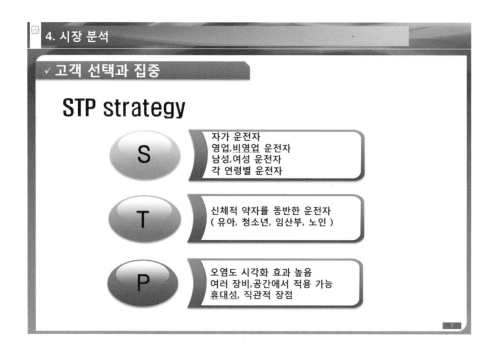

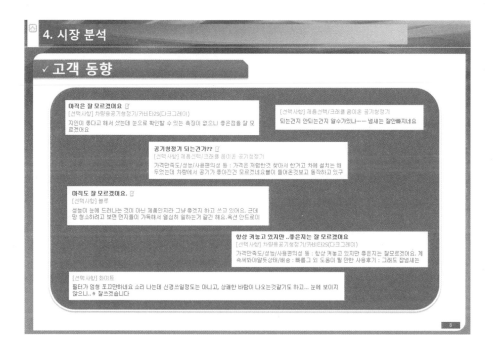

정부 지원 사업의 사업계획서

- 정부 지원 사업은 장기 저리의 융자 지원과 목적에 맞게 사용하기만 하면 반환 의무가 없는 자금 지원이 있다.
- 사업계획서에는 자신의 아이템이 무엇이고, 어떤 점에서 차별화되고, 고객이 누구이며, 어떤 방법으로 팔 것인지를 간단, 명료하게 표현해야 좋은 평가를 받을 수 있다. 또한 판매에 대한 명확한 계획이나 판매 실적이 있다면 이를 제시하는 것이 좋다.

기술 창업자는 창업 전후에 자금 조달을 위하여 기본 사업계획서를 바탕으로 정부 지원 사업 등의 사업계획서를 작성해야 할 경우가 많다.

정부 지원 사업은 장기 저리의 융자 지원과 목적에 맞게 사용하기만 하면 반환 의무가 없는 자금 지원이 있다.

기술 창업자에 대한 장기 저리의 융자 지원은 중소기업진흥공단과 서울시 등의 지방 자치단체의 자금이 있다. 중소기업진흥공단의 창업기업지원자금 등을 신청하기 위해서는 정해진 양식의 사업계획서를 작성하여 신청서와 함께 제출하면 된다. 사업계획서는 창업 당시 작성한 기본 사업계획서의 내용을 중심으로 자금이 필요한 사유와 자금을 어떻게 사용할 계획인지를 작성하면 된다. 기술 창업자에 대한 융자 지원은 사업계획서를 잘 작성했는지에 대한 평가는 중요하지 않고, 사업의 내용과 개인의 신용 등이 중요한 요소를 차지한다.

창업자에 대한 정부의 지원은 도소매업의 경우는 거의 없고, 제조업이나 지식 서비스업 등의 기술 창업자에 대한 지원이 대부분이다. 기술 창업자에 대한 지원은 중소기업청 등의 정부 지원 사업과 지방자치단체의 지원 사업이 있다. 창업넷(www.changupnet.go.kr)이나 기업마당(www.bizinfo.go.kr)의 공고 내용을 확인하고, 신청 일정에 맞추어 정해진 양식의 신청서와 사업계획서를 제출하면 된다.

예비 창업자와 1년 이내의 기술 창업자를 위한 자금 지원 사업은 창업선도대학의 창업아이템사업화와 창업맞춤형 사업이 대표적인 사업이고, 그 밖에도 청년창업사관학교 사업, 글로벌 청년창업활성화 사업 등이 있다.

기술 창업자에 대한 대부분의 정부지원 사업은 모집 공고문을 보면 그 내용을 알 수 있는데, 1차 서면 평가와 2차 심층 평가 및 발표 평가를 통해서 지원자를 선정한다. 1차 서면 평가는 대부분 정해진 양식에 의하여 제출된 사업계획서를 평가하여 당락을 결정한다. 서면 평가 단계에서는 창업자의 역량, 사업화 가능성, 창업아이템의 기술성과 시장성 등을 평가하는데, 창업아이템에 대한 기술성과 시장성에 대한 배점이 높다. 기술 창업자는 자신의 아이템이 무엇이고, 어떤 점에서 차별화되고, 고객이 누구이며, 어떤 방법으로 팔 것인지를 간단, 명료하게 표현해야 좋은 평가를 받을 수 있다. 이를 위하여 시장 조사, 시장 분석, 소비자 조사 등을 실시하는 것이 좋고, 어떤 방식의 마케팅을 통하여 판매한다는 명확한 계획이나 판매 실적이 있다면 이를 제시하는 것이 좋다.

기술 창업자의 창업선도대학 창업아이템사업화 지원 사업의 사업계획서의
예를 보면 정부 지원 사업의 사업계획서 작성에 많은 도움이 될 것이다.

〈 창업넷 홈페이지 〉

〈 기술 창업자의 정부 지원 사업의 사업계획서 – 예시 〉

제목: 비색 감정테이블

「창업선도대학 육성사업 창업사업화지원」

사업계획서

1. 사업계획 요약

□ 창업아이템 개요

아이템명	비색 감정테이블(고미술품, 미술품, 사진 등)
요약설명	본 비색 감정테이블은 고문서와 미술품 그리고 사진 등의 색채분석 및 진위여부 감정을 할 수 있는 특화된 테이블이다. 색채 및 화상 감정 시 고연색의 조명등이 필수적이며, 감정 대상의 표면반사를 제거할 수 있게 입사각과 반사각 조절할 수 있게 하였다. 　주문 생산방식을 채택하여 사용자의 목적에 맞게 수 제작함에 따라 홈페이지 제작 후 기능성과 목적에 맞게 상담 후 직접 설계 제작.
고객 세분화	공공기관: 박물관, 미술관, 과학수사기관, 대학의 사진 및 색채관련 학과 등 사설기관과 개인: 개인 미술품 소장가, 미술품 경매 회사, 고미술품 취급업체 등.
고객 관계 관리	10여년 이상 문화예술계와 박물관, 미술관, 대학 등에 네트웍을 형성하고 있고 본 비색 감정테이블의 수요처를 잘 파악하고 있어, 고객 관계 관리가 용이함.
가치 제안	고연색성의 조명등을 채택하여 고문서와 미술품을 감정 시 상시 활용. 관측자 위치에서 조명의 입사각을 자유롭게 변화시켜, 반사 없는 색상 비교.
채널	주문 생산방식 채택으로 홈페이지와 홍보용 브로슈어 제작을 통한 직접 마케팅 및 관련업체(세기P&C, 신지스튜디오클럽, 현대포토닉스) 납품.
수익권	제품 판매 수익과 24bit LUT 임차 수입.
핵심 자원	본 비색 감정테이블은 창업자가 본 분야에서 많은 경험을 바탕으로 필요에 의해 설계 제작한 제품임.
핵심 활동	국내 고연색성 LED 제작업체와 조명등 개발 및 조명등기구 내부 반사경과 등기구 설계 제작을 통한 국내 생산 체제구축.

2. 창업가로서의 개인역량

□ 창업자 소개

본 제품은 대중적인 제품은 아니지만, 사진과 고문서 감정 그리고 색채분석을 위해 꼭 필요한 제품으로 이제까지 조명등만 생산·유통되어 건물의 벽체에 고정식으로 설치 운영되어 왔다. 하지만, 본 제품은 감정하고자 하는 사진이나 그림 또는 고문서 등을 관측자 위치에서 고연색 입사광을 조사하여 반사광이 관측자 앞쪽으로 튀어나가게 함으로써, 반사광 없는 감정을 할 수 있고, 일정하게 균일한 조명상태에서 감정이 가능하게 만든 것이 특징이다.

본 창업자는 국내 사진 감정과 색채 분석의 전문가로 활동하면서, 고문서 영인본 제작 및 사진 출력물의 색 재현에 대해 오랫동안 감정과 연구를 주도해왔다. 그동안 감정과 색채를 비교 분석할 때마다 관측과 감정이 용이한 고연색성의 조명광과 감정물의 반사 및 균일한 감정 조건에 대해 많은 아쉬움이 있어서 그동안의 경험을 바탕으로 비색 감정테이블을 설계하였다.

본 창업자는 2004년 조명기기에 대한 특허 2건과 2009년 특허 1건을 보유하고 있으며, 앞으로도 색 재현 및 판독에 대한 타깃을 만들어 특허 출원을 준비하고 있다.

2011년 3월 SBS 3.1절 특집 다큐멘터리 '일본이 찍은 체포사진 속 인물 그는 윤봉길인가'에서 많은 사진을 판독하는 과정에 비색 감정테이블이 절실히 필요했었다. 본 제품은 대중적인 제품이 아니지만 전문기관에서 꼭 필요로 하는 제품이기 때문에 누군가는 만들어야 한다고 생각하여 창업을 하려고 한다.

□ 창업사업화 추진의지

창업선도대학 육성사업 창업사업화지원을 받게 된다면 국내 박물관, 미술관 등에서 사용할 수 있는 최고 품질의 비색 감정테이블을 제작하여 관련기관에 납품할 예정이다.

특히 지역의 업체들과 함께 제품을 개발하여 조명기기 및 아이디어 특수장비 산업이 지역의 연고산업으로 발전할 수 있게 노력할 것이다.

3. 비전과 창업로드맵

☐ 창업로드맵 개요

목표	국내외에서 독보적인 비색 감정 장비를 생산하는 전문화된 기업으로 육성 비색 감정테이블을 활용한 디지털 출력기기의 평가 타깃 개발과 판매

창업자 개인역량	창업아이템의 기술성	창업아이템의 사업성
10여년 동안의 사진감정과 영인본 제작 노하우를 바탕으로 색과 관련된 하드웨어 및 소프트웨어 개발	고연색 조명기기 및 등기구를 사용자의 목적에 맞게 설계 제작-특수 장비에 대한 아이디어 기술 (노하우)	본 제품은 고가이지만, 주문생산 방식을 취하여 재고 위험이 없다. 국내 관련기관 및 대학의 관련학과가 1500여 곳에 달함

☐ 창업로드맵 실천전략

목표	창업 준비
전략	제품 설계
시기	협약 전

→

목표	창업 및 시제품 개발
전략	창업과 소재 및 부품 선정
시기	협약 후 2개월 이내

→

목표	시제품 테스트
전략	시제품 제작 온습도 변화 테스트
시기	협약 후 4개월 이내

목표	관련제품 추가 개발
전략	조명등 및 등기구 국산화
시기	협약 후 12개월 이내

←

목표	제품 판매
전략	제품 생산 홍보물 제작 홈페이지 구축
시기	협약 후 8개월 이내

←

목표	2차 시제품 제작
전략	2차 시제품 제작 소재와 부품 선정
시기	협약 후 6개월 이내

4. 창업아이템의 기술성

☐ 창업아이템 기술의 차별성(기술의 독창적 구성)

본 비색 감정테이블은 특별한 기술적 독창성이 요구되는 제품은 아니다. 하지만 조명등을 LED로 국산화할 때 여러 가지 고려를 해야할 것으로 판단된다. 본 제품은 고연색의 조명등을 공급받을 수 있느냐에 있다고 판단된다.

따라서 본 제품은 누가 어떠한 목적으로 사용하느냐에 따른 틈새 시장의 아이디어 상품이다.

□ 창업아이템 기술의 모방 가능성(기술의 난이도)

본 비색 감정테이블은 기술적 모방 가능성이 높다. 하지만 누가, 어떠한 목적으로 사용할 것인가에 대해 경험적 노하우가 없다면 사용상 편의성과 설치방법에 따른 차이가 만들어질 수 있다.

기술적 난이도 보다 기능적으로 어떠한 부가적 장비를 설치할 수 있느냐와 소재의 선택적 조건이 제품의 경쟁력이 될 것으로 판단된다.

따라서 본 제품이 상품화되기 전에 특허 신청을 하고자 한다.

□ 창업아이템 기술의 구현 가능성(실현 가능성)

본 창업아이템은 사용하면서 느낀 아이디어에서 개발하게 되었다. 그리고 고연색성의 조명등을 활용한 외국제품들이 가끔 국내에 수입되기는 하지만, 너무 고가이고 기능적 측면에서 불편함이 많아 개선하고자 하였다. 따라서 즉시 사업화가 가능하지만, 수요처가 많지 않은 것이 사업의 단점이다.

5. 창업아이템의 사업성

□ 창업아이템의 시장분석

본 비색 감정테이블은 아직 소비 시장이 만들어지지 않아 이제부터 직접 만들어가야 할 것으로 생각한다. 국내 박물관, 미술관, 색채연구기관, 대학 등 1500여개의 기관을 중심으로 마케팅을 펼칠 생각이다.

특히 박물관과 미술관 그리고 대학의 관련학과는 본 제품이 꼭 필요하지만, 이러한 제품이 개발되지 않아 사용 필요성을 못 느끼고 있으므로 사용상의 편의성을 지속적으로 홍보해야 할 것으로 생각한다. 창업자 역시 내가 무엇을 필요로 하는지 잘 모르고 있었지만, 막연히 필요한 조건을 맞추어 하나씩 생각을 정리하고 만들어 보다가 개발하게 되었다. 따라서 시장성은 누가 사용할 것인지 잘 아는 사람만이 이 시장을 만들어갈 수 있다고 생각한다.

□ 창업아이템의 성장 가능성

본 비색 감정테이블은 아직 소비 시장이 크지 않지만, 국내 박물관, 미술

관, 색채연구기관, 대학 등 1500여개의 기관을 중심으로 제품을 홍보하려고
한다.

현재 시점에서 제품 수요는 매우 완만한 성장세를 보일 것으로 전망하며,
3년 후 약간 가파른 상승세가 이어지다가 5년 이후 정상적인 판매가 가능할
것으로 본다. 그리고 10년 후 관련기관에서는 하나 이상 보유 사용할 것으로
예측된다.

〈 소비량 예측 그래프 〉

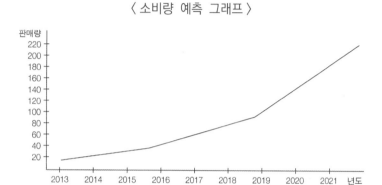

6. 창업사업화 추진계획

□ 창업사업화 추진일정

창업사업화 추진내용	M1	M2	M3	M4	M5	M6	M7	M8	M9	M10	비고
비색 감정테이블 설계	■										
시제품 제작업체 선정		■									
1차 시제품 제작			■								
시제품 변화 테스트(온·습도)			■	■							
2차 시제품 제작					■	■					
제품 생산						■					
마케팅(홍보)계획 수립							■	■			
홈페이지 구축									■	■	

□ 총 사업비 조성내역

합계(총 사업비) (100%)	정부지원금 (70% 이내)	창업자부담금(30% 이상)		
		현금(10% 이상)	현물(20% 이내)	소　계
65,000천원	45,500천원	6,500천원	13,000천원	19,500천원
현물부담 산출내역	품명	현물환산액(계)	산출내역	
	창업자인건비	13,000천원	1,300천원 X 10개월	

□ 월별 사업비 집행계획

창업사업화 추진내용	M2	M4	M6	M8	M10	계
시제품 개발비	11,800천원	12,800천원	12,800천원	5,300천원	5,300천원	48,000천원
기술정보활동비	-	-	-	7,000천원	-	7,000천원
마케팅비	-	-	-	2,000천원	8,000천원	10,000천원

◆ 아이에이치타겟(IH Target) 이인희 대표

　자연 상태의 햇빛에서 보는 색상과 실내의 인공조명에서 보는 색상은 다르다. 자연과 같은 색의 정도, 즉 물체에 따라 색이 달라지는 효과를 연색성이라고 하는데, 자연 상태의 조명에서 보는 물체의 색이 연색성이 낮은 실내의 조명에서 보는 색상보다 정확한 색상인 것이다.

　이인희 교수는 사진과 영상을 학생들에게 가르치면서, 실내에서도 색을 제대로 볼 수 있는 테이블이나 도구가 필요했고, 사진 감정과 색채 분석을 할 때마다 관측과 감정이 용이한 조명과 균일한 감정 조건에서 감정할 수 있는 도구에 대한 아쉬움이 많았다. 이러한 필요를 해결해 줄 업체가 국내에는 없다는 것을 확인하고, 색을 비교하고, 감정할 수 있는 테이블을 만들고 싶었다.

　마침 이 교수가 재직하고 있는 경일대학교가 2013년에 사관학교식 창업선도대학에 선정되었고, 이 교수가 중소기업청의 창업선도대학 '창업사업화지원사업'을 신청하여 선정됨에 따라, 학교의 허락을 받고, 교수와 예비 창업자의 신분을 겸하게 되었다.

이 교수는 2013년 5월에 중소기업청으로부터 시제품 제작 비용 등으로 4,550만원을 지원받았고, 150시간이 넘는 창업 교육과 100시간이 넘는 멘토링을 받았으며, 강의와 사업으로 눈코 뜰 새 없이 바쁜 나날을 보냈다. 게다가 고등학교 교과서인 '기초 촬영' 과목의 대표 저자를 맡다보니 늘 잠이 부족하고, 피곤했다.

그렇다고 수업을 소홀하게 할 수도 없었다. 뚜렷한 방법이 없다보니 하루에 자는 시간을 줄였고, 앉으면 자신도 모르게 졸게 되었다. 그렇지만 비색 감정테이블만은 제대로 만들겠다는 일념으로 조명 회사를 찾았고, 등기구와 테이블을 만들어 주는 회사를 알아봤다. 수차례의 수정을 거쳐서 알루미늄과 나무로 각각 테이블을 만들었고, 소재별로 두 종류의 스타일로 디자인하여 모두 네 가지 종류의 시제품을 완성하고, 자외선, 가시광선 및 적외선 조명기기와 보조 조명 시스템을 장착하여 제품을 완성했다.

비색 감정테이블은 고문서와 미술품 그리고 사진 등의 색채 분석 및 진위 여부를 감정을 할 수 있는 특화된 테이블이다. 색채 및 화상 감정 시에는 고연색의 조명등이 필수적이며, 감정 대상의 표면 반사를 제거할 수 있게 입사각과 반사각을 조절할 수 있어야 한다. 이 교수는 고객의 100% 만족을 실현하기 위하여, 주문 생산 방식을 채택하였고 사용자의 목적에 맞는 맞춤 제작을 한다. 고객과의 상담을 통하여 기능성과 사용 목적을 확인하고, 사용자 맞춤형으로 설계, 제작하기 때문에 고객 만족도가 매우 높다.

박물관, 미술관, 과학 수사기관, 대학의 사진 및 색채관련 학과 등 공공기관은 물론이고, 개인 미술품 소장가, 미술품 경매 회사, 고미술품 취급 업체, 도료 회사 등의 회사 및 개인도 이 교수가 사장인 1인 기업 아이에이치타겟의 고객이 될 것이다. 2013년 9월에 사업자등록을 하였고, 첫 제품을 만들자마자 몇몇 고객의 주문이 있었고, 정해진 납기에 맞춰서 제품을 납품했다. 매출이 발생한 것이다. 또한 종업원도 필요해서 채용을 할 예정이다.

아이에이치타겟의 목표 시장은 규모가 작고, 매우 전문적인 분야이지만, 전 세계에 퍼져 있고, 그 규모는 점점 커질 것이 분명하다. 향후 정확한 색을 봐야 할 필요가 있는 회사나 개인의 숫자는 점점 늘어날 것이기 때문이다.

이인희 대표는 "외국에도 우리 제품과 유사한 제품이 있지만, 값이 비싸고, 기능면에서 불편한 점이 있다. 따라서 제품의 해외 수출도 할 생각이다. 향후, 국내외에서 손꼽히는 색상 감정 전문장비를 생산하는 업체로 성장할 것이다"라고 말했다.

개념의 정리

✔ 대출(Loan)

금융기관이 신용을 공여하는 여신업무, 즉 융자의 방법에는 대출과 할인이 있음. 대출은 은행 등에서 돈을 빌리는 것을 말함. 대출은 담보의 유무에 따라 담보 대출과 신용 대출로 나눌 수 있고, 그 밖에 당좌 대출, 외화 대출, PF 대출, 약관 대출 등 여러 가지 대출이 있음. 기업은 타인 자금을 이용하기 위하여, 금융기관에게 이자 지급과 원금 상환을 약속하고 자금을 대출받음.

✔ 투자(Investment)

투자는 공장·기계·건물이나 원료·제품의 재고 등 생산 활동과 관련되는 자본재의 총량을 유지 또는 증가시키는 활동을 말함. 이에 비하여 투기는 생산 활동과는 관계없이 오직 이익을 추구할 목적으로 실물 자산이나 금융 자산을 구입하는 행위임. 투자와 투기는 이익을 추구한다는 점에서는 같음. 다만 투자는 생산 활동을 통하지만, 투기는 생산 활동과 관계없이 이익을 추구하는 점이 다름.

✔ 시장 점유율(Market Share)

어떤 기업의 특정 상품 매출액이 그 상품의 국가 전체 매출액 가운데 차지하는 비율. 모든 회사의 기본적인 마케팅 정책은 시장에서 점유하는 그들의 지위를 유지 또는 증대시켜 상품에 대한 지배력을 갖고자 하는데 목표를 두고 있음.

✔ M&A(Mergers & Acquisition)

기업의 인수와 합병을 뜻함. '인수'란 한 기업이 다른 기업의 주식이나 자산을 취득하면서 경영권을 획득하는 것이고, '합병'이란 두 개 이상의 기업들이 법률적, 사실적으로 하나의 기업으로 합쳐지는 것을 말함. M&A의 목적은 기존 기업의 내적 성장 한계를 극복하고 신규 사업 참여에 소요되는 기간과 투자 비용의 절감, 경영상의 노하우, 숙련된 전문 인력 및 기업의 대외적 신용 확보, 경쟁사 인수를 통한 시장 점유율 확대, 인수 후 매각으로 차익 획득 등임.

✔ 회사의 비전(Vision)

기업의 근본적인 존재 이유를 미션이라고 함. 피터 드러커는 모든 기업의 미션은 '고객을 창출하는 것'이라고 하였음. 미션에 따라서 구체적으로 달성해야할 미래의 목표를 비전이라고 함. 즉, 향후 우리 기업은 어떤 모습을 하고 있을까 하는 것을 그려보는 것을 말함.

9

나의 창업 이야기

1999년 1월에 사업자등록을 하고, '이지산업'이라는 개인 기업을 창업해서, 키토산 응용 기술 분야 중에서 미용 비누와 화장품 원료를 팔았습니다. 그 당시 국가에서 벤처기업을 육성하는 정책을 발표했고, 이로 인해서 많은 기업들이 창업을 하고, 특허를 출원하고 너도나도 벤처기업이 되고자 했습니다. 벤처기업으로 큰돈을 벌었다는 기사가 신문에 나기도 했고, 많은 사람들이 상장도 되지 않은 벤처기업 주식을 액면가의 몇십 배 가격으로 투자하기도 했습니다.

저도 개인 기업을 폐업하고 법인 기업을 설립해서 제대로 된 '키토산 응용 분야 전문 기업'이 되겠다는 큰 희망에 들떠서, 2000년 초에 서울 역삼동에 있는 한국과학기술회관에서 투자를 받기 위한 사업설명회를 개최했습니다. 그때, 약 2개월간 사업계획서와 프레젠테이션 자료를 만들었습니다. 사업계획서는 50쪽에 가까운 방대한 분량이었고, 그 사업계획서를 요약해서 별도로 프레젠테이션 자료를 만들어 발표했습니다. 100분 정도를 초대했는데, 50분 정도가 와주셨습니다. 너무 포부가 컸는지 모르겠습니다만 그날의 사업설명회는 약간 김이 빠진 듯하고 열기가 없었으며, 투자 약속도 거의 없었습니다. 당시에는 꽤 실망했습니다만, 사업계획서를 잘 만들지 못했고, 발표도 잘 하지 못했기 때문이라고 생각합니다. 더 중요한 이유는, "제가 주식회사를 만들고, 사업을 잘해서 이익을 내겠으니, 엔젤 투자를 해 주십시오."라는 저의 투자 요청에 대해서, 투자자들이 사업 내용을 잘 이해하지 못했다는 것이고, 그 책임이 저에게 있었다는 것입니다.

사실 창업투자회사의 심사역들도 투자 대상회사의 프레젠테이션만으로 투자를 결정하지는 않을 것입니다. 심사역들의 투자 기준 중에서 가장 중요한 요소는 '사장의 역량과 자질'이라고 합니다. 사업아이템의 기술성, 시장성도 중요하지만, 회사는 결국 사장이 누구냐에 따라 달라지기 때문입니다.

결국 저는 2000년 5월에 자본금 2억원으로 주식회사를 설립하고, 대표이사가 되었으며, 초기에 투자해 주신 분들이 20분 정도 계셨습니다. 회사가 자본 잠식으로 2008년 폐업하기까지, 주주들은 저를 믿어 주셨고, 원망하시는 분들은 거의 없었으며, 오히려 위로해 주시는 분들이 많았습니다. 정말 좋은 분들입니다. 지금도 그분들께 뭐라고 말씀 드려야 할지 모르겠습니다.

2005년경에 창업투자회사에 투자 요청을 하고, 창업투자회사를 방문하여 프레젠테이션을 한 일이 있었습니다. 투자가 이루어지지는 않았는데, 그 때문에 담당 심사역이 저에게 상당히 미안해했습니다. 투자는 내부 심의회의에서 결정되는데, 회의에서 부정적인 얘기가 많이 나온 것 같았습니다. 또한 그 당시의 창업투자회사가 선호하는 투자는 1~2년 후에는 상장이 돼서 자금 회수가 가능하여야 하고, 그런 경우가 아니면 선뜻 투자를 하지 않았습니다. 벤처 붐 이후 투자한 기업 중에서 사고(?)난 경우가 많아서 심사역들이 몸을 사리던 때였기 때문입니다.

자금 조달은 가능하다면 적어도 1~2년 후까지는 예측을 해서, 내 형편이나 신용이 좋을 때, 미리 자금을 확보해야 합니다. 자금이 필요한 때에 임박해서는 자금을 조달하기 어려울 뿐 아니라, 급하기 때문에 이자 등에서 불리한 조건을 감수할 수밖에 없습니다. 은행 등의 대출 기관은 자금이 필요할 때는 이런 저런 이유를 대면서 잘 빌려주지 않고, 자금이 남아서 필요 없을 때에는 찾아와서 대출 좀 해 가라고 간청합니다.

기업 운영에 있어서 자금 조달만큼 중요한 일은 없는 것 같습니다. 자금은 사업 규모에 맞게 적정량을 미리 조달하여야 하는데, 필요할 때 자금이 없으면 기업 운영에 곤란을 겪게 됩니다. 따라서 기술 창업자는 자금 시장의 구조와 자금 정보를 잘 알고 있어야 하고, 필요할 때 적당한 자금을 적기에 조달할 수 있는 능력을 갖춰야 합니다.

그동안 제가 여러 가지 힘든 일을 해야 한다고 말씀드려서, 기술 창업자 여러분이 부담을 가지실 수 있지만, 나의 꿈을 이루기 위해서 즐거운 마음으로 노력한다면, 세상에서 안 되는 일은 없다고 생각합니다.

CHAPTER

09

자금 조달과 프레젠테이션

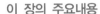

이 장의 주요내용

- 자금 조달의 개념 및 원천
- 정부 및 지방자치단체의 지원금
- 엘리베이터 피치와 프레젠테이션
- 투자와 대출
- 주식 시장과 기업 공개

자금 조달의 개념 및 원천

- 기술 창업자는 자금의 입금과 출금을 예측하고, 자금 부족에 대하여 단기 또는 장기 자금 조달계획을 세우고 이를 실행하여 자금 부족을 해소하여야 한다.
- 자금 조달은 기업 내부에서 자본금의 형태로 자금을 조달하거나, 주식을 발행하여 판매하는 경우와 같은 자기자금 자금조달과 자금을 빌리고, 나중에 다시 갚는 형태의 부채 자금조달로 나눌 수 있다.
- 기술 창업자는 (1) 상환 의무가 없는 지원금 (2) 장기 저리의 중소기업진흥공단 및 지방자치단체의 중소기업 지원 자금 (3) 상업은행의 중소기업 및 일반 자금의 순서로 자금을 조달하는 것이 유리하다.

기술 창업자가 사업시스템을 운영하기 위하여 자금을 조달하고 그 자금을 관리하는 것을 재무 활동이라고 한다. 기술 창업자는 자금 수입 및 지출계획을 세우고, 현재의 자금 현황을 파악한 후, 부족한 자금에 대하여 조달계획을 세우고 자금을 조달하여야 한다. 또한 자금이 남는 경우에는 정기예금과 같이 만기가 정해져 있는 계좌에 입금할 것인지, MMF와 같이 이자율이 높고, 입출금이 자유로운 계좌에 입금할 것인지를 결정하고 실행한다.

사업시스템에서 현금의 흐름이 끊어지면 안 되기 때문에, 기술 창업자는 자금의 입금과 출금을 예측하고, 자금 부족에 대하여 단기 또는 장기 자금 조달계획을 세우고 이를 실행하여 자금 부족을 해소하여야 한다. 자금의 흐름을 예측하기 위해서는 입출금 현황, 제품의 판매 현황, 카드 및 외상 결제 현황 등에 의하여 매일의 운영 자금을 관리하고 주간 및 월간 자금도 관리하여야 한다.

자금 조달은 기업 내부에서 자본금의 형태로 자금을 조달하거나, 주식을 발행하여 판매하는 경우와 같은 자기자금 자금조달과 여러 가지 방법으로 자금을 빌리고 나중에 다시 갚는 형태의 부채 자금조달로 나눌 수 있다. 정부 또는 지방자치단체의 창업자 지원 자금 및 R&D 자금은 상환 의무가 없기 때문에 자기자금 자금조달의 한 형태라고 할 수 있다. 부채 자금조달의 경우에는 1년 이후에 만기가 돌아오는 장기 자금과 1년 이내에 만기가 돌아오는 단기 자금이 있다. 부채 자금조달에는 신용 또는 담보 제공 여부, 이자율과 상환 기간, 중도 상환 가능 여부, 특약이 있는지 등을 검토하여 차입 여부를 결정하여야 한다. 부채로 자금을 조달하는 상대방은 가족, 친지, 중소기업진흥공단, 일반은행, 저축은행, 대부업체 등이다. 기술 창업자는 (1) 상환 의무가 없는 정부 및 지방자치단체의 지원금 (2) 장기 저리의 중소기업진흥공단 및 지방자치단체의 중소기업 지원 자금 (3) 일반은행의 중소기업 자금 및 일반 자금의 순서로 자금을 조달하는 것이 유리하다. 일반은행보다 이자율이나 차입 조건이 나쁜 경우에는 차입을 하지 않는 것이 좋다. 기술 창업자는 특별한 경우를 제외하고는 대부업체 등의 고율의 이자를 감당하면서 성공하기 어렵기 때문이다.

기술 창업자가 자신의 자금을 다 써버린 경우에는 제일 먼저 자신의 가족이나 친지에게서 자금을 조달할 것이다. 보통은 단기 자금 위주로 자금을 조달하는 경우가 많은데, 가족이나 친지와의 거래도 이자율, 상환 기간 등을 정하고 계약서를 쓰는 것이 훗날의 분쟁 소지를 없앨 수 있다. 가족, 친지 등의 주위 사람들과 자금 문제로 원수가 되는 경우도 있기 때문에, 가급적 투명하게 거래하고, 소액으로 빌리는 것이 가족 관계나 우정을 지키고 건전한 창업 활동을 하는데 도움이 된다.

가족, 친지에게서 자금을 조달하기 어렵다면, 중소기업진흥공단이나 일반 은행의 자금을 빌려서 자금을 조달하여야 한다. 중소기업진흥공단 등 공공 기관은 신용 대출이나 신용보증서를 담보로 대출하고, 은행은 담보 대출이나 신용 대출로 기술 창업자에게 자금을 빌려준다. 은행은 기술 창업자에게 일정한 신용 한도를 설정하여 그 한도 내에서 자금을 빌려 준다. 따라서 그 한도까지 신용 대출을 사용한 경우는 다른 은행을 가더라도 자금을 빌리기 어렵다. 따라서 기술 창업자는 현재 자신의 신용 상태에서의 신용 한도를 알고 있어야 한다. 자신의 신용 한도는 은행을 방문하여 확인할 수 있다. 은행의 신용 한도를 초과하면, 추가 자금이 필요할 때 저리의 은행 자금을 이용하지 못하고, 단기간이라도 고리의 자금을 쓸 수밖에 없다. 자금의 조달은 언제나 미리 준비하여야 한다. 미리 준비하지 않으면 자금 조달이 어렵거나, 불리한 조건을 감수할 수밖에 없다. 급하면 금리가 올라가는 것은 돈의 속성이기 때문이다.

기업간의 B2B 거래는 신용 거래에 의하는 경우가 많다. 기술 창업자가 원재료 등의 제품을 구입할 때에는 현금이나 신용카드로 구입하는 것이 보통이지만, 특정 거래처에서 원료나 부품을 계속적으로 구입하는 경우에는 주로 신용 거래를 한다. 이번 달에 구입한 원료나 부품 대금을 이번 달 말일에 세금계산서를 받아서 다음 달 말일에 현금으로 결제하는 것이다. 평균 45일간의 외상, 즉 신용 거래를 하는 것이다. 또한 거래처에 제품을 계속적으로 납품하는 경우에도 그 달의 매출 합계액의 세금계산서를 말일에 발행하고 다음 달 말일에 현금으로 결제를 받는 것이 일반적이다. 과거에는 그 달의 납품 대금에 대하여 말일에 약속어음을 발행하는 경우가 많았으나, IMF 환란 이후에는 어음 거래를 하는 경우는 거의 없다. 어음을 받고 납품하려는 기업이 없어졌기 때문이다. 위와 같이 거래처와 지속적인 매입이나 매출 거래를 하는 경우에는 협력업체로 등록하고, 거래 계약서를 작성하고 상호 날인하여야 분쟁을 예방할 수 있다. 만약 상대방이 정상적인 거래 계약서의 작성을 피하려 한다면, 그 업체와 거래를 하지 않는 것이 안전하다.

기술 창업자가 신용 카드 매출을 하는 경우가 많지만, 제품 판매 후 결제 시에 거래 금액에서 건 당 3% 정도의 수수료를 공제하고 입금되기 때문에 수수료 부담이 매우 크다. 또한 신용 카드를 통한 카드 대출, 현금 서비스 등의 자금 조달은 비교적 한도가 작고 이자율이 매우 높기 때문에 기술 창업자가 이용하기에는 적절하지 않다.

기술 창업자가 장기 자금을 조달하는 방법에는 장기 저리의 중소기업 정책 자금을 빌리거나, 주식을 발행하여 판매하거나, 엔젤이나 창업투자회사 등으로부터 투자를 받거나, 채권을 발행하여 판매하는 방법 등이 있다. 채권에는 은행의 보증을 받은 보증 채권과 보증이 없는 무보증 채권이 있다. 무보증 채권은 발행 회사의 신용이 매우 좋은 경우가 아니면 발행할 수 없다. 회사 자체의 신용만으로 발행하는 것이기 때문이다. 반면에 은행 등 금융기관의 보증을 받아 채권을 발행하는 경우에도 미국 신용평가 회사인 스탠다드앤푸어스(S&P: Standard & Poor's)의 채권 평가 기준으로 BBB 등급 이상이어야 발행할 수 있기 때문에 기술 창업자가 채권을 발행하기는 어렵다. 다만 중소기업 지원을 위한 전환 사채의 발행을 통하여 은행으로부터 자금을 지원받을 수 있다.

정부 및 지방자치단체의 지원금

- 정부의 창업 지원금 중 주요 사업은 (1) 민간투자 주도형 기술 창업 프로그램 (2) 청년창업사관학교 (3) 창업선도대학 창업아이템 사업화 (4) 창업맞춤형 사업 (5) 선도벤처연계 창업 지원 사업이다.
- 중소기업청의 창업 자금 지원 정보는 창업넷(www.changupnet.go.kr)에서 공고를 확인하고, 사업 신청은 인터넷으로 신청, 접수한다. 지방자치단체의 창업 지원 정보는 기업마당(www.bizinfo.go.kr)에서 확인하고 해당 기관에 신청, 접수하면 된다.
- 기술 창업 기업의 R&D 지원 사업은 창업성장기술개발사업이 대표적인 사업이다. 이 사업은 성장 잠재 역량을 보유하고 있으나, 기술 개발 자금이 부족한 소규모의 창업 기업과 1인 창조기업의 기술 개발을 지원한다.

기술 창업자에 대한 정부 및 지방자치단체의 지원금은 자금의 상환 의무는 없으나, 정책 목표의 달성을 위하여 일정한 신청 요건과 의무 사항이 있을 수 있다.

기술 창업자에 대한 정부의 지원 자금 중에서 일반적인 창업 자금은 중소기업청의 산하 단체인 창업진흥원에서 관리하고, 창업성장기술개발자금 등의 R&D 자금은 중소기업기술정보진흥원이나 한국산업기술진흥원에서 관리한다.

정부의 창업 지원금은 사업별로 자금 지원 한도가 다르고, 신청 자격도 약간씩 다르다. 그러나 지원 업종이 '제조업과 지식서비스업'이어야 하는 것은 동일하다. 또한 자금 지원은 총 사업비의 70% 이내에서 지원하고, 현금은 총 사업비의 10%, 신청자의 인건비에 해당하는 현물이 20%를 차지하도록 사업비를 구성하여야 하는 것도 동일하다. 이러한 사업비 구성은 대부분의 R&D 자금에도 유사하게 적용된다. 예를 들면 창업선도대학의 창업아이템 사업화지원 사업의 경우에 기술 창업자의 총 사업비가 1억원이라면, 70%에 해당하는 7천만원은 정부 지원금이 지원되고, 10%인 1천만원은 기술 창업자가 현금으로 전용계좌에 입금하여야 하며, 나머지 20%인 2천만원은 창업자의 인건비를 현물로 투자한 것으로 계산한다.

　정부의 창업 지원금 중 주요 사업은 다음과 같다.

(1) 민간투자 주도형 기술 창업 프로그램

　2014년에 신설된, 고급 기술 인력의 기술 창업을 촉진하기 위한 사업으로 매년 150개를 발굴하여, 3년간 최대 10억원을 지원한다. 민간의 엔젤투자 등으로 1억원을 받는 경우 정부가 최대 9억원을 지원하는 제도로, 기술 창업자는 10억원의 투자 및 지원금을 받을 수 있다. 다만 민간 부문에서 1억원 정도의 투자를 받을 수 있는 시장성이나 기술성이 우수한 아이템을 보유한 기술 창업자에게 지원한다.

〈 민간투자 주도형 창업지원 프로그램 〉

지원대상	운영방식(기관)		창업자금	R&D	해외마케팅
교수·연구원	VC주도형 (VC, 대학·연구소 등 법인엔젤)	투자 → 보육	4억원 (민간투자 1억 +정부투자 2억 +정부출연 1억)	5억원 (3년간)	1억원 (2년간)
기업 기술인력	대기업, 선도벤처 주도형 (창업기획사)				
청년 기술인력 (이공계 석·박사)	전문 엔젤 주도형 (개인투자자)	투자 → 멘토링	3억원 (민간 투자 1억+ 정부 투자 2억)	2억원 (1년간)	1억원 (2년간)

　* 1단계(민간 투자+정부 투자·출연) → 2단계(정부 R&D) → 3단계(마케팅)
** 운영기관이 진척도·성공 가능성을 심사 후 부진기업 탈락 등 연속 지원여부 결정

(2) 청년창업사관학교

　만 39세까지의 예비 및 3년 미만의 기술 창업자에게 최대 1억원까지 지원하는 사업이다. 2014년 총 지원 규모는 250억원이고, 중소기업진흥공단의 청

년창업사관학교에서 창업 자금 지원과 함께 창업 공간, 교육, 기술 지원, 코칭 지원을 한다. 청년창업사관학교는 안산, 광주, 경산, 창원의 중소기업연수원 안에 있으며, 2014년에 천안에도 신설했다. 이 사업의 창업 및 과제 수행을 완료한 기술 창업자에게 글로벌 사업 등으로 후속 지원을 한다.

(3) 창업선도대학 창업아이템 사업화

예비 및 1년 미만의 기술 창업자에게 최대 7천만원까지 지원하는 사업이다. 전국의 21개 창업선도대학 중에서 본인이 원하는 대학을 지정하여 신청할 수 있다. 경일대학교 등 사관학교식 창업선도대학은 자금 지원과 함께 창업 공간, 150시간 이상의 교육과 멘토링 등이 지원된다. 동국대학교 등 일반 창업선도대학은 자금 지원과 교육이 지원된다. 2014년 총 지원 규모는 508억원으로, 600개 과제를 지원한다. 2017년까지 창업선도대학은 40개, 지원 규모도 800억원으로 확대할 예정이다.

(4) 창업맞춤형 사업

예비 및 1년 미만의 기술 창업자와 재기 기술 창업자에게 최대 5천만원까지 지원하는 사업이다. 대학 등의 창업 인프라를 활용하여 시제품 제작, 마케팅 등의 창업아이템의 사업화를 지원한다. 2014년 총 지원 예산은 499억원으로, 1,000개 정도의 과제를 지원한다.

(5) 선도벤처연계 창업 지원

우수 아이템의 개발을 통하여 선도벤처기업과 협업 등 전략적 제휴를 희망하는 예비 및 1년 미만의 기술 창업자와 창업팀을 지원하는 사업이다. 과제 당 최대 9천만원까지 지원하고, 2014년 총 지원 규모는 75억원으로, 70개 정도의 과제를 지원한다.

위와 같은 중소기업청의 자금 지원 사업 이외에도 글로벌 청년 창업 활성화 사업, 실전창업리그, 창업 아카데미, 시니어 창업 지원, 1인 창조기업 마케팅 지원 사업 등 창업 저변 확대와 창업 활성화를 위한 사업이 있다.

지방자치단체의 창업 자금 지원은 지방자치단체별로 지원 대상과 규모가 다르다. 중소기업청의 자금 지원에 비하여 지원 규모는 작고, 대상도 청년, 장년, 여성 등으로 다양하며 지역의 특성에 맞는 창업을 지원한다. 지방자치단체의 창업 지원은 자금 지원보다는 교육, 컨설팅, 창업 공간 제공 등 창업 저변 확대에 중점을 두고 있다.

중소기업청의 창업 자금 지원 정보는 창업넷(www.changupnet.go.kr)에서 공고를 확인하고, 사업 신청은 인터넷으로 신청, 접수한다. 지방자치단체의 창업 지원 정보는 기업마당(www.bizinfo.go.kr)에서 확인하고 해당 기관에 신청, 접수하면 된다.

기술 창업 기업의 R&D 지원 사업은 창업성장기술개발사업이 대표적인 사업이다. 이 사업은 성장 잠재 역량을 보유하고 있으나, 기술 개발 자금이 부족한 소규모의 창업 기업과 1인 창조기업의 기술 개발을 지원하는 사업으로, 창업 7년 이내이고, 매출액이 50억원 이하이거나 상시 종업원 50인 이하의 소기업을 대상으로 한다. 개발 기간이 1년 이내인 과제를 대상으로, 1인 창조 기업은 최대 1억원, 소기업은 최대 2억원을 지원한다. 2014년 지원 규모는 1,414억원이고, 약 890개의 과제를 지원한다. 이 사업은 중소기업기술정보진흥원에서 관리하고, 중소기업 기술개발사업 종합관리시스템(www.smtech.go.kr)에서 신청, 사업비 집행 등을 하여야 한다.

엘리베이터 피치와 프레젠테이션

- 엘리베이터 피치(Elevator Pitch)는 상대방과 엘리베이터에 함께 탑승했을 때와 같이 굉장히 짧은 시간 동안에 자신의 아이디어를 설명하는 것을 말한다.
- NABC는 기술 창업자가 중심이 되는 사업시스템이 아닌, 고객의 입장에서의 고객의 니즈와 그에 대한 해결책을 찾음으로써, 고객에게 혜택을 주고 고객의 지갑을 열게 하는 도구이다.
- 프레젠테이션은 알기 쉽고, 간결하고, 인상 깊게 발표하여야 한다. 또한 발표할 때 가장 중요한 것은 여유를 갖고, 긴장을 풀고 임해야 한다는 것이다.

기술 창업자가 창업진흥원 등에서 주관하는 정부 지원 사업을 신청하면, 일반적으로 서류 심사와 발표 평가를 통하여 사업자를 선정한다. 창업선도 대학의 창업아이템 사업화 지원 사업의 예를 들어보면, 1단계에서 사업계획서를 서면으로 평가하고, 3단계에서 발표 평가를 통하여 사업자를 선정한다. 1단계의 서면 평가는 창업아이템의 기술성과 시장성, 사업화 실현 가능성, 창업자의 역량에 대하여 평가한다. 1단계에서는 최종 선정자 수의 1.5배수 정도가 합격한다. 2단계는 발표 평가에 대한 사전 교육과 멘토링을 통한 평가를 하지만, 심사를 통하여 당락을 결정하지는 않는다. 주로 3단계의 발표 평가를 대비하여 엘리베이터 피치 등을 교육하고, 발표를 잘 할 수 있도록 실습한다.

엘리베이터 피치(Elevator Pitch)는 상대방과 엘리베이터에 함께 탑승했을 때와 같이 굉장히 짧은 시간 동안에 자신의 아이디어를 설명하는 것을 말한다. 즉, 제한된 시간 안에 프레젠테이션을 통하여 자신의 사업 핵심을 간결하게 전달하여 투자자의 마음을 사로잡아야 하는 것이다.

미국의 SRI(Stanford Research Institute)는 고객의 요구 사항을 만족하기 위하여 경쟁사 대비 뛰어난 이익을 제공하려는 NABC를 통하여 사업의 핵심을 전달하는 분석 틀을 제공하였다. NABC는 기술 창업자가 중심이 되는 사업시스템이 아닌, 고객의 입장에서의 고객의 니즈와 그에 대한 해결책을 찾음으로써, 고객에게 혜택을 주고 고객의 지갑을 열게 하는 도구이다.

　창업진흥원에서 주관하는 정부 지원 사업이나 창업성장기술개발자금 등의 R&D 자금을 신청한 경우에 서류 심사를 통과하면, 발표 평가를 한다. 정부 지원 사업의 발표 평가는 기술 창업자가 10분 정도의 발표와 심사 위원의 질의에 대하여 대답을 하고, 심사 위원들의 평가 결과를 종합하여 지원자를 선정하는 절차이다. 발표 평가에서는 발표 내용 및 태도, 창업자 역량, 사업의 구체성과 실현 가능성이 있는지 등을 평가한다. 서면 평가에서 사업 내용이 무엇이고, 시장성이 있는지가 중요한 평가 요소라면, 발표 평가에서는 창업자가 그러한 내용을 사업화할 역량이 있는지, 사업시스템에 문제가 없는지가 중요한 평가 요소가 된다.

　발표용 사업계획서의 작성 방법과 예시는 제8장에서 설명하였다. 이제는 사업계획서의 내용을 어떻게 발표하면 좋은지 알아보자. 일반적으로 프레젠테이션은 알기 쉽고, 간결하고, 인상 깊게 발표하여야 한다. 알기 쉽다는 것은 상대방이 알기 어려운 전문적인 용어를 사용해서는 안 되고, 사업의 핵심을 쉽게 설명하는 것을 말한다. 간결하다는 것은 전체적인 사업시스템의 뼈대만을 간결하게 설명하고, 자세한 사항은 질의, 응답 시간에 설명하도록 하

〈 NABC – Stanford Research Institute 〉

Needs (욕구)	· 고객의 Neeeds는 무엇인가? · 최종고객은 명확히 표현되어 있나? · 투자하기에 충분히 큰 시장인가?
Approach (해결책 · 전략)	· 고객 Needs에 대한 이 프로젝트의 Solution은 무엇인가? · 프로젝트 계획서는 준비되었는가?
Benefit (이익 · 혜택)	· 이 Approach가 고객에게 제공하는 Benefit은 무엇인가? · 품질 / 가격 / 유통?
Competition (경쟁)	· 이 Benefit은 경쟁자와 비교하여 무엇이 더 나은 것인가? · 이를 간단하고 강력하게 답할 수 있는가?

는 것이 좋다는 의미이다. 인상 깊게 발표한다는 것은 기술 창업자가 사업시스템이나 핵심 역량에서 경쟁력이 있고, 자신이 있는 사항이나 감동적 스토리가 있다면, 이를 강하게 표현하는 것이다. 즉 자신의 경쟁력이나 스토리를 강조하라는 것이다.

사업계획서를 발표하는 경우에 가장 중요한 것은 여유를 갖고, 긴장을 풀고 임해야 한다는 것이다. 긴장을 하게 되면 질문에 대하여 정확한 답변을 하지 못하는 경우가 있을 수 있고, 평소에 알고 있는 것도 생각이 나지 않는 등 자신의 실력을 정상적으로 발휘하지 못하기 때문이다. 긴장을 하지 않기 위해서는 발표 전에 충분한 발표 연습을 함으로써 자신감을 갖는 것이 가장 필요하다. 또한 예상되는 질문과 응답을 만들어서 미리 연습하는 것도 긴장감을 없애는데 도움이 된다. 충분히 연습을 했다면 이제는 운을 믿을 수밖에 없지 않을까?

투자와 대출

- 기술 창업자가 투자를 받는 방법은 구주 매출에 의한 방법과 신주 발행에 의한 방법이 있다.
- 중소기업진흥공단에서 기술 창업자에게 장기 저리로 대출하는 제도에는 청년전용창업자금, 창업기업지원자금, 재창업자금, 소공인특화자금이 있다.
- 일반적으로 사업의 초기 국면에서는 정부 지원금이나 정책 자금을 제외한다면, 상업은행 등에서 신용으로 대출을 받는 것은 매우 어렵다.

기술 창업자가 상환 의무가 없는 자금을 조달하는 방법 중에는 주식을 발행하여 친지, 엔젤투자자나 전문적인 창업투자회사에 판매하는 형태의 자금 조달 방법인 투자가 있다. 투자는 기술 창업자가 회사의 소유권 지분인 주식을 판매하여 자금을 얻는 방법이다. 따라서 기술 창업자가 투자를 받기 위해서는 회사가 주식회사여야 하고, 회사의 자본금이 100원 이상의 액면가를 가진 보통 주식으로 구성되어야 한다. 보통 주식, 즉 보통주를 판매하는 것은 그 지분율만큼의 의결권을 판매하는 것이고, 그 주식을 산 친지나 엔젤투자자는 그 회사의 주주가 되는 것이다. 일반적인 경우는 아니지만 배당이나 잔여 재산 분배에 대하여 우선권을 가진 우선주를 판매하고 자금을 조달하는 경우도 있다. 이 경우 우선주의 주주는 의결권이 없다.

기술 창업자가 투자를 받는 방법은 구주 매출에 의한 방법과 신주 발행에 의한 방법이 있다. 만약 주식 지분의 100%를 갖고 있는 기술 창업자가 자신의 지분 중 일부를 친지와 몇몇의 엔젤투자자에게 판매하였다면, 기술 창업자의 입장에서는 기존 주식의 판매, 즉 구주 매출이라고 할 수 있다. 반면에 주식을 산 사람에게는 기존 주식의 매입, 즉 투자라고 할 수 있다. 예를 들어 자본금이 5천만원이고 액면가가 500원인 주식을 주당 1,000원에 1만주를 판매하였다면, 투자자는 1천만원에 그 회사의 주식 10%를 취득, 투자한 것이다. 이 경우에 투자금은 기술 창업자 개인이 받게 되므로 기술 창업자는 이 돈을 개인적인 용도로도 사용할 수 있다. 물론 기술 창업자가 이 돈을 회사에 빌려주거나, 회사에 투자할 수도 있을 것이다.

주식 매매 시에 기술 창업자는 투자자와 거래 계약서를 작성하고, 별도로 증권거래세를 납부하여야 한다. 반면에 위의 예에서, 기술 창업자의 기존 주식이 아닌, 기술 창업자의 회사가 신규로 신주 1만주를 발행하여, 이를 투자자에게 1천만원에 판매한 경우에는 그 돈이 회사 계좌로 입금되고, 500만원은 주식 발행금으로, 500만원은 주식 발행 초과금으로 분류된다. 주식 발행 초과금은 액면가의 2배의 가격으로 판매되면서 발생한 것이고, 회사는 투자받은 돈을 필요한 곳에 사용할 수 있다. 따라서 기술 창업자는 신주 발행에 의한 방법으로 투자를 받는 것이 일반적이지만, 경우에 따라서는 기존 주식의 일부를 판매하는 구주 매출에 의하여 투자를 받는 경우도 있다.

투자를 하는 주체인 가족, 친지 등을 포함한 엔젤투자자와 창업투자회사 등의 전문투자자는 투자에 있어서 다소 다른 특성이 있다. 기술 창업자는 투자자의 특성을 이해하고 자신에게 적합한 때에 적합한 투자자의 투자를 받는 것이 좋다.

〈 엔젤투자자와 전문투자회사의 특성 비교 〉

구분	엔젤투자자	전문투자회사
투자 단계	주로 초기 단계에서 투자	대부분 성장 단계에서 투자
투자 동기	높은 수익성 / 감정적 동기	수익성과 안전성을 모두 고려 / 이성적 동기
투자 재원	자기 자금	자본금 / 펀드 자금
투자 조건	유연함	까다로움 / 방어적임
투자 규모	비교적 소액	대부분 규모가 큼
투자 관리	관여하지 않음	경영 참여 / 경영 감시
투자 행태	형식에 구애받지 않음	대부분 신주 발행 방식
투자 경로	개인적 채널	대부분 회사의 투자 의뢰를 받고 투자 검토함
투자 회사 지원	거의 없음	자금 지원 등 다각적인 지원이 가능함
투자자 성격	개인 또는 엔젤투자클럽	법인 또는 조합

정부 지원금이나 주식의 발행을 통하여 투자를 받는 것은 만기의 개념이 없고, 상환할 필요가 없으나, 중소기업진흥공단, 은행 등에서 자금을 대출받는 경우에는 정해진 기간 내에 상환을 하여야 하고, 정해진 방법에 의하여 이자를 납입하여야 한다. 중소기업진흥공단에는 기술 창업자에게 낮은 이자로 장기간 자금을 대출하는 제도가 다음과 같이 마련되어 있다.

(1) 청년전용창업자금

만 39세 이하의 청년 창업을 촉진하기 위한 대출 제도. 제조업·지식서비스업 등 예비 및 3년 미만의 기술 창업자를 지원함. 기업 당 한도 1억원, 연 2.9% 고정 금리, 자금 지원과 함께 교육 및 멘토링을 연계 지원함. 융자 상환금에 대한 조정 제도가 있음.

(2) 창업기업지원자금

예비 및 7년 미만의 기술 창업자에게 시설 자금 및 운전 자금을 대출하는 제도. 시설 자금은 소요 자금 범위 내에서 8년 이내 기간 동안, 운전 자금은 연간 5억원 이내에서 5년 이내 기간 동안 대출이 가능함.

(3) 재창업자금

실패 기업의 대표자 등이 재창업을 하는 경우에 시설 자금 및 운전 자금을 대출하는 제도. 폐업의 사유가 부도덕한 경우는 대출하지 않음.

(4) 소공인특화자금

상시 근로자 10인 미만의 제조업자에게 시설 자금 및 운전 자금을 대출하는 제도. 지원 한도는 연간 5억원(운전 자금은 1억원).

상기에 설명한 자금 대출 신청은 1월부터 격월로 1일에서 10일까지 온라인으로만 신청할 수 있으나, 청년전용창업자금은 취급 은행에서도 대출 신청이 가능하다. 중소기업진흥공단의 융자 체계는 다음과 같다.

〈 중소기업진흥공단의 융자 체계도 〉

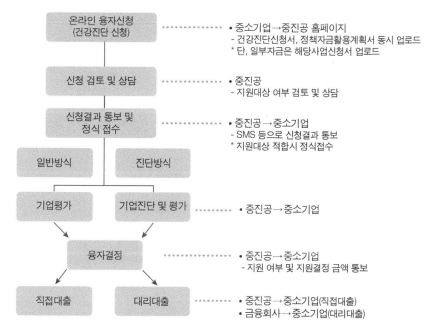

중소기업진흥공단의 자금은 기술 창업자가 원하는 시기에 신청하기만 하면 손쉽게 대출받을 수 있는 것은 아니다. 중소기업진흥공단 등의 정책 자금은 연간 자금 규모가 정해져 있고, 신청자 수는 많기 때문에 원하는 시기에 자금을 대출받지 못하는 경우도 발생한다. 따라서 연초부터 자금계획을 세워서 몇 개월 전부터 준비하여야 한다.

기술 창업자가 중소기업진흥공단이나 지방자치단체 등에서 장기 저리의 정책 자금을 대출받을 수 없는 경우에는 일반 상업은행 등에서 대출이 가능한지를 알아보아야 한다. 상업은행은 기술 창업자에게 주로 일반 자금 대출을 통하여 시설 자금이나 운전 자금을 1년 단위로 빌려주고, 문제가 없으면 매년 연장해 준다. 상업은행은 일반 자금 대출 이외에 당좌대출이나 상업어음할인, 신탁자금 대출을 하는 경우도 있다. 상업은행의 자금 대출은 부동산이나 기술신용보증기금 등의 신용보증서를 담보로 하는 담보 대출과 기술 창업자 개인이나 회사의 신용에 의한 신용 대출로 나눌 수 있다. 일반적으로 사업의 초기 국면에서는 정부 지원금이나 정책 자금을 제외한다면, 상업은행 등에서 신용으로 대출을 받는 것은 매우 어렵다. 왜냐하면 상업은행에서는 위험 부담이 거의 없는 담보 대출은 취급하지만, 신용 대출은 거의 취급하지 않기 때문이다. 또한 신용 대출이 이루어진다고 하더라도 개인의 신용에 의하여 소액을 대출하므로, 필요한 만큼의 자금을 대출받기 어렵다.

주식 시장과 기업 공개

- 증권 시장은 주식 시장과 채권 시장으로 구분되고, 각 시장에는 발행 시장이 있고, 유통 시장이 있다. 발행 시장은 기술 창업자가 주식이나 채권을 발행하여 자금을 조달하는 시장이고, 유통 시장은 주식이나 채권이 투자자 상호간에 매매가 이루어지는 시장이다.
- 주식 시장에서 장기적인 자금을 공급받기 위해서 기술 창업자는 코스닥 시장에 등록하는 것이 가장 좋지만, 등록 예정 시점의 약 3년 전부터 등록 준비를 해야 한다.

■ 코넥스 시장은 매출액 10억원 이상, 자기자본 5억원 이상, 순이익 3억원 이상 중한 가지 요건만 충족하면 상장 기간을 단축하여 상장할 수 있지만, 아직까지는 거래가 부진하고 활성화되지 못하였다.

증권 시장은 주식 시장과 채권 시장으로 구분되고, 각 시장에는 발행 시장이 있고, 유통 시장이 있다. 발행 시장은 기술 창업자가 주식이나 채권을 발행하여 자금을 조달하는 시장이고, 유통 시장은 주식이나 채권이 투자자 상호간에 매매가 이루어지는 시장이다. 따라서 기술 창업자는 발행 시장에서 자사의 주식을 코스닥 시장에 상장하여 일반인에게 매각함으로써 장기적인 자금을 조달할 수 있다.

기업 공개(IPO: Initial Public Offering)는 일정 규모의 기업이 상장 절차 등을 밟기 위해 행하는 외부투자자들에 대한 첫 번째의 주식 공개 매도를 말한다. 즉 기술 창업자 개인이나 가족들이 가지고 있던 주식을 일반인들에게 널리 팔아 지분을 분산시키고 기업 경영을 공개하는 것이다. 공모한 주식은 시장성과 유통성이 확보되어야만 일반투자자들의 참여를 이끌어 낼 수 있으므로 주식의 매매를 위하여 한국거래소 상장이라는 수단을 이용하게 된다. 상장의 방법으로는 코스닥 시장에서의 직상장, 금융감독위원회의 직권 상장, 우회 상장 등의 방법이 있다. 우리나라에서 기업 공개와 상장은 사실상 동일한 의미로 사용되고 있으나, 증권신고서에 대한 심사 업무는 금융감독원에서 담당하고 거래소 상장이나 코스닥 등록의 심사 등은 한국거래소에서 담당하고 있다.

기업 공개는 해당 법인의 주식이 한국거래소에 상장되는 것을 전제로 하므로 유가증권상장규정상의 신규 상장 심사요건 등 여러 가지 제한 요건을 충족해야 한다. 특히 금융감독원이 지정하는 회계 법인으로부터 외부 감사를 받고, 증권사와의 주관업무 계약을 체결한 후 상장까지 1년 이상이 소요된다. 주식 시장에서 장기적인 자금을 공급받기 위해서 기술 창업자는 코스닥 시장에 등록하는 것이 가장 좋지만, 등록 예정 시점의 약 3년 전부터 등록 준비를 해야 한다. 최근에는 성장 초기의 중소기업이 원활하게 코넥스 시장에 상장할 수 있도록 기업의 재무 요건을 최소화하였다. 코넥스 시장은 매출액 10억원 이상, 자기자본 5억원 이상, 순이익 3억원 이상 중 한 가지 요건만 충족하면 상장 기간을 단축하여 상장할 수 있지만, 아직까지는 거래가 부진하고 활성화되지 못했기 때문에 기술 창업자의 충분한 자금 조달이 어려울 수 있다.

기술 창업자가 코스닥 시장에 등록하기 위해서는 코스닥 시장에 상장할 수 있는 요건을 검토하고, 미리 준비하여야 한다. 코스닥 시장의 상장 요건은 다음과 같다.

〈 코스닥 시장 상장 요건 〉

요건		코스닥시장 상장요건 (2013.2.22 개정규정 기준)		
		일반기업	벤처기업	기술성장기업
설립후 경과년수		3년이상	미적용	미적용
규모 (①or②)	①자기자본*	30억원이상*	**15억원이상***	
	②기준시가총액	90억원이상		
지분의 분산		❷ 다음 요건 중 택일 1) 소액주주 500명 이상, 지분25%이상 & 청구후 모집5%(25%미만시 10%) 2) 자기자본 500억 이상, 소액주주 500명 이상, 청구후 모집지분 10%이상 & 규모별 일정주식수 이상 3) 공모25% 이상 & 소액주주 500명		
자본상태*		자본잠식* 없을것 (※ 대형법인 미적용)		
감사의견		최근 사업연도 적정일 것 (연결재무제표 작성대상법인의 경우 연결재무제표에 대한 감사의견 포함)		
경영성과		계속사업이익 시현 (※ 대형법인 미적용) (연결재무제표 작성대상법인의 경우 연결재무제표 기준)		미적용

이익규모*,
매출액**&시가총액
		다음 요건 중 택일
		1) ROE 10%
		2) 당기순이익* 20억
		3) 매출액** 100억원
		   & 시가총액 300억
		4)매출액증가율 20%
		   (&매출액 50억)
			다음 요건 중 택일
			1) ROE 5%
			2) 당기순이익* 10억
			3) 매출액** 50억원
			   & 시가총액 300억
			4) 매출액증가율 20%
			   (&매출액 50억)
				미적용

최대주주 등 지분의 매각제한		상장 후 1년간(대형법인은 6월) 최대주주 등의 지분매각을 제한		
기타 외형요건		주식양도 제한이 없을 것		

* 연결재무제표 작성대상법인의 경우에는 연결재무제표상 자기자본(자본금)을 기준으로 하되 비지배지분은 제외
** 재화의 판매 및 용역의 제공에 한함 (단, 지주회사는 연결재무제표 기준)
주1) ROE(자기자본이익률) = 당기순이익 / 자기자본 × 100
주2) 기술성장기업: 전문기관 기술평가(복수) 결과 A등급 이상인 기업(녹색인증기업은 단수)
주3) 대형법인 : 자기자본 1,000억원 또는 기준시가총액 2,000억원 이상 기업(상장예비심사청구일 현재)

♠ 더하이브 이상민 대표

이 대표가 전동 공구 사업을 시작하게 된 계기는 2010년 군 제대 후 버스 정보기기 회사에 잠시 근무하면서 겪은 일 때문이었다. 이 대표는 기술자들이 크고 불편한 전동 드라이버 탓에 고생하는 것을 많이 보았고, 작고 다루기 편하게 만들면 좋겠다고 생각했다. 이 대표는 3개월 만에 회사를 그만두고 창업을 결심했다. 그러나 의욕과 아이디어만 있었지 돈도 기술도 없었다. 그는 직접 사업계획서를 만들어 각종 창업경진대회에 참가했다. '전동 드라이버'라는 참신한 아이디어는 사업 가능성이 높아서 여러 대회에서 입상했고, 이 대표는 청년 창업의 '샛별'로 주목 받게 되었다.

자신감을 얻은 이 대표는 본격적으로 사업화에 나섰다. 하지만 제품을 안정적으로 만드는 기술을 확보해야 했다. 작은 배터리와 모터를 사용하다 보니, 작업시간이 길어지면 과부하로 배터리가 터지는 문제가 발생했다. 그는 전동 공구 전문가를 찾아다녔고 마침내 제대로 된 USB 충전식 소형 전동 드라이버를 만들었다. 이 제품이 완성되기까지 중소기업진흥공단의 창업사관학교에 입소해서 마케팅, 서비스, 기술 개발, 생산 시스템 구축 등 종합적인 지원을 받은 것이 많은 도움이 되었다.

더하이브의 'USB 충전식 전동 드라이버'는 한 손에 쏙 들어오는 크기에, USB 코드로 차량이나 컴퓨터 등에 꽂아 쉽게 충전할 수 있는 것이 특징이다. 이 제품은 무겁고 쓰기가 불편한 기존 전동 드라이버보다 훨씬 가볍고 충전과 조작이 간편해서 글로벌 전동 공구 회사도 탐을 냈다. 이 제품의 혁신성과 상품성을 알아본 일본의 가정용품 유통업체인 카인즈홈과 연간 24만대, 약 45억원의 구매 계약을 체결했고, 세계 1위 전동 공구 업체인 미국 보쉬와는 기술제휴 MOU를 체결하였다. 이 제품은 국내보다 해외에서 인기가 높다. 유럽과 일본, 미주 지역 대형 인테리어 유통업체에서 주문이 쇄도하고 있다. 앞으로는 홈쇼핑 판매와 라디오 협찬, 블로

그 마케팅 등을 통하여 국내 인지도를 넓혀갈 계획이다.

　이 대표는 제품의 시장 반응에 만족하고 있다. 이 대표는 일본 수출, 보쉬와의 라이선스 계약과 국내 판매량 등을 감안할 때 2014년에는 100억 원 정도의 매출을 예상하고 있고, 향후 전동 드릴과 전동 그라인더 등의 품목을 추가 생산할 계획이다.

개념의 정리

✔ MMF(Money Market Fund)

단기 금융 상품에 집중 투자해 단기 실세 금리의 등락이 펀드 수익률에 신속히 반영될 수 있도록 한 초단기 공사채형 상품. 시중에 판매되는 신종 MMF는 언제든지 환매가 가능함. 가입 금액에 아무런 제한이 없고, 환매 수수료가 붙지 않으며 만기가 따로 정해져 있지 않음. 연간 수익률은 2~3%.

✔ 신용보증

자금이 필요해도 담보가 없어 은행으로부터 대출을 받지 못하는 사업자나 보증금이 없어 공사 계약을 하지 못하는 경우 신용보증기관들이 보증을 해줌으로써 돈을 빌려 쓸 수 있게 하거나 공사를 계약하게 해주는 제도. 신용보증의 종류에는 공사이행보증, 어음보증, 지급보증 등이 있음. 기술신용보증기금, 신용보증기금, 대한보증보험이 우리나라의 대표적인 신용보증기관임. 기술 창업자가 담보가 없는 경우에 기술신용보증기금의 보증을 받으면 보증한도 내에서 은행 대출을 받을 수 있음.

✔ 약속어음

어음을 발행한 자가 스스로 일정한 기일 이내에 일정 금액을 어음을 갖고 있는 사람에게 지급할 것을 약속하는 형식의 어음. 발행인 자신이 지급인이므로 발행인이 주된 채무자로서의 의무도 동시에 부담함. 약속어음은 주로 금전의 지급이나 대차(貸借) 등에 이용되며, 진성어음·견질어음·융통어음으로 분류됨. 진성어음은 상거래에서 제품 대금을 지불하기 위해 발행하는 어음으로 상업어음이라고 함. 견질어음은 금융기관으로부터 대출을 받을 때 채권·채무관계를 명확히 하기 위해 금융기관이 받아두는 어음이고, 융통어음은 돈을 빌린 대가로 발행하는 어음임.

✔ 채권(Bond)

국가·지방공공단체·특수법인·주식회사 등이 법률이 정하는 바에 따라 일정한 채무 이행을 약속하는 증서를 발행하여 직접 또는 간접으로 일반 대중으로부터 자금을 조달하는 것을 목적으로 발행하는 증권. 특히 회사가 자금조달을 위하여 발행하는 채권을 회사채라고 함.

✔ 전환사채(CB: Convertible Bond)

회사채의 일종으로, 일정한 기간이 지나면 채권 보유자의 청구가 있을 때 미리 결정된 조건으로 발행 회사의 주식으로 전환할 수 있는 특약이 있는 채권. 채권 보유자는 이자 외에 주식 가격 상승에 따른 이익을 얻을 수 있음. 전환사채는 발행 회사의 정관에서 주식으로의 전환 조건, 전환 청구 기간 등을 정해야 함.

✔ 엔젤투자(Angel Investment)

개인들이 돈을 모아 주로 기술 창업기업 또는 벤처기업에 필요한 자금을 대고 그 대가로 주식을 받는 투자 형태. 통상 여러 투자자의 돈을 모아 투자하는 투자클럽의 형태가 많음. 투자한 기업이 성공적으로 성장하여 기업가치가 올라가면 수십 배의 이득을 얻지만, 실패할 경우에는 투자금을 모두 잃게 됨.

✔ 당좌대출

은행과 당좌거래를 하고 있는 업체가 예금 잔액을 초과해 일정 한도까지 어음이나 수표를 발행하는 것. 당좌대출을 약정한 기업은 자기의 당좌계정에 돈이 없더라도 어음이나 수표를 발행할 수 있고 은행은 이 어음이나 수표를 가진 사람에게 돈을 지급해 주므로 대출을 해주는 결과가 됨. 기업은 발행한 어음이나 수표에 대한 이자를 내야하고 한 달에 한 번씩 당좌대출을 모두 상환해야 함.

✔ 상업어음 할인

은행이 상업어음 소지자의 의뢰에 의해 만기일 이전에 액면 금액에서 만기일까지의 이자를 공제하고 매입함으로써 어음의 유통을 도모하는 제도. 상업어음이란 상품거래를 전제로 하는 어음으로, 단기성, 확실성 등의 우수한 특징을 지니고 있음.

✔ 한국거래소(Korea Exchange)

한국증권거래소와 코스닥·한국선물거래소, 코스닥위원회가 합병된 통합거래소. 2004년 1월 29일 제정된 한국증권선물거래소법에 따라 2005년 1월 27일 출범하였음. 한국증권선물거래소로 출범하였다가 2009년 2월에 한국거래소로 이름을 변경, 영어로는 'KRX'라고 표기함. 현물거래소와 상품거래소가 합병되고 거래 규모가 방대하여 출범과 동시에 세계 금융 시장의 관심사로 떠올랐음. 2013년 현물 부문 및 파생상품 시장에서 각각 세계 9위. 업무는 크게 경영지원과 유가증권 시장·코스닥 시장·파생상품 시장·시장 감시의 부문으로 나누어져 있음.

✔ 우회상장(Back Door Listing)

장외기업이 상장을 위한 심사나 공모 절차를 밟지 않고, 증권거래소나 코스닥 시장에 상장된 기업과 합병을 통해 곧바로 상장되는 것. 우회상장은 합병 이외에도 포괄적 주식 교환, 영업 양수도 등으로도 이루어짐. 포괄적 주식 교환은 비상장 기업 주주들이 상장기업에게 그들의 지분을 모두 넘겨주고 그 대가로 상장기업의 신주를 받음으로써 상장 효과를 얻는 방식. 영업 양수도 방식은 비상장 기업이 그들의 영업 및 관련 자산 부채를 모두 상장기업에 넘겨주고 해산했다가 이후에 상장기업의 신주 발행에 참여해 상장기업의 주주가 되는 방식. 우회상장은 기업 인수합병의 한 흐름으로 자리 잡고 있으나, 일부 함량 미달 기업이 이를 이용해 자금을 원활히 조달할 수 있는 주식 시장으로 들어오고 있어서 주주와 일반투자자들의 피해가 우려되기도 함.

CHAPTER

10

기술 창업 성공전략

이 장의 주요내용

- 성공적인 사업시스템의 구축
- 성공하는 제품전략
- 성공하는 시장전략
- 성공하는 가격전략
- 성공 과정에서 필요한 것들

성공적인 사업시스템의 구축

- 기술 창업자는 자신의 핵심 역량에 집중하여 자신의 사업시스템을 만들고, 이 시스템을 운영함으로써 수익을 낼 수 있다.

- 기술 창업자는 기존의 제품이나 서비스의 가격, 품질, 기능, 유통 등 모든 것에 대하여 의문을 제기하고, 이를 개선하고자 노력하며, 제품 및 서비스의 개선이나 혁신을 통하여 고객에게 혜택을 줌으로써 고객이 나의 제품이나 서비스에 대하여 기꺼이 지갑을 열고, 나아가 다른 소비자에게 입소문을 낼 수 있게 만들어야 한다.

- 기술 창업자가 성공적인 사업시스템을 구축하고, 또 이 시스템을 멈추지 않도록 하기 위하여 가장 중요한 것은 '고객'이다. 즉 기술 창업자에게 있어서 가장 필요한 기업가 정신은 '돈을 버는 것이 아니고, 자신의 제품을 통해서 고객에게 만족과 혜택을 주는 것'이다.

기술 창업자는 SWOT 분석을 통하여 자신의 강점과 약점을 분석하고, 사업을 하는 외부환경으로부터 어떤 영향을 받고, 이를 어떻게 극복하여 성공할 수 있는지를 알아야 한다. 즉 기술 창업자는 자신이 가진 약점을 보완하는 방법을 모색하고 자신의 역량 강화를 위하여 노력함으로써 창업 성공의 확률을 높일 수 있고, 자신이 갖고 있는 핵심 역량에 집중함으로써 다른 기업과의 경쟁에서 이길 수 있다.

　기술 창업자는 자신의 핵심 역량에 집중하여 자신의 사업시스템을 만들고, 이 시스템을 운영함으로써 수익을 낼 수 있다. 이러한 사업시스템을 만들기 위해서는, 기술 창업자가 기존의 제품이나 서비스의 가격, 품질, 기능, 유통 등 모든 것에 대하여 의문을 제기하고, 이를 개선하고자 노력하며, 제품이나 서비스의 개선이나 혁신을 통하여 고객에게 혜택을 줌으로써 고객이 나의 제품이나 서비스에 대하여 기꺼이 지갑을 열고, 나아가 다른 소비자에게 입소문을 낼 수 있게 만드는 것이다. 또한 기술 창업자는 자신이 만든 사업시스템이 멈추지 않도록 고객을 관리하고, 수익을 관리하여야 한다.

　기술 창업자가 성공적인 사업시스템을 구축하고, 이 시스템을 멈추지 않도록 하기 위하여 필요한 것은 무엇인지 생각해 보자.

(1) 고객과 제품

　비즈니스의 세계는 빛의 속도로 변한다고 해도 과언이 아니다. 또한 기술 창업자의 제품과 서비스에 대하여 돈을 지불하는 고객들의 대부분은 과거와 같이 정보가 별로 없어서 기술 창업자에게 끌려 다니는 수동적인 존재가 아니다. 고객은 기술 창업자의 제품과 서비스에 대하여 기존 제품과 비교해서 매력적인 뭔가가 있는지, 얼마나 많은 혜택을 주는지를 따져 볼 것이다. 물론 제품의 품질은 기존 제품과 동등 이상이어야 하고, 품질 때문에 문제를 일으키면 다시는 구입하지 않을 뿐만 아니라 주위의 다른 고객들에게 이런 제품을 사면 안 된다고 광고를 하고 다닐 것이다. 그렇다면 기술 창업자는 어떻게 기존 제품과 동등 이상의 품질을 갖고 있고, 매력적인 뭔가를 갖고 있으면서도 고객에게 보다 많은 혜택을 주는 제품을 만들 수 있을까? 또한 제품의 판매 가격도 고객이 생각하고 있는 범위를 벗어난다면, 기술 창업자가 획기적인 구매 이유를 제시한다고 하더라도 구입을 포기할 가능성이 높다. 왜냐하면 제품을 만든 기술 창업자가 알려져 있지 않으므로 믿음이 가지 않기 때문이다. 창업한 지 얼마 되지 않은 기술 창업자의 회사나 제품을 소비자가 알고 있을 리가 없지 않은가?

그렇다면 '기존 제품과 동등 이상의 품질을 갖고 있고, 매력적인 뭔가를 갖고 있으면서도 고객에게 보다 많은 혜택을 주는 제품을 합리적인 가격으로 사고 싶다'는 고객의 욕구를 어떻게 만족시킬 수 있을까? 기술 창업자는 기존의 제품과는 다른 차별화된 제품을 좋은 품질과 합리적인 가격에 판매함으로써 고객의 욕구를 만족시켜야 한다. 이를 위하여 기술 창업자는 기존 제품의 품질과 가격, 고객의 욕구와 특성, 시장의 경쟁 상태 등 제품의 판매에 영향을 미치는 모든 것을 검토하고 분석해서 고객이 원하는 제품을 만들어야 한다. 물론 기술 창업자가 고객에게 팔릴 수 있는 제품을 제조 및 판매 비용보다 낮은 가격에 팔아서는 안 된다. 기술 창업자가 지속적으로 손해를 보는 사업은 할 수 없기 때문이다.

또 하나 고객을 만족시킬 수 있는 방법은 정말 놀랄만한 아이디어로 과거의 제품과는 전혀 다른 새로운 제품으로 고객을 만족시키는 것이다. 이러한 새로운 제품의 장점은 높은 가격을 받을 수 있다는 것이고, 주위에 경쟁자가 없다는 것이다. 그러나 불행하게도 시장도 없다는데 문제가 있다. 하지만 새로운 제품으로 고객을 만족시킬 수 있다는 확신이 든다면 새로운 제품을 고객이 사용할 수 있도록 기회를 주고, 이를 통하여 고객으로부터 새로운 제품에 대한 많은 정보를 얻을 수 있으며, 이 정보를 통하여 점점 더 완벽한 제품을 만듦으로써 많은 고객을 설득할 수 있다. 즉 새로운 제품이 어떤 것이고 고객에게 얼마만큼의 혜택을 주며, 기능적으로 얼마나 완벽한가에 따라서 고객의 수가 얼마나 빠르게 증가하는지가 결정된다. 이러한 새로운 제품을 알리기 위해서는 많은 돈이 들어갈 것이다. 그러나 새로운 제품이 혁신적이고, 고객에게 큰 혜택을 줄 수 있다면 기술 창업자가 이 사업에 투자할 파트너를 찾음으로써 사업을 성공으로 이끌 수 있을 것이다. 기술 창업자에게는 사업시스템을 확고하게 만드는 것만큼 중요한 것은 이 세상에 없다.

(2) 고객과 시장

세상에는 많은 시장이 있다. 우리나라에도 시장이 많이 있지만, 세계적으로 우리나라보다 규모가 더 큰 시장이 7개 정도가 있고, 우리나라보다 작은 시장도 무수히 많다. 시장에는 자신의 제품을 판매하려는 판매자와 제품을 구매하는 고객이 있다. 대부분의 시장에서는 판매자와 제품은 넘쳐나고, 수요자 즉 고객은 부족하다. 또한 어느 시장에나 경쟁자는 많다. 이전에는 없었던 새로운 제품이 아니라면 경쟁자가 없는 시장은 거의 없을 것이다. 기존 제품으로 경쟁자가 없는 시장을 찾을 수는 있겠지만 분명 비용이 많이 소요되는 등의 이유가 있을 것이다. 세계의 오지에 있는 시장이 그 예가 될 것이다. 물론 세계의 오지 어딘가에 경쟁자가 없는 시장이 존재한다면 기술 창업자는 기존 제품을 그 시장에서 판매하여 수익을 낼 수 있을 것이다. 그러나 기술 창업자가 기존 제품과 유사한 제품을 가지고 경쟁이 심한 시장에 진입한다면, 성공을 장담하기 어렵다. 어떤 차별화 요소로 고객을 만족시킬 수 있겠는가? 결과를 상상하기 어렵지 않다.

기술 창업자는 시장을 세분화하고, 세분화된 시장 중에서 가장 성과가 좋을 것으로 예상하는 틈새 시장에서 목표하는 고객에게 자신의 제품을 판매하여야 한다. 왜 기술 창업자는 틈새 시장에서 제품을 판매해야만 할까? 그 이유는 경쟁자의 수를 줄이기 위한 것이고, 적은 수이지만 특정한 목표 고객에게 집중하는 것이 생존에 유리하기 때문이다. 적은 수의 고객을 가진 특정한 시장에서 판매를 시작했다고 해서 성공할 수 없는 것이 아니다. 오히려 세분화되지 않은 큰 시장이나 몇 개의 세분화된 시장에서 동시에 판매를 하는 것이 기술 창업자에게는 성공 확률이 더 낮다. 이 시장은 시장의 크기가 크기 때문에 경쟁자의 수도 많고 마케팅에 필요한 비용, 제품 제조 비용 등 모든 비용이 많이 들고, 마케팅 집중도가 떨어지며, 기술 창업자가 성공을 위하여 필요한 충분한 시간 동안 버티지 못할 수도 있다. 따라서 기술 창업자는 언제나 틈새 시장 같은 작은 시장의 목표 고객에게 마케팅을 집중해야 한다는 것을 잊어서는 안 된다.

(3) 고객과 관리

기술 창업자가 목표 시장의 고객에게 마케팅을 집중함으로써 시장 성과가 나타나기 시작했다면, 기술 창업자는 새로운 고객을 관리하고, 현금 흐름의 관리를 통하여 사업시스템을 유지하여야 한다. 사업시스템을 구축하는 것도 중요하지만 늘어나는 고객을 관리하고, 사업시스템의 전체를 유지하는 현금의 흐름을 원활하게 유지하는 것은 기술 창업자의 필수적인 업무이다. 기술 창업자는 목표 시장의 고객에 대해서 많은 정보를 갖고 있어야 하고, 그 정보를 축적하고, 분석하여 마케팅 전략에 활용하여야 한다. 목표 시장의 고객은 기술 창업자에게는 너무나 소중한 사람들이기 때문에 고객을 함부로 대해서는 절대로 성공할 수 없고, 그들이 무엇을 원하는지, 그들에게 기쁨을 주고 혜택을 주기 위해서 기술 창업자가 해야 할 일은 무엇인지를 항상 생각하고 행동해야 한다.

목표 시장의 고객의 마음을 얻었다면 그 시장에서의 성공은 어렵지 않고, 그 고객의 입소문을 통해서 목표 시장이 아닌 곳에서도 제품을 공급해 달라는 요구가 생기기도 한다. 시장의 확장이 이루어지는 것이다. 기술 창업자는 이 경우에도 방심해서는 안 된다. 초기 목표 시장 고객에게 쏟은 정성보다 더 많은 사랑을 고객에게 주어야 한다. 기술 창업자는 시장 폭발의 순간까지 절대로 방심해서는 안 된다. 이러한 방심이 사업시스템을 무너뜨릴 수도 있기 때문이다.

(4) 고객과 사업시스템

기술 창업자가 성공적인 사업시스템을 구축하기 위해서, 또 이 시스템을 멈추지 않도록 하기 위하여 가장 중요한 것은 '고객'이다. 즉 기술 창업자에게 있어서 가장 필요한 기업가 정신은 '돈을 버는 것이 아니고, 자신의 제품을 통해서 고객에게 만족과 혜택을 주는 것'이다. 돈은 그 다음 문제이다. 기술 창업자가 돈을 벌기 위해서 고객에게 고개를 숙인다면, 그것은 고객이 아닌 돈에 대해서 고개를 숙이는 것이다. 그러나 자신의 제품을 구매하고 사랑해 준 고객에 대하여 진정으로 고개를 숙인다면 돈은 저절로 기술 창업자의 사업시스템으로 들어와서 사업시스템이 원활하게 움직일 수 있도록 해줄 것이다. 기술 창업자는 자신의 목표 시장의 고객을 정말 사랑하고, 그들에게 정성을 다해야 한다. 만약 그렇게 했는데도 불구하고 성공하지 못한 기술 창업자가 있다면 저자에게 연락해주기 바란다.

성공하는 제품전략

- 기술 창업자가 목표 시장에서 성공하는 제품을 만들기 위한 전략
  (1) 남과 다르게 생각하고 기존 제품에 의문 갖기
  (2) 디자인으로 차별화하기
  (3) 본질적인 것에 집중하고, 단순하게 만들기
  (4) 혁신적인 새로운 제품 만들기

기술 창업자는 목표 시장의 고객에게 기존 제품과 동등 이상의 품질을 갖고 있고, 매력적인 뭔가를 갖고 있으면서도 고객에게 보다 많은 혜택을 주는 제품이나, 놀랄만한 아이디어로 과거의 제품과는 전혀 다른 새로운 제품을 공급함으로써 고객을 만족시킬 수 있다. 그렇다면 기술 창업자가 목표 시장에서 성공하는 제품을 만들기 위해서 쓸 수 있는 전략은 무엇일까?

(1) 남과 다르게 생각하고 기존 제품에 의문 갖기

기술 창업자는 기존의 사고방식이나 기존의 제품에 대하여 끊임없이 의문을 제기해야 한다. 이러한 의문은 고객의 입장에서 제품을 바라본 것이어야 한다. 고객은 나의 제품을 살 것인지 아닌지를 결정하고 나에게 가장 중요한 사람이기 때문이다. 고객에게 혁신적이고 근사한 제품을 보여주기 위해서는 기술 창업자가 기존 제품과의 차별화 능력을 갖추고 끊임없이 새로워지려고

노력하여야 한다. 기존 업계의 원칙, 일반적인 생각 등 기존 업계의 관점은 기술 창업자의 제품을 바라보는 새로운 시각에 도움이 되지 않는다. 과거의 관점을 과감하게 버리고, 스스로에게 다음과 같이 질문을 하라. "이것은 왜 이래야만 하는가?", "정말 이렇게밖에 만들 수가 없는가?", "이 제품에 맞는 더 좋은 디자인은 없는가?"

진정한 제품의 혁신을 추구하기 위해서 기술 창업자는 용기를 갖고, 상식을 깨는 새로운 제품으로 시장에 진출하겠다는 목표를 갖고 끊임없이 노력하여야 한다.

(2) 디자인으로 차별화하기

과거에는 제품의 품질이나 기능에 초점을 맞추고, 디자인은 제품의 외관을 아름답게 만드는데 국한되는 것으로 생각되었다. 그러나 오늘날에는 디자인이 제품의 핵심적인 차별화 및 성공의 요소로 자리잡고 있다. 고객의 마음을 사로잡는 디자인은 시장에서 제품의 핵심적인 경쟁 요소로 작용한다. 그러나 이러한 디자인의 대상은 제품에만 국한되는 것이 아니다. 제품의 포장이나 제품을 판매하는 장소에 대한 디자인도 제품의 차별화에 결정적으로 영향력을 발휘할 수 있기 때문에 포장 및 판매 장소에 대한 디자인을 포함한 제품 디자인 전체가 종합적인 차별화 요소가 되고, 자사 제품의 경쟁력의 원천이 된다.

오늘날에도 디자인에 의하여 판매가 결정되는 일이 점점 늘어나면서, 미래에는 디자인이 가격 경쟁이나 품질 경쟁보다 더욱 중요한 경쟁 요소가 될 것이 틀림없다.

(3) 본질적인 것에 집중하고, 단순하게 만들기

지금처럼 복잡함으로 가득 찬 세상에서는 제품에서의 단순함만큼 고객에게 다가갈 수 있는 것은 없다. 단순함이란 복잡한 것을 줄이고 본질적인 것에 초점을 맞추고 집중하는 것을 의미한다. 단순함은 기술 창업자에게는 가장 중요한 요소라고 해도 과언이 아니다. 기술 창업자에게 가장 필요한 것은 단순함을 통한 집중이기 때문이다. 제품의 단순화는 복잡한 부분을 축소하고 제거하는 것을 통하여 고객에게 편리함을 제공한다. 기술 창업자가 고객에게 단순함을 통한 편리함과 만족을 제공하기 위해서는 보이지 않는 연구개발 노력이 필요하다. 복잡하게 만들기는 쉽지만 단순하게 만들기는 더 어렵다.

단순화는 제품뿐만 아니라 다른 영역에서도 매우 중요한 요소이다. 단순한 가격 체계, 단순한 디자인, 단순한 판매 경로, 단순한 제품 사용법, 단순한 커뮤니케이션 방법 등으로 기술 창업자는 고객에게 한 걸음 더 다가갈 수 있고, 고객에게 만족을 줄 수 있다. 기술 창업자는 이것이 정말 필요한 것인지, 삭제하여도 문제가 없는지, 조금 단순하게 만들 수 없는지에 대하여 끊임없이 의문을 제기하고, 단순화를 위하여 노력하여야 한다.

(4) 혁신적인 새로운 제품 만들기

기존 제품과 차별화하는 가장 좋은 방법은 기존에는 없었던 혁신적인 새로운 제품을 만드는 것이다. 제품은 서비스를 포함하는, 고객에게 제공되는 총 제공물을 의미하므로, 새로운 제품이란 기존에 없던 새로운 서비스 및 제품이 고객에게 제공되기까지에 필요한 모든 것을 포함하는 총체적인 개념이다. 즉 고객에게 제공되는 총 제공물에 포함된 제품, 서비스, 경로 등에서 혁신적인 새로움이 있고, 그 새로움이 고객에게 혜택을 주고, 가치를 제공한다면 새로운 제품이라고 할 수 있다. 이러한 제품은 그동안 기존 제품이 제공하지 못했던 새로운 가치와 만족을 고객에게 제공한다.

기존 제품을 모방하거나, 서비스를 흉내를 내기는 쉽지만 혁신적인 새로운 제품을 만들기는 쉽지 않다. 기술 창업자는 남과 달라지려는 노력을 통하여 명확한 차별화와 독창성을 발휘하고, 혁신적인 새로운 제품을 만들어 고객에게 새로운 가치와 만족을 제공하여야 한다.

성공하는 시장전략

- 기술 창업자는 과거의 시장전략과는 현저하게 다른 새로운 전략으로 목표 시장의 고객에게 혜택을 주고, 가치를 제공하고 집중함으로써 성공할 수 있다.
- 기술 창업자가 목표 시장에서 성공하기 위한 시장전략
  (1) 완전히 새로운 시장을 창출하기
  (2) 시장의 선발 주자가 되기
  (3) 틈새 시장에서 시작하기
  (4) 시장의 지역적 한계를 뛰어 넘기

과거의 시장전략은 경쟁업체를 분석하고 그들의 제품, 전략, 서비스를 주의 깊게 관찰하는 일에서 시작하였다. 그러나 기술 창업자는 과거의 시장전략과는 현저하게 다른 새로운 전략으로 목표 시장의 고객에게 혜택을 주고, 가치를 제공하고 집중함으로써 성공할 수 있다. 그렇다면 기술 창업자가 목표 시장에서 성공하여 매출 폭발에 이르기 위해서는 어떤 전략을 세우고 실천해야 할까?

(1) 완전히 새로운 시장을 창출하기

빠른 속도로 변모하는 시장에서 신속하게 대응하기 위해서는 기술 창업자가 기존의 시장전략과는 다른 새로운 시장전략을 수립하고 실행하여야 한다. 포화되어 있고, 경쟁자가 너무 많은 기존 시장에서 벗어나서 완전히 새로운 시장을 창출하여야 한다. 기존의 방식이 아닌 독특한 서비스를 개발하고, 전혀 새로운 고객 영역을 개척하여야 한다. 새로운 시장을 창출하기 위해서는 기존의 고객 집단에 대하여 의문을 제기하고 기존 서비스에 대하여 근본적인 조사를 실시하여 근본적으로 새로운 것, 일반적으로 생각할 수 없는 전혀 새로운 서비스, 유통, 물류 등으로 새로운 시장을 창출하여 목표 시장의 고객을 감동시켜야 한다.

기술 창업자가 새로운 시장을 창출하고 성공하기 위해서는 변화의 조짐을

파악하고 예측하며, 두려움을 극복하고 빠르게 행동하여야 한다. 기술 창업자가 가진 장점을 잘 활용하지 못하면 새로운 시장을 창출하기가 쉽지 않기 때문이다.

(2) 시장의 선발 주자가 되기

기술 창업자는 기존 또는 그와 유사한 제품이나 서비스, 마케팅 방식으로는 경쟁에서 우위에 설 수 없다. 기술 창업자는 여러 가지 면에서 불리할 수밖에 없기 때문에, 기존의 방식이나 그와 유사하여 차별화가 되지 않는 제품이나 서비스, 마케팅 방식으로는 절대 성공할 수 없다. 제조비용의 경감, 제품 개발 시간의 단축, 기존 커뮤니케이션의 강화 등으로 제품의 품질을 높이거나, 제품 가격을 인하하여 고객에게 약간의 만족을 증가시키는 것은 기존의 사업자가 시장 경쟁에서 우위를 차지하기 위한 방법일 수는 있지만, 기술 창업자가 사용할 수 있는 전략은 아니다.

기술 창업자가 경쟁에서 우위를 차지하는 가장 좋은 방법은 새롭고 비범한 제품이나 서비스로 시장의 선발 주자가 되는 것이다. 기술 창업자는 새로운 제품과 서비스로 그 시장의 선발 주자가 되어 목표 시장의 고객에게 마케팅 활동을 집중함으로써 성공할 수 있다. 기술 창업자는 나의 새로운 제품과 서비스를 고객이 인정해 줄 때까지 용기를 잃지 말고 마케팅에 전력투구하여야 한다.

(3) 틈새 시장에서 시작하기

기술 창업자가 새로운 제품이나 서비스, 유통 방식, 마케팅 전략으로 시장에 진입한다고 하더라도 성공을 장담할 수는 없다. 기술 창업자는 자신의 새로운 제품이나 서비스 등을 고객 마음에 포지셔닝하기 위하여 집중이 필요한데, 시장을 폭넓게 구축하는 것은 집중을 할 수 없게 만들고 마케팅의 실패를 가져올 수 있다. 따라서 기술 창업자는 틈새 시장을 찾거나, 스스로 틈새 시장을 구축하여 자신의 모든 마케팅 역량을 목표한 틈새 시장의 고객에게 집중하여야 한다. 기술 창업자는 자신이 선정한 틈새 시장의 목표 고객에게 혜택을 주고, 가치를 제공하고, 그들을 최고로 대우함으로써 그들이 자발적으로 기술 창업자의 제품을 주위 사람에게 홍보할 수 있도록 하여야 한다. 그렇게 하기 위해서는 목표 시장 고객에게 집중하여 나의 제품과 서비스에 대하여 그들이 진정으로 원하는 것이 무엇인지, 불편한 점은 없는지, 지금보다 더 나은 무언가를 그들에게 줄 수 있는지를 늘 생각하여야 한다.

기술 창업자가 창출한 틈새 시장에는 경쟁 상대가 없는 경우가 대부분이다. 그러나 기술 창업자가 경쟁자가 없다는 이유로 방심한다면 얼마 지나지 않아 경쟁자가 등장할 수 있다. 기술 창업자가 보여준 틈을 이용하여 경쟁자가 진입할 수 있는 것이다. 경쟁자가 얼마나 빠르게 진입하느냐는 기술 창업자가 시장에서 진입 장벽을 얼마나 많이 구축하였는가에 달려있다. 진입을 하려는 경쟁자에게 가장 커다란 장벽은 기술 창업자가 시장에서 사로잡은 고객의 마음이며, 믿음이다. 따라서 기술 창업자에게는 목표한 틈새 시장의 고객에게 집중하는 것이 틈새 시장의 독점자가 되게 하고, 성공을 예약하는 최상의 길이다.

(4) 시장의 지역적 한계를 뛰어 넘기

기술 창업자는 특정한 지역의 작은 틈새 시장에서 마케팅을 시작할 수도 있다. 신선도가 필요한 지방의 특산물의 경우에, 초기에는 지역적으로 먼 대도시까지 유통하지 않고 인근의 도시에 공급하기만 하여도 일정한 매출을 할 수 있는 경우도 있다. 그 경우에도 기술 창업자는 그 시장의 목표 고객에게 집중함으로써 그 지역의 독점 공급자가 되어야 한다. 초기에 지역의 작은 틈새 시장에서 시작하였다고 하더라도 그 시장의 목표 고객에게 집중함으로써 저절로 더 큰 시장으로 진출할 수 있고, 지역적인 경계를 뛰어 넘게 되며, 매출 폭발의 순간이 올 수 있다.

경우에 따라서는 기술 창업자가 목표하는 국내 시장이 매우 작아서 시장 확대에 많은 비용과 노력이 필요한 경우가 있을 수 있다. 그런 경우에는 시장 조사와 정부의 지원을 통하여 세계 시장으로 진출하는 것이 필요하다. 기술 창업자의 목표 시장을 국내에서 해외로 바꾸거나, 국내 시장보다 해외 시장에 집중하는 전략을 수립하여 실행하는 것이다. 다만 해외 시장으로 진출하는 것은 기술 창업자가 생각하기도 어려운 많은 위험이 있을 수 있으므로 철저한 시장 조사와 분석이 선행되어야 한다.

성공하는 가격전략

- 기술 창업자는 차별화된 제품을 새로운 시장에서 판매하는 경우가 많기 때문에 과거와 같이 원가와 이윤을 더한 가격 산출이나 경쟁 제품 대비 낮은 가격 책정 등의 방법으로 가격을 정하는 것은 올바른 가격전략이 아니다.
- 기술 창업자의 성공하는 가격전략
  (1) 기존 가격에 의문을 제기하기
  (2) 가격의 양극화로 승부하기
  (3) 새로운 가격으로 차별화하기

기술 창업자가 자신의 제품에 어떤 가격을 정해야 하는지를 모르는 경우가 대부분이다. 기술 창업자는 차별화된 제품을 새로운 시장에서 판매하는 경우가 많기 때문에 과거와 같이 원가와 이윤을 더한 가격 산출이나 경쟁 제품 대비 낮은 가격 책정 등의 방법으로 가격을 정하는 것은 올바른 가격전략이 아니다. 그렇다면 기술 창업자는 목표 시장에서 새로운 제품의 가격을 어떻게 결정해야 할까?

(1) 기존 가격에 의문을 제기하기

기존 제품의 가격은 기업의 구조 조정과 비용 절감을 통하여 인하할 수 있고, 이러한 가격 인하로 인하여 제품 판매 수량이 감소한 경쟁업체는 더 낮은 가격으로 제품을 판매함으로써 먼저 가격을 인하한 업체에 대응할 수 있다. 이제는 경쟁업체보다 가격을 몇 퍼센트 더 내리는 것으로는 가격 경쟁에서 승리할 수 없다. 더구나 기술 창업자는 제품의 소재나 부품의 구매 등에 있어서 경쟁 우위를 가질 수 없기 때문에 가격 경쟁을 시도하는 것조차 무의미한 일일 수 있다. 지속적인 손해를 감수하면서 사업을 할 수는 없기 때문이다.

따라서 기술 창업자는 이러한 가격 인하 경쟁에서 벗어나서 기존 가격에 의문을 제기하고 새로운 가격 모델을 개발하여야 한다. 상식적인 가격 책정으로는 시장에서 성공할 수 없으므로 업계의 통념을 깨는 새로운 가격전략을 수립하여야 한다. 만약 기존 시장에서 새로운 가격을 책정하여 이길 수 있다면 기존의 시장에 진입해서 성공할 수 있을 것이다. 그러나 고객이 충분히 느낄 정도로 차별화된 제품이 아니라면 기존 제품과 다른 새로운 가격을 고객이 수용할 수 있을까? 기술 창업자가 제품 차별화를 통하여 기존 제품보다 상당히 높은 가격을 제시한 경우에, 그 가격에 얼마나 많은 고객이 제품을 구매할 것인가?

기술 창업자가 기존 시장에서 제품 차별화를 통하여 진입한 경우의 성공 여부의 해답은 경쟁자에게 있는 것이 아니고, 고객에게 있다. 고객에게 집중하면 그 가격을 알 수 있다. 고객의 소리에 귀를 기울여라.

(2) 가격의 양극화로 승부하기

기술 창업자가 유사한 제품을 판매하는 경쟁업체를 시장에서 밀어내기 위해서는 몇 퍼센트의 가격 인하로는 가능하지 않고, 30~50% 정도의 상상할 수 없는 가격 인하가 있어야 가격 경쟁에서 승리할 수 있다. 기술 창업자가 30~50% 정도의 상상할 수 없는 가격으로 경쟁업체를 밀어낼 수 있는 방법이 가능할까? 사실 가격을 몇 퍼센트 내리느냐보다 더 중요한 것은 '경쟁업체가 더 이상 따라올 수 없는 가격으로 인하할 수 있느냐?'이다. 제품에 따라서는 이러한 가격 인하가 불가능할 수 있으나, 기술 창업자는 제품의 가격에 영향을 미치는 가격 요소를 완전히 분해하여, 인하할 수 있는 가격의 최대 한도를 설정하여야 한다. 그 가격으로도 경쟁업체를 밀어내기 어렵다면, 제품 디자인의 변경, 제품의 단순화 등으로 제품을 경쟁업체와 차별화하고, 그 요소를 가격 인하와 조합하여 경쟁업체가 포기할 수밖에 없도록 만들 수도 있다. 그러나 기술 창업자가 제품의 가격 인하를 통하여 시장에서 승리하기에는 여러 가지 난관과 해결하기 어려운 점이 있을 수도 있다. 이 경우에는 저가 영역을 벗어나서 고가 영역에서 승부하는 것이 좋다. 기술 창업자는 중간 가격대에서는 상대적으로 경쟁 우위의 요소가 많지 않아서 성공하기 어렵기 때문이다.

기술 창업자는 중간 가격대보다 50% 또는 그 이상의 고가 영역에서 제품 가격을 결정할 수 있다. 제품의 가격은 고객이 받아들이지 않으면 아무 소용이 없다는 것은 잘 알고 있을 것이다. 중간 가격대의 평범한 제품을 높은 가격에 사려는 고객은 없다. 따라서 고객이 고가임에도 사고 싶고, 갖고 싶다는 욕구를 갖도록 분명한 혜택과 차별성을 고객에게 제공하여야 한다. 고객이 차별화를 느끼고, 혜택을 느끼는 이유는 제품의 창의성이 될 수도 있고, 수준 높은 서비스나 디자인일 수도 있으며, 고객의 우월감을 만족시켜주기 때문일 수도 있고, 여러 가지 우월한 요소들의 결합일 수도 있다. 어찌되었든 기술 창업자는 높은 가격임에도 고객들을 만족시켜야 하는 것이다.

저가 영역에서 성공한 빵집과 고가 영역에서 성공한 빵집을 소개하고자 한다.

'이지바이'는 정말 싼 가격의 빵을 판매하는데, 가격이 싸다고 해서 허접하거나 맛이 없지 않다. 이런 이유로 '이지바이'는 전국에 120개 정도의 가맹점을 운영하고 있다. 이와는 다른 고가 영역에는 분당지역의 '앙토낭카렘'이 있다. '앙토낭카렘'은 20년 넘게 단일 점포에서 갓 구운 빵을 판매하고 있는데, 높은 가격임에도 불구하고 고객으로 늘 붐비고, 늦은 시간에 가면 빵이 몇 개 남아있지 않다.

〈 저가 영역에서 성공한 '이지바이' 〉　　〈 고가 영역에서 성공한 '앙토낭카렘' 〉

(3) 새로운 가격으로 차별화하기

기술 창업자는 새로운 제품과 서비스로 목표 시장의 고객에게 새로운 가격을 제시할 수 있다. 기술 창업자가 제시하는 새로운 가격대는 두 가지의 유리한 점이 있는데, 첫째는 시장의 다른 업체들과 가격 경쟁을 할 필요가 없다는 것이고, 둘째는 독특한 제품으로 다른 제품과 차별화함으로써 독자적인 가격대를 형성할 수 있다는 것이다. 새로운 가격으로 고가 영역과 저가 영역의 고객 모두를 만족시킬 수는 없다. 중간 가격보다 낮은 가격의 제품은 가격에 민감한 수요자만을 만족시키기 때문에 기술 창업자는 고가 영역에서 새로운 가격을 정하는 경우가 많을 것이다.

기술 창업자는 자신이 정한 새로운 가격에 고객이 만족할 수 있도록 모든 방법을 동원하여야 한다. 기술 창업자가 제시한 새로운 가격으로 목표 시장의 고객을 만족시키지 못한다면 빠른 시일 내에 그 원인을 찾아서 고치거나, 가격을 다시 조정하여야 한다. 기술 창업자는 새로운 제품의 가격을 결정하기 전에 목표 시장의 고객에게 가격 조사를 하고 가격 분석을 함으로써 적절한 가격을 결정하여야 한다는 것도 잊어서는 안 된다.

성공 과정에서 필요한 것들

- 기술 창업자는 (1) 제품을 제작하고 마케팅을 준비하는 창업 준비기 (2) 초기 시장에서 제품을 판매하는 시기 (3) 캐즘에 해당하는 정체기 (4) 캐즘을 극복하고 전기 다수 시장에서 제품의 판매를 시작하는 시기 (5) 전기 다수 시장에서 매출이 폭발적으로 증대하는 시기를 거치게 된다.
- 실패는 변화와 혁신에 이르는 최고의 방법이다.
- 기술 창업자의 성공은 기술 창업자의 핵심 역량, 차별화된 제품과 서비스를 틈새 시장의 고객에게 집중함으로써 토네이도와 같은 시장 폭발을 만드는 것이다.

기술 창업자는 성공하기까지 많은 시간이 소요되고, 수많은 난관과 어려움을 극복하여야 한다. 일반적으로 기술 창업자가 성공하기까지의 과정을 다섯 단계로 나눌 수 있다. 기술 창업자는 (1) 제품을 제작하고 마케팅을 준비하는 창업 준비기 (2) 초기 시장에서 제품을 판매하는 시기 (3) 캐즘에 해당하는 정체기 (4) 캐즘을 극복하고 전기 다수 시장에서 제품의 판매를 시작하는 시기 (5) 전기 다수 시장에서 매출이 폭발적으로 증대하는 시기를 거치게 된다. 이러한 단계에 따라 기술 창업자가 얻게 되는 수익을 그림으로 나타내면 다음과 같다.

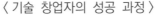

〈 기술 창업자의 성공 과정 〉

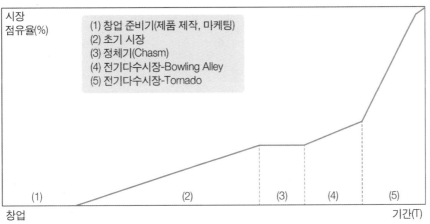

기술 창업자는 정체기를 극복하고 토네이도라는 매출 폭발을 경험하면서 성공에 이르게 된다. 이때부터 기술 창업자는 더 이상 창업자가 아니고 큰 기업의 기업가가 되는 것이다.

창업자의 성공을 위하여 필요한 것들은 창업의 단계별로 조금씩 다르다.

창업을 준비하는 단계에서 가장 중요한 것은 기업가 정신에 대하여 이해하는 것이다. 기업가 정신이란 사업시스템을 구축함으로써 돈을 벌 수 있는 구조를 만드는 것이다. 즉, '고객이 만족하는 차별화된 제품을 목표 시장의 고객에게 판매함으로써 수익을 얻고, 이를 관리하는 사업시스템'을 구축하는 것이다. 또한 기업가 정신은 기술 창업자에게 '사업시스템을 구축하고 운영함에 있어서 도덕적인 기준에 어긋나지 말고 사회적 책임을 다하여야 한다'는 더 중요한 원칙을 요구하고 있다. 돈을 벌되, 고객이 아닌 돈을 최우선으로 생각해서는 안 되고, 사회적 책임도 다하여야 한다는 것이다. 또한 기술 창업자는 창업 초기뿐만이 아니라 창업의 전 과정에서 기업가 정신을 이해하고 실천하여야 한다.

기술 창업자에게 또 하나의 중요한 시기는 정체기, 즉 캐즘 극복기이다. 성공하느냐 좌절하느냐가 이 시기에 결정되기 때문이다. 이 시기에는 기술 창업자에게 인내심과 자신감, 도전 정신 등 어려움을 극복하고 새롭게 도전할 수 있는 힘을 필요로 한다. 창업에서 성공하느냐 실패하느냐는 난관을 극복하고 도전하느냐 포기하느냐에 달려 있다. 기술 창업자가 캐즘을 극복하면 성공은 멀지 않았다. 용기를 가져야 한다. 조금 더 참아야 한다.

전기 다수 시장에서 판매가 시작되면 기술 창업자는 조금씩 바빠지기 시작하고, 토네이도 국면에서는 정신을 차리지 못할 정도가 된다. 이 시기에 가장 중요한 것은 기술 창업자의 관리 능력이다. 종업원과 자금을 관리하고 고객의 주문을 빠르게 처리할 수 있는 조직시스템을 만들어야 한다. 아무리 능력이 있는 기술 창업자라도 혼자서 모든 일을 다 결정하고, 다 처리할 수는 없다. 자신의 권한을 중간 관리자에게 나누어 주고 책임을 맡겨야 한다.

실패는 변화와 혁신에 이르는 최고의 방법이다. 물론 성공할 수 있음에도 일부러 실패하는 일은 없을 것이다. 실패는 아픔을 수반하고 대가를 치러야 하기 때문이다. 그러나 인간은 성공보다는 실패에서 배우고, 이것은 다음에 같은 실패를 하지 않으려는 강력한 동기가 된다. 실패하더라도 이를 통하여 학습하고, 극복하는 능력도 기술 창업자에게는 필요하다. 기술 창업자가 성공하기까지 평균 2.8회를 실패한다고 한다. 실패가 부끄러운 것이 아니고, 그 실패를 인정하고 실패에 머무르는 것이 부끄러운 것이다.

소치 올림픽 경기 플라워 세레모니가 끝난 후, 어느 기자가 김연아 선수에게 이 자리까지 오게 된 것이 어떤 이유 때문이라고 생각하는지를 물었다. 그때 김연아 선수는 타고난 것도 있고, 열심히 노력했으며, 운도 따랐다고 대답했다. 성공의 이유에 대한 질문에 대하여, 타고난 자질과 노력, 운을 꼽은 것이다. 마찬가지로 기술 창업의 성공에 대해서도, 첫 번째로 기업가로서의 타고난 자질, 두 번째로 기술과 기업 경영에 대한 역량을 갖기 위한 노력, 마지막으로 창업을 하면서 부딪치게 되는 우연과 필연으로 이루어진 운이라고 말할 수 있을 것이다. 그러나 기술 창업자가 운에 의해서 좌우되어서는 안 된다. 기술 창업자는 기업가 정신을 갖고 자신이 해야 할 일을 함으로써 성공하는 것이다. 그 성공의 핵심은 '고객'에게 있다. 운은 그 다음이다.

"기술 창업자의 성공은 기술 창업자의 핵심 역량, 차별화된 제품과 서비스를 틈새 시장의 고객에게 집중함으로써 토네이도와 같은 시장 폭발을 만드는 것이다."

사례 연구 10

♦ (주)세라트 은경아 대표이사

은 대표는 대학에서 컴퓨터를 전공한 뒤 동원증권(현 한국투자증권) IT본부에서 사회생활을 시작했고, 2009년 무역업으로 창업을 했다. 처음에는 뭘 해야 할지 몰랐지만, 폭넓게 시장 상황을 보던 중에 지르코니아 세라믹 분야가 수요는 많지만 아직 공급이 부족한 '틈새 시장'인 것을 알게 되었다. 은 대표는 세계적 명품 업체 하나가 시곗줄로 쓸 세라믹 제품을 만들 곳을 찾고 있다는 정보를 듣고 도전을 했다. 당시에 주요 제조업체들이 단가와 납품 기일을 맞추기 어려워 납품을 포기하는 상황이었는데, 은 대표는 생산이 가능한 공장을 찾아 납기를 맞추기 위해 공장 직원들과 며칠 밤을 함께 새웠고, 명품 업체와의 첫 계약을 성사시켰다. 이 소문이 업계에 퍼져나가면서 바이어들이 은 대표를 찾기 시작했다.

2011년부터는 주위 사람들의 도움을 받아 직원 3명과 함께 제조를 시작했다. 마침내 특허 받은 세라믹 기술을 이용하여 제조한 부품의 수출이 매출액의 80%를 넘게 되었고, 스위스, 홍콩, 뉴욕 등에 지사를 냈다. 세라트의 주력 제품은 '지르코니아 세라믹'이다. 세라믹 중에서도 강도가 높고, 색이 잘 변하지 않아 주로 명품 업체들이 많이 쓴다. 세라트는 현재 지르코니아 세라믹 분야에서 세계 시장 점유율 2위 업체이고, 세계적인 명품 업체 30여 곳이 그의 고객사이다. 또한 고속 성장 덕분에 경기도 광주를 비롯한 수도권에 공장을 세 곳 운영하고 있다.

은 대표는 사업을 시작했을 때의 초심을 잃지 않고, 첨단 파인 세라믹 분야에서 세계 1등이 되기 위하여 노력하고 있다. 세계 세라믹 시장 점유율 1위인 교세라와 비교하기는 어렵지만, 어떤 주문에도 완벽하게 대처할 수 있는 유연함, 빠른 의사 결정과 원활한 소통이라는 장점을 살려서 다품종 소량 생산을 하는 명품 회사들의 요구에 발 빠르게 대응하고 있다. 은 대표는 2012 청년기업인상의 대상인 대통령상을 수상했다. 이 상은

2009년 회사를 설립한 후 3년 만에 세계 세라믹시장 2위에 오른 덕분이다. 또한 2014 세종대왕 나눔 봉사 대상을 수상했다. 이 상은 한국국제연합봉사단이 주관해 지난 1년간 봉사 활동으로 대한민국을 빛낸 개인이나 단체에 수여하는 상이다. 은 대표는 '사회로부터 받은 혜택은 사회에 돌려줘야 한다'는 경영철학으로 국내 저소득층의 학자금과 노인 복지를 지원하였고, 장애인 일자리를 창출하였다. 세라트가 고용한 장애인 근로자는 전체 직원의 10%가 넘는다.

감사의 말

제가 이 책을 쓰게 된 것은 '창조 경제의 달성'이라는 새로운 목표와 그 목표를 달성하기 위한 수단으로서의 '기술 창업의 활성화'라는 시대적 요청이 있었기 때문일 것입니다. 아마도 모방을 통한 경제 성장에는 한계가 있고, 우리나라가 일류 선진국이 될 수 없을 것이므로 창조 경제가 매우 중요한 것이라고 생각합니다. 또한 이러한 시대적 흐름은 올바른 방향인 것이 틀림없습니다. 저는 기술 창업의 활성화를 통하여 창조 경제를 이룩함으로써 우리나라가 선진 일류 국가가 될 수 있다고 믿습니다.

제가 이 책을 쓰게 된 또 다른 이유는 제가 기술 창업자로 지내온 10년간의 세월을 포함한 그동안의 지식과 경험이 기술 창업자의 성공에 조금이라도 도움이 되었으면 하는 바람 때문입니다.

지금까지 살아오면서, 여러분들께 말로 다 갚을 수 없는 많은 은혜를 입었습니다. 그 분들께 뭐라고 감사의 말씀을 드려야 할지 모르겠습니다.

이 책을 출판하는데 도움을 주시고, 응원해 주신 분들이 많이 있습니다. 일일이 열거하지는 않습니다만, 정말 감사합니다.

또한 이 책의 가치와 성장성을 높게 평가해 주신 박영사의 모든 관계자 여러분께도 진심으로 감사드립니다.

저자 소개

성 형 철 (成 亨 哲)

서울 출생. 경동고등학교, 연세대학교 법학과를 졸업했다.

삼성그룹 공채로 삼성전자에 입사하여 비디오본부 인사담당으로, 중소기업진흥공단에서 기획, 감사 업무를, 하나대투증권에서 영업을 담당하면서 약 15년간 일했다.

1999년 1월 개인 기업으로 기술 창업하여 2000년 이지생명과학(주)로 법인 전환하였고, 2008년 8월 폐업할 때까지 대표이사로 근무했다. 재직 중에 동국대학교에서 화학공학 석사학위를 취득했다. 동 의과학대학교 학교기업 동의분석센터 센터장으로 근무하였고, 현재 경일대학교 창업지원단 교수로 재직 중이다.

저서 '기술 창업으로 성공하기'가 대한민국학술원 2015년도 우수학술도서로 선정되었다.

(저자 이메일: shc495112@naver.com) (저자 블로그: blog.naver.com/shc495112)

기술 창업으로 성공하기

초판발행	2014년 8월 25일
초판2쇄발행	2015년 8월 10일
지은이	성형철
펴낸이	안종만
편 집	김선민 · 배우리
기획/마케팅	박세기
표지디자인	김문정
제 작	우인도 · 고철민
펴낸곳	(주) **박영사**
	서울특별시 종로구 새문안로3길 36, 1601
	등록 1959. 3. 11. 제300-1959-1호(倫)
전 화	02)733-6771
f a x	02)736-4818
e-mail	pys@pybook.co.kr
homepage	www.pybook.co.kr
ISBN	979-11-303-0122-8 93320

copyright©성형철, 2014, Printed in Korea

정 가   16,000원